普通高等教育汽车类专业系列教材

汽车振动学
基于 MATLAB/Simulink 的分析与实现

庞 辉 杜进辅 编 著

机械工业出版社

本书结合了科研和教学实践当中的经验，详细介绍了汽车振动系统在无阻尼和有阻尼情况下的振动特性，包括汽车单自由度无阻尼自由振动和受迫振动系统、汽车单自由度有阻尼自由振动和受迫振动系统、汽车二自由度无阻尼自由振动和受迫振动系统、汽车二自由度有阻尼自由振动和受迫振动系统，以及多自由度无阻尼自由振动和有阻尼受迫振动系统。在此基础上，利用构建的汽车振动模型，通过 MATLAB/Simulink 软件进行了仿真分析。

本书既包括理论推导、证明，又结合数学模型进行了仿真验证，可作为高等院校机械工程、车辆工程、交通运输、工程机械及相关专业的本科生、研究生教材，还可作为车辆工程技术人员的参考用书，让读者深入浅出地了解并学习汽车振动特性分析方法。

图书在版编目（CIP）数据

汽车振动学：基于 MATLAB/Simulink 的分析与实现 / 庞辉，杜进辅编著 . —北京：机械工业出版社，2023.11

普通高等教育汽车类专业系列教材

ISBN 978-7-111-74716-1

Ⅰ．①汽⋯　Ⅱ．①庞⋯②杜⋯　Ⅲ．①汽车－振动理论－高等学校－教材　Ⅳ．① U467.4

中国国家版本馆 CIP 数据核字（2024）第 003058 号

机械工业出版社（北京市百万庄大街 22 号　邮政编码 100037）
策划编辑：王　婕　　　责任编辑：王　婕　丁　锋
责任校对：马荣华　陈　越　　封面设计：张　静
责任印制：常天培
固安县铭成印刷有限公司印刷
2024 年 4 月第 1 版第 1 次印刷
184mm×260mm・12 印张・279 千字
标准书号：ISBN 978-7-111-74716-1
定价：59.90 元

电话服务　　　　　　　　　　网络服务
客服电话：010-88361066　　　机　工　官　网：www.cmpbook.com
　　　　　010-88379833　　　机　工　官　博：weibo.com/cmp1952
　　　　　010-68326294　　　金　　书　　网：www.golden-book.com
封底无防伪标均为盗版　　　　机工教育服务网：www.cmpedu.com

前　言

随着汽车技术的发展，汽车行驶过程中产生的振动已经成为制约汽车发展创新设计的主要障碍之一。汽车行驶过程中产生的振动会严重降低汽车的舒适性、稳定性和安全性，影响人们的驾乘体验，缩短汽车零部件的使用寿命。因此，在人们对汽车舒适性和安全性要求越来越高的今天，针对汽车振动相关问题研究的重要性也愈加凸显，研发在结构和性能上能够满足汽车在各种工况下平稳运行要求的减振器已经成为汽车领域的一个重要课题。

本书是作者在学习了国内外诸多学者研究的基础上，总结自己在科研和教学实践中的经验而编写的，精选传统汽车振动学内容，并补充现代汽车振动及减振控制的 MATLAB 工程实例，理论结合实践，有助于提升学生的实践创新能力，通过 MATLAB 软件完成振动分析、求解，使得学生能将有关知识和模型用于复杂车辆问题求解，且能使用技术手段对复杂工程问题进行分析、计算与设计，进而降低汽车振动带来的负面影响。

本书主要介绍汽车振动理论的相关基础知识和汽车各种典型振动系统的特性。主要内容包括：汽车振动学概述、汽车单自由度振动系统、汽车二自由度振动系统、汽车多自由度振动系统以及 MATLAB/Simulink 软件在汽车振动分析中的应用。通过增加仿真练习和讲解，使得读者不仅能够掌握汽车振动相关的基础理论知识，同时也能够提高利用仿真软件求解振动问题的能力。

本书的编写目的是训练学生理解汽车振动学的理论与实践方法，为学生深入了解汽车振动学、学会解决相应工程问题并开展相关科学研究打好基础。

本书吸取了国内外最新研究成果，反映本学科成果新变化。教材添加大量 MATLAB 应用算例，理论结合实践，加强了学生实践操作能力和创新能力，对学生具有一定的启发性。

本书由西安理工大学机械与精密仪器工程学院庞辉教授和杜进辅副教授编著。编写过程中，机械与精密仪器工程学院罗继博、王明祥、刘敏豪、王磊等硕士研究生做了素材收集及校正等工作，在此对他们表示衷心的感谢。

由于水平有限，书中难免存在错误及不当之处，恳请读者提出批评和修改建议，以便本书再版修订时参考。

庞　辉

目 录

前言

第1章 汽车振动学概述 ··· 001

1.1 汽车振动基础知识 ·· 001
1.1.1 振动的基本概念 ·· 001
1.1.2 振动系统的三要素 ······································ 003
1.2 汽车振动研究方法 ·· 004
1.2.1 理论分析 ·· 004
1.2.2 实验研究 ·· 007
1.3 汽车振动系统分类 ·· 008
1.3.1 自由振动 ·· 008
1.3.2 受迫振动 ·· 009
1.3.3 自激振动 ·· 010
1.4 汽车减振技术 ·· 010
1.4.1 隔振 ·· 011
1.4.2 阻尼消振 ·· 011
1.4.3 振动控制技术 ·· 013
1.5 本章习题 ·· 015

第2章 汽车单自由度振动系统 ····································· 016

2.1 汽车单自由度振动系统建模 ···································· 016
2.1.1 动力学方程 ·· 017
2.1.2 平衡位置 ·· 017
2.1.3 微分方程求解 ·· 018
2.2 等效刚度与自然频率 ·· 021
2.2.1 并联弹簧 ·· 022
2.2.2 串联弹簧 ·· 022
2.3 汽车单自由度无阻尼振动系统 ·································· 024
2.3.1 无阻尼自由振动系统 ···································· 024

2.3.2 无阻尼受迫振动系统 ·· 027
 2.4 汽车单自由度有阻尼振动系统 ·· 037
　　2.4.1 有阻尼自由振动系统 ·· 038
　　2.4.2 有阻尼受迫振动系统 ·· 047
 2.5 汽车单自由度系统的扭转振动 ·· 062
 2.6 汽车单自由度振动系统控制 ··· 064
 2.7 工程案例：汽车单自由度系统振动特性及主动控制仿真 ······················· 065
　　2.7.1 汽车单自由度振动特性分析 ·· 065
　　2.7.2 汽车单自由度振动主动控制系统 ··· 070
 2.8 本章习题 ·· 073

第3章　汽车二自由度振动系统 ·· 076

 3.1 汽车二自由度振动系统建模 ··· 076
 3.2 汽车二自由度无阻尼自由振动系统 ·· 077
　　3.2.1 振动方程 ·· 077
　　3.2.2 固有频率和模态振型 ··· 078
　　3.2.3 无阻尼自由振动系统的求解 ·· 079
 3.3 汽车二自由度无阻尼受迫振动系统 ·· 083
　　3.3.1 时域分析 ·· 083
　　3.3.2 频域分析 ·· 092
 3.4 汽车二自由度有阻尼自由振动系统 ·· 093
　　3.4.1 振动方程 ·· 094
　　3.4.2 固有频率 ·· 094
　　3.4.3 有阻尼自由振动系统的求解 ·· 095
 3.5 汽车二自由度有阻尼受迫振动系统 ·· 102
　　3.5.1 时域分析 ·· 102
　　3.5.2 频域分析 ·· 108
 3.6 汽车二自由度振动系统优化控制 ·· 115
 3.7 工程案例：汽车二自由度系统振动特性及主动控制仿真 ······················· 116
　　3.7.1 汽车二自由度垂向动力学建模与仿真 ······································· 116
　　3.7.2 汽车二自由度垂向动力学控制与仿真 ······································· 121
　　3.7.3 汽车二自由度侧向动力学建模与仿真 ······································· 125
　　3.7.4 汽车二自由度侧向动力学控制与仿真 ······································· 132
 3.8 本章习题 ·· 137

第4章 汽车多自由度振动系统 ·············· 140
4.1 汽车多自由度振动系统建模 ·············· 140
4.2 固有频率与主振型 ·············· 142
4.2.1 频率方程 ·············· 142
4.2.2 主振型 ·············· 144
4.2.3 主振型的正交性 ·············· 146
4.2.4 主振型矩阵与正则振型矩阵 ·············· 147
4.2.5 主坐标和正则坐标 ·············· 151
4.3 汽车多自由度无阻尼自由振动系统 ·············· 153
4.4 汽车多自由度有阻尼受迫振动系统 ·············· 160
4.5 工程案例：汽车多自由度系统振动特性仿真分析 ·············· 166
4.6 本章习题 ·············· 175

参考文献 ·············· 177

第 1 章 汽车振动学概述

随着汽车技术的快速发展，汽车行驶过程中产生的振动已经成为制约汽车驾乘体验提升的主要障碍之一。汽车行驶过程中产生的振动严重影响汽车的舒适性、稳定性和安全性，同时会使汽车零部件的使用寿命大大缩短。因此，在人们对汽车舒适性和安全性要求越来越高的今天，振动问题研究的重要性也愈加凸显。《新能源汽车产业发展规划（2021—2035年）》提到，要强化整车集成技术创新，攻克汽车底盘一体化设计的技术，提高汽车整车综合性能。

【课堂小讨论】

2012年国务院发布《节能与新能源汽车产业发展规划（2012—2020年）》以来，我国坚持纯电驱动战略发展方向，新能源汽车产业发展取得了巨大成就，成为世界汽车产业发展转型的重要力量。《国务院办公厅关于印发新能源汽车产业发展规划（2021—2035年）的通知》中提到，发展新能源汽车是我国从汽车大国迈向汽车强国的必由之路，是应对气候变化、推动绿色发展的战略举措。与此同时，我国新能源汽车发展也面临核心技术创新能力不强、质量保障体系有待完善、基础设施建设仍显滞后、产业生态尚不健全、市场竞争日益加剧等问题。汽车振动学是攻克汽车底盘一体化设计技术和提高新能源汽车综合性能的重要理论基础，学习和理解汽车振动原理以及汽车减振技术，使汽车兼具良好的操作性和优秀的平顺性，是提升汽车产品核心竞争力的重要举措。

1.1 汽车振动基础知识

1.1.1 振动的基本概念

振动是指系统中运动量位移、速度、加速度等的振荡现象。具体而言，振动是相对已知的参考系，系统中一个随时间变化的运动量与其平均量相比，时大时小交替变化的现象。振动存在于自然界的各个方面，例如汽车、火车等交通工具在行驶过程中由路面不平引起的振动，锻压机械工作时产生的振动，建筑物受风作用产生的振动，地球内部压力变化产生的振动（地震）等。在许多情况下振动是有害的，影响机械设备的工作性能和寿命，产生有损于建筑物的动载荷和不利于工作的噪声，影响交通工具的乘坐舒适性。对于精密加工机械来说，很小的振动都会影响产品的质量和性能。因此，对于大多数振动来说，都应该将其振动量控制在允许的范围内。

汽车作为一个复杂的振动系统，内部各零部件都具有不同的固有频率。其在行驶过程中因路面不平、车速和运动方向的变化，车轮、发动机和传动系统的不平衡等各种外部和内部的激振作用而产生整车或局部的振动。这些振动使得汽车的动力学性能得不到充分发挥，损坏汽车的零部件，影响货物运载安全性，缩短汽车寿命，同时影响汽车的通过性、操纵稳定性。特别是容易使驾驶人产生疲劳，严重影响汽车的安全性。

【课堂小讨论】

> 车辆的平顺性是在车辆行驶过程中保持驾驶人所处的振动环境具有一定舒适度的性能。对于商用车来说，路面不平等因素会在车辆行驶时引发振动，不仅会加速车辆零部件磨损，还会影响驾乘人员的舒适度和身体健康。因此，减少车辆的振动并保证车辆的平顺性，是提高车辆舒适性的重要解决方案。如果驾驶人长时间处于不舒服的车辆振动环境中，严重的会引发职业病，对驾驶人脊柱以及身体各个器官都有不良影响。

汽车的振动问题可用图 1-1 所示的振动系统框图来描述。对于汽车而言，振动系统可以是汽车中的某个零件、某个部件、某个子系统或整车系统，如曲轴、悬架、发动机悬置、传动系统、轮胎、人体座椅以及整车等。从振动理论来说，图 1-1 中的振动系统表示研究对象的振动特性，输入（或激励）表示初始干扰和激励等内外界因素对系统的作用，输出（或响应）是表示系统在输入或外界激励作用下的动态响应。汽车振动学就是要分析系统、激励和响应三者之间的关系，探讨系统各参数对振动响应的影响，提出控制振动的方法。

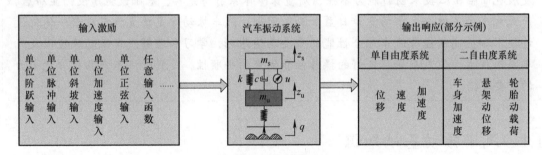

图 1-1 振动系统框图

根据图 1-1，可把振动问题归纳为以下几类：

1）响应分析：已知输入和系统的参数，求系统的响应。通过对系统振动位移、振动速度和振动加速度响应的分析，判断系统是否满足强度、刚度、振动的要求。

2）动态设计：已知系统的激励，设计合理的系统参数，满足预定要求的动态响应。

3）系统识别：在已知输入和输出的情况下求系统参数，对已有的系统进行激振，测得激振下的响应，然后识别系统的结构参数。

4）环境预测：已知系统的输出和系统的参数，确定系统的输入，以判别系统的环境特性。

1.1.2 振动系统的三要素

汽车系统之所以会产生振动,是因为它本身有质量和弹性,而系统中的阻尼则一定程度上使振动受到抑制。从能量的角度来看,质量可储存动能,弹性可储存势能,阻尼则消耗能量。当外界对系统做功时,系统的质量就吸收动能,使质量获得速度,弹簧获得势能,具有使质量回到原来位置的能力。这种能量的不断转换导致系统振动,如果系统没有外界不断地输入能量,在系统阻尼的作用下,振动现象将逐渐消失。因此,质量、弹性力、阻尼力是振动系统的三要素。

1. 质量

在力学模型中,质量被抽象为不变形的刚体,如图1-2所示。

$$\begin{cases} F_\mathrm{m} = m\ddot{x} \\ M = J\ddot{\varphi} \end{cases} \qquad (1\text{-}1)$$

式中,F_m为质量力;m为质量;$\ddot{x}$为加速度;M为力矩;J为转动惯量;$\ddot{\varphi}$为角加速度。

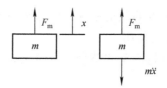

图1-2 单质量力与加速度的关系

2. 弹性力

弹性力是指弹性物体因外力产生形变后的恢复力,如图1-3所示。
根据胡克定律可得:

$$F_\mathrm{k} = -k(x_2 - x_1) \qquad (1\text{-}2)$$

式中,F_k为弹性力;k为弹簧劲度常数;x_1为弹簧下端位移;x_2为弹簧上端位移。

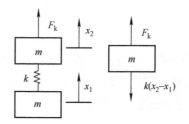

图1-3 弹性力与位移关系

弹性力与弹簧两端的相对位移成正比。

3. 阻尼力

阻尼力是指物理运动时受到的一种阻碍运动的力，如图 1-4 所示。

根据力的平衡可得：

$$F_c = -c(\dot{x}_2 - \dot{x}_1) \tag{1-3}$$

式中，F_c 为阻尼力；c 为阻尼系数；$\dot{x}_1$ 为阻尼器下端速度；$\dot{x}_2$ 为阻尼器上端速度。

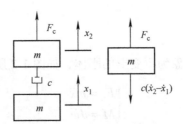

图 1-4　阻尼力与速度关系

阻尼力与阻尼器两端相对速度成正比。

实质上，汽车是一个多自由度的振动系统，而悬架系统的关键部件是阻尼减振器，它对车辆振动性能的提高起着重要的作用。

根据振动系统三要素，可以将汽车的整个车身简化为质量块，由阻尼减振器支撑，如图 1-5 所示。

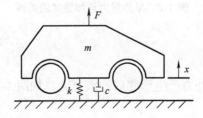

图 1-5　汽车振动系统

m—汽车整车质量　k—悬架刚度　c—阻尼减振器的阻尼系数　F—外力　x—车身相对于静平衡位置的位移

1.2　汽车振动研究方法

解决振动问题的方法，不外乎通过理论分析和实验研究，二者是相辅相成的。在大量实践和科学实验基础上建立起来的理论，反过来对实践起指导作用；而从理论分析得到的每一个结论，都必须通过实践来验证它是否正确。

1.2.1　理论分析

在对汽车振动问题进行理论分析时，主要有以下几个步骤。

1. 建立系统力学模型

实际的汽车振动系统比较复杂，为了便于分析和计算，必须抓住主要因素，而略去一些次要因素，将实际系统简化和抽象为动力学模型。简化的程度取决于系统本身的复杂程度、要求计算结果的准确性等。图 1-6 所示为车身单自由度振动模型，该模型仅仅考虑悬架的刚度和阻尼对车身振动的影响。

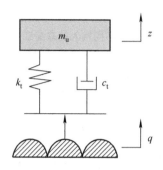

图 1-6　车身单自由度振动模型

m_u—整车质量　k_t—悬架刚度　c_t—阻尼减振器的阻尼系数　q—路面激励　z—整车垂向位移

图 1-7 所示为车身车轮二自由度振动模型，与车身振动的单自由度模型相比，该模型还考虑了轮胎的刚度和非簧载质量。

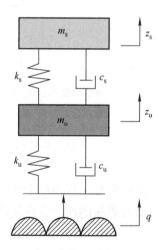

图 1-7　车身车轮二自由度振动模型

m_s—簧载质量　k_s—悬架刚度　c_s—悬架阻尼　z_s—簧载质量垂向位移　m_u—非簧载质量
k_u—轮胎刚度　c_u—轮胎阻尼　z_u—非簧载质量垂向位移　q—路面激励

图 1-8 是考虑前后悬架不同输入的车身二自由度系统，与车身车轮二自由度模型相比，该模型考虑了前后悬架的不同输入，其响应可反映出车身的垂直振动和俯仰运动。

图 1-9 表示车身的四自由度振动模型。显然，建立的力学模型与实际系统越接近，则分析的结果与实际情况越接近。图 1-9 中的四自由度分别是簧载质量的俯仰运动和垂向运动，以及非簧载质量的两个垂向运动。

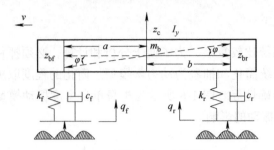

图 1-8 前后悬架不同输入的车身二自由度模型

m_b—整车质量 a—前悬架到质心的距离 b—后悬架到质心的距离 φ—车辆俯仰角 z_c—整车垂向位移 I_y—俯仰转动惯量 z_{bf}—前悬架位移 z_{br}—后悬架位移 k_f—前悬架刚度 k_r—后悬架刚度 c_f—前悬架阻尼 c_r—后悬架阻尼 q_f—前轮胎路面激励 q_r—后轮胎路面激励

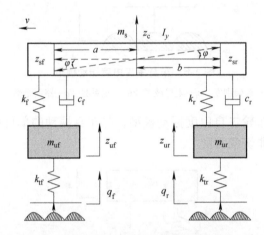

图 1-9 四自由度振动模型

m_s—簧载质量 m_{uf}—前非簧载质量 m_{ur}—后非簧载质量 a、b—前、后悬架到质心的距离 φ—车辆俯仰角 z_c—整车垂向位移 I_y—俯仰转动惯量 z_{sf}—前簧载质量位移 z_{sr}—后簧载质量位移 k_f—前悬架刚度 k_r—后悬架刚度 c_f—前悬架减振器阻尼系数 c_r—后悬架减振器阻尼系数 z_{uf}—前非簧载质量位移 z_{ur}—后非簧载质量位移 k_{tf}—前轮胎刚度 k_{tr}—后轮胎刚度 q_f—前轮胎路面激励 q_r—后轮胎路面激励

图 1-10 表示车身的七自由度振动模型，其中的七个自由度分别是簧载质量的侧倾运动、俯仰运动和垂向运动，以及非簧载质量的四个垂向运动。

2. 建立数学模型

应用物理定律对所建立的力学模型进行分析，导出描述系统特性的动力学方程。通常振动问题的动力学模型表现为微分方程的形式。

3. 方程的求解

为得到描述系统振动的数学表达式，需对数学模型进行求解。通常这种数学表达式是位移、速度、加速度等振动响应量的时间函数。它表示系统响应与系统特性、激励等的关系。

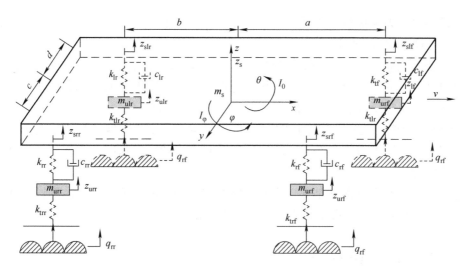

图 1-10 车身七自由度振动模型

m_s—簧载质量 a—前悬架到质心的距离 b—后悬架到质心的距离 c—左悬架到质心的距离 d—右悬架到质心的距离 θ—侧倾角 φ—俯仰角 I_x—侧倾角转动惯量 I_y—俯仰角转动惯量 z_{si}—簧载质量垂向位移 k_{si}—悬架刚度 c_{si}—悬架减振器阻尼系数 m_{ui}—非簧载质量 z_{ui}—非簧载质量垂向位移 k_{ui}—轮胎刚度 q_i—轮胎路面激励

注：下标 i 为 lf、lr、rf 和 rr，分别代表了左前、左后、右前和右后四个方向。

4. 分析结论

根据方程的解提供的规律和系统的工作要求及结构特点，可以做出设计和改进，以获得问题的最佳解决方案。

1.2.2 实验研究

实验研究主要包括两个方面：

1）直接测量振动系统的响应，并进行分析系统的振动特性。

2）用已知的振源去激振研究对象，并测取振动响应，以把握系统的振动特性，如图 1-11 所示。

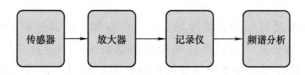

图 1-11 实验研究振动测试和分析过程

汽车振动测试方法是用来检测汽车在运行过程中的振动状况，了解振动对汽车结构和性能的影响。下面介绍几种常见的汽车振动测试方法。

1）静态平衡测试法：通过测量车轮轮毂质量分布情况，判断车轮是否处于静态平衡状态。如果车轮不平衡，就会产生较大的振动力和振动矩，加剧车身振动。

2）动平衡测试法：在车轮旋转时，通过动平衡机测量车轮的动态平衡性能，以及轮胎和制动盘的离心力失衡量等指标。动平衡测试能够更准确地检测车轮的平衡性能,提高汽车的行驶平稳性和乘坐舒适性。

3)振动谱分析法:通过振动传感器和振动分析仪,对汽车的振动响应进行监测和分析。可以通过获得的振动幅值、频率和相位等信息,来判断振动的来源和性质。振动谱分析能够帮助汽车制造商和维修人员快速诊断和解决振动问题。

4)道路试验法:在实际道路行驶中,通过振动传感器和数据采集器对汽车的振动进行监测和记录,从而了解汽车在不同路况和行驶状态下的振动情况,为汽车的设计和优化提供重要数据支持。

综上所述,汽车振动测试是保证汽车性能和安全的重要手段。不同的测试方法适用于不同的测试目的和要求,应根据具体情况进行选择和组合使用。

1.3 汽车振动系统分类

汽车振动系统有多种分类方法,如图 1-12 所示。

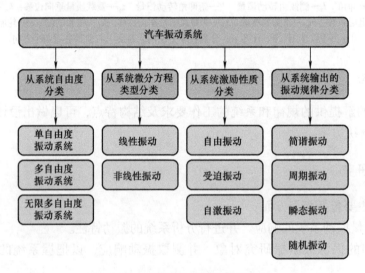

图 1-12 汽车振动系统的分类方法

本书从系统激励性质对振动系统进行分类,旨在深入探讨振动系统的特性和行为。通过对系统激励的研究和分析,可以更好地理解振动系统的响应及其在不同环境下的表现。通过详细研究各类激励在振动系统中的作用机制和影响规律,希望可以为振动系统的设计、优化和控制提供有力的理论依据和实践指导。

1.3.1 自由振动

自由振动通常是指在没有外部激励力作用下,基于初始扰动而发生的系统振动,而在初始扰动后系统不会长期受到外力作用。当描述一个自由振动体的运动时,它可以被建模为一个简单的弹簧 - 质量 - 阻尼系统。例如,当施加一些初始条件时,如初始位移或速度,求其齐次二阶运动微分方程的解。

自由振动是对初始条件的成指数衰减的周期响应，如图1-13所示。这种周期运动发生在系统的（阻尼）固有频率上。自由振动的一个很好的例子是吉他弦被弹拨后运动的声音。声音的音调（振动的固有频率）取决于弦的长度和直径。如果弦直径一定，则较短的弦产生较高的固有频率，如果弦的长度一定，则直径较大的弦产生较低的固有频率。音高也取决于弦的张力，更紧的弦会产生更高的频率。

图1-13 自由振动

振荡运动的幅度随时间衰减，在固有频率处发生周期性振动。在振动过程中，能量在动能和势能之间周期性地来回转换，直到所有的能量都通过阻尼损失掉。

1.3.2 受迫振动

在这种情况下，对系统施加一个连续的周期激励。经过一些初始瞬态（即微分方程的齐次解）后，系统达到稳态行为（即特解）。在稳态时，系统响应类似于强迫函数，振动频率与强迫频率匹配。

当强迫频率等于系统的固有频率时，受迫振动的振幅达到最大，这种现象叫共振。在自由振动中，系统对初始条件的响应通常被绘制为时间的函数，而受迫振动通常被描述为受迫频率的函数。如图1-14所示，峰值对应共振。

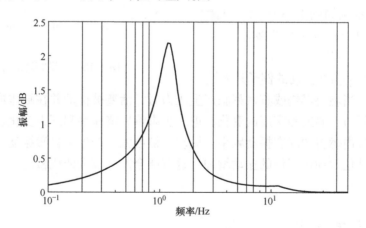

图1-14 受迫振动频域响应

受迫振动通常是在频域而不是时域中描述的，共振是强迫频率等于系统固有频率时发生的。

旋转不平衡是一种常见的强迫振动。以汽车上的车轮/轮胎组件为例，如果车轮/轮胎的质量在圆周上不是均匀分布的,那么不平衡质量就会产生一个每转一次的强迫函数。这个周期性的强迫函数(其频率取决于车轮/轮胎的旋转速度)是激发汽车框架或传动系的固有频率之一,并导致显著的振动量级。出于这个原因,通常的做法是在安装车轮之前平衡车轮/轮胎组件。

几乎所有的强迫振动都是人为的,只要有激励,振动就会持续。当激励停止时,振动变为自由振动,并由于阻尼而消失。读者将通过下面的例子直观地感受受迫振动的频率依赖性质和共振的概念。具有轮胎不平衡性的汽车低速行驶时,振动的感觉并不明显。随着汽车加速,振动幅值增大,当继续加速达到一定速度后,振动幅值反而会减小。

1.3.3 自激振动

自激振动或颤振发生时,其频率等于或接近于振动系统的固有频率。一个直观的例子是吹口哨。在这里,稳定的空气吹过人的嘴唇产生声音(振动)的频率取决于人的嘴唇的张力(这决定了自然频率)。在高频率的声音出现时,空气的稳定推动被转化为"结构"的振动。类似地,琴弓在小提琴弦上稳定地拉拽会产生琴弦固有频率的声音(就像吉他的例子一样,这取决于弦的长度、直径和张力)。

这种行为将自激振动与自由振动和强迫振动区分开来。与自由振动不同,自激振动存在一种长期的外力。与强迫振动相反,自激振动的激励是稳定的而不是周期性的,振动发生在固有频率附近。自激振动的时域响应示例如图1-15所示。自激振动的幅度可以随着时间的推移而增加,直到以某种方式受到限制。

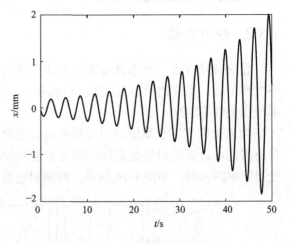

图1-15 自激振动时域响应

另一个常见的自激振动的例子是内燃机的自激振动。当燃料燃烧或蒸汽膨胀产生压力时,活塞被推动并在缸体内往复运动,这导致了气体的压力、温度和密度的变化,进一步影响燃烧速率和压力变化。如果这些压力变化的频率接近内燃机的固有振动频率,振动会被放大,产生了自激振动。自激振动可能会导致活塞和其他发动机部件的振动增加。这可能会产生较大的机械应力,导致机件磨损和损坏。

1.4 汽车减振技术

振动是汽车上常见的物理现象,大多时刻是不受欢迎的。例如它的存在使汽车精密仪器的灵敏度下降,各类机械结构之间发生碰撞,影响汽车零部件的正常运转,进而引发振动噪声,影响乘客的乘坐体验。但汽车的结构比较复杂,仅靠设计是难以彻底解决振动问题的,当汽车中某个系统出现不符合要求的振动时,就需要采取减振措施。研发人员在汽车减振方面做了大量研究,主要集中在隔振、阻尼消振和减振三个方面。

1.4.1 隔振

汽车在行驶过程中由于受到不平路面的冲击以及零部件自身动作的影响,会产生较大的振动。为了保证汽车的行驶性能和各部件的正常工作,需要进行振动隔离,简称隔振。隔振可分为两类:一类是主动隔振,即用隔振器将振动隔离开;另一类是被动隔振,即将需要保护的设备用隔振器隔离开。这里的隔振器通常是由弹簧和阻尼器组成的模型系统。在实际应用中隔振器通常选用合适的弹性材料和阻尼材料,如木材、橡胶、轮胎、沙子等。比如在汽车中通常将橡胶减振产品用于动力总成、车身、底盘等各类结构件之间的弹性连接和缓冲。图 1-16 所示是弹簧隔振器和汽车上的吸振器。

a) 弹簧隔振器　　　　　　　　b) 汽车上的吸振器

图 1-16　隔振的应用

【课堂小讨论】

> 高架桥隔声墙是一个隔声设施,其目的是遮挡声源和接收者之间的直达声。在声源和接收者之间设置隔声墙,当噪声遇到隔声墙时就会发生反射、透射和绕射三种现象,通过阻止直达声和减弱透射声达到有效降噪的目的,减弱接收者所在的一定区域内的噪声影响。声屏障分为半封闭声屏障和全封闭声屏障,半封闭声屏障通过吸收和反射噪声波的原理来实现降噪,但是半封闭声屏障仍然会有部分直达声传到声屏障以外。全封闭声屏障能够把声波"封闭"起来,例如,如果将车辆包在声屏障内部,就能够阻挡所有到车内的直达声。大部分的噪声波都被声屏障吸收或者反射,降噪效果尤为明显。

1.4.2 阻尼消振

阻尼消振(也称为阻尼减振)方法是指利用阻尼器或阻尼材料来吸收或减小结构振动的能量,以达到减小结构振动幅度和防止结构损伤的目的。阻尼减振技术能降低结构或系统在共振频率附近的动响应强度。阻尼减振有两种方式:一种是集中力阻尼器,如各种成型的阻尼器;另一种是分布式阻尼器,如各种黏弹性阻尼材料以及复合材料等,主要应用于薄板和薄壳等薄壁结构和不宜施加集中阻尼力的系统，例如汽车地板上的沥青阻尼片，如图 1-17 所示。

阻尼具有消耗系统振动能量的特性，能使自由振动迅速衰减，能够降低强迫振动的共振振幅和避免例如发动机喷油阀产生的自激振动。阻尼越大，消耗振动的能量就越多，减振的效果越好。阻尼器的减振效果与运动件的速度和行程有关。运动越快，行程越长，它消耗的能量越多，减振效果越好，因此阻尼器一般都安装在与运动件相对运动最大之处，比如汽车底盘中的悬架系统。

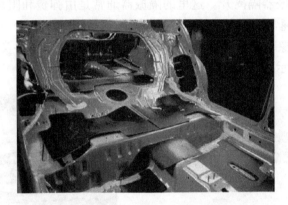

图 1-17　铺在汽车地板上的沥青阻尼片

【课堂小讨论】

1940 年 7 月 1 日，位于美国华盛顿州的悬索桥塔科马海峡大桥建成通车。可就在同年 11 月 7 日，刚刚建成通车的四个月后，大桥戏剧性地被一阵微风"摧毁"了（图 1-18）。在大桥彻底倒塌前就已经发生过多次浮动，驾驶人在桥上行驶的感觉就像在水面上一样，因此，大桥被当地人起名为"舞动的格蒂"。而造成大桥倒塌的原因是采用了较薄的主梁，桥梁在风力的作用下形成了严重的卡门涡街效应，进而引起了桥梁共振。

图 1-18　塔科马海峡大桥坍塌现场

1.4.3 振动控制技术

振动控制是一种减少机械结构振动的技术，它包括有源振动控制和无源振动控制两种方式。

1. 有源振动控制

有源振动控制是指利用外部控制系统向机械结构输送外部能量，并通过调节系统的频率、振幅、相位等参数来减少振动。振动有源控制可分为主动控制和半主动控制。

（1）主动控制

主动振动控制系统模型如图1-19所示。主动控制是指在机械结构振动发生之前，通过向机械结构施加力或力矩等外部调节信号来减少振动。主动控制需要一个能够产生预期输出的控制器，并且在适当时刻施加外部调节信号来补偿机械结构振动。主动控制器通常采用先进的电子技术和传感器来实时监测机械结构振动，并根据振动信息输出控制信号控制振动。这种控制需要消耗能量，而能量要靠能源来补充，通常有开环控制与闭环控制。闭环控制又称为反馈控制，是目前用得比较多的一种控制方法。主动式动力减振器有两种形式：一种是根据干扰力频率主动改变减振器的参数，如弹簧的刚度系数或阻尼器的阻尼系数，使减振器始终处于反共振状态，比如汽车上的半主动悬架系统；另一种是通过反馈主动减振器对需要减振的结构或系统产生最有利的振动抑制，比如汽车上的主动悬架系统。

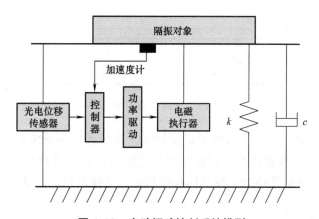

图1-19 主动振动控制系统模型

主动振动控制有很多优点：减振效果好，能适应不可预知的外界扰动以及结构参数的不确定性，对原结构改动不大，调整方便，既适用于干扰力频率变化较大的场合，也适用于低频区域的减振。

（2）半主动控制

半主动控制是指通过一些"智能材料"，如压电材料、磁流变材料等，在机械振动发生后在材料上施加电场或者磁场，使其能够改变其自身特性来进行振动控制。半主动控制既可以减少机械结构振动，又能节约外部的能量输入，并且不需要外部控制器。

综合来看，有源振动控制可以有效地减少机械结构振动并提高机械结构的使用寿命。但是，有源振动控制的实施需要复杂的控制系统和先进的控制技术，需要依靠高精度的传感器和信号处理技术来实现实时控制，成本较高。因此，在实际应用中需要权衡其成本与效益，选择适合的振动控制方法。

2. 无源振动控制

无源振动控制是指在减少机械结构振动的过程中，不涉及外部能量输入，只利用机械本身的结构和物理特性进行控制，如图1-20所示。振动无源控制的方法包括调整机械结构的质量均衡、调整杆件的刚度、改变支撑方式等。

1）质量均衡是指调整机械结构内部质量的分布，使得机械结构减少振动。通常需要对机械结构进行精细的质量平衡调整，以便使机械结构的振动模态更加合理。

2）调整杆件的刚度是指利用机械结构的支撑杆件来调节机械结构的刚度，以减少振动。这种方法通常需要在机械结构中加入调节机构，以帮助机械结构实现精细的刚度调节。

3）改变支撑方式是指通过改变机械结构的支撑方式（如改变支撑点的位置、设置支座等）来改变机械结构的振动模态，从而减小振动幅度。

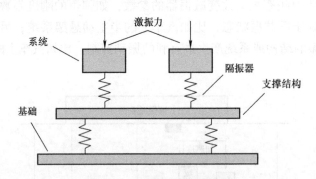

图1-20 无源振动控制模型

无源振动控制的特点是不需要外部能量输入，减少了控制系统的成本和复杂度，但其控制效果依赖于机械本身的特性，因此实施难度较大，需要进行复杂的工程设计和优化。在实际应用中，需要根据具体的机械结构和控制要求选择适当的振动无源控制方法。

3. 振动控制技术发展

目前，汽车悬架已进入到利用微处理器进行控制的时代，运用较优的控制方法得到高性能的减振效果，且使能耗尽可能低是汽车悬架控制发展的主要方向。汽车悬架振动控制系统大多由传感器获取车身绝对速度、车身对车轮的相对速度、车身的加速度等信号，经计算机处理并发出指令进行控制，由电液控制阀或步进电机等执行机构调节减振器的阻尼系数或控制力。

常用的控制方法有经典PID控制、LQR控制、自适应控制、最优控制和模糊控制。

（1）经典PID控制

经典PID控制无须知道被控对象的有关数学模型，只要按照经验实时调整调节器参数就可以获得比较满意的结果，但是这种方法对于被控对象参数的变动非常敏感。

（2）LQR 控制

如果所研究的系统是线性的，且性能指标为状态变量和控制变量的二次型函数，则最优控制问题称为线性二次型问题。而线性二次型调节器（Linear Quadratic Regulator，LQR），是求解线性二次型问题常用的求解方法。其控制对象是现代控制理论中以状态空间形式给出的线性系统，而目标函数为对象状态和控制输入的二次型函数。LQR 理论是现代控制理论中发展最早也最为成熟的一种状态空间设计法。特别可贵的是，LQR 可得到状态线性反馈的最优控制规律，易于构成闭环最优控制。

（3）自适应控制

自适应控制策略的基本控制方法是 LQG（Linear Quadratic Gaussian）控制，对车辆参数以及路面输入的变化进行了综合考虑，从而实时调整反馈参数。汽车悬架控制系统中应用的自适应控制方法有两种控制策略：自校正控制和模型参考自适应控制。自校正控制就是把控制器参数整定和受控对象参数在线识别相结合。模型参考自适应控制就是指在车辆自身参数状态或者外界激励条件出现变化的时候，被控车辆的振动输出还可以跟踪所选定参考模型。

（4）最优控制

最优控制是首先确定一个明确的目标函数，通过一定的数学方法计算出使该函数取极值时的控制输入。一般情况下，目标函数的确定要靠经验，最优控制的解只有在极少数情况下才能得出解析解，有的可以通过计算机得到数值解。在汽车悬架系统上应用的最优控制方法较多，常用的有线性最优控制、鲁棒最优控制和最优预见控制等。

（5）模糊控制

模糊控制是一种非线性控制，使用模糊推理构造主动以及半主动悬架的控制规则，通过计算机模拟的方法来分析并控制车身的俯仰和垂直运动。半主动悬架控制系统中模糊控制方法的应用还无法从理论层面对其进行判定，只可以通过系统实测来对其进行判定。

1.5 本章习题

1. 按照系统输入、响应和系统特性等的不同，振动系统可分为哪几类？
2. 振动系统包括哪些基本要素？
3. 如何进行振动的研究分析？
4. 根据系统自由度的概念，系统的自由度和系统的质块数量总是相同的，这种说法对吗？
5. 当振动系统未受到外力的持续激励时，会不会发生振动？
6. 由于阻尼的作用，系统的自由响应是否只是在很短的时间内起作用？强迫激励的响应与自由响应有无关系？
7. 隔振系统的阻尼越大，隔振效果越好吗？请说明你的理由。

第2章 汽车单自由度振动系统

2.1 汽车单自由度振动系统建模

总体而言，汽车是一个多自由度的振动系统，车辆悬架系统的关键组件——阻尼减振器，对汽车振动性能的改善起到了至关重要的作用。

在静平衡位置（弹簧力与阻尼力的合力抵消了车身的重力），如果将汽车车身整体简化为一个质量块，则车身重量由一个单独的阻尼减振器支撑，此时汽车可视为一个单自由度振动系统，如图2-1所示。

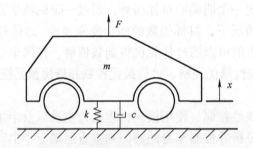

图2-1 汽车单自由度振动系统

m—汽车车身质量（kg） k—汽车悬架弹簧刚度（N·m^{-1}） c—汽车悬架阻尼系数（N·s·m^{-1}）
F—外界施加的力（N） x—车身相对于静平衡位置的时变位移（m）

假设汽车前后悬架结构相同并且左右对称，汽车四个车轮受到同样的外界激励，取1/4汽车作为研究对象，将汽车抽象为一个单独质量块的上下往复振动系统，则可以建立如图2-2所示的动力学模型。

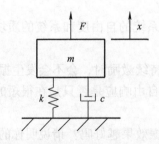

图2-2 汽车单自由度振动动力学模型

2.1.1 动力学方程

取车身静平衡位置为坐标原点,分析其受力可得到如图 2-3 所示的受力示意图。

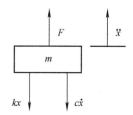

图 2-3 四分之一车辆单自由度模型示意图

根据牛顿第二定律,可以得到该振动模型的动力学方程为

$$m\ddot{x} = \sum F_x = F - kx - c\dot{x} \tag{2-1}$$

或者写成 $m\ddot{x} + kx + c\dot{x} = F$。

2.1.2 平衡位置

如图 2-4 所示的振动系统,弹簧和阻尼器垂直放置,系统受到重力的影响,弹簧被压缩或伸长,其静变形量 δ_{st} 为

$$\delta_{st} = mg / k \tag{2-2}$$

式中,g 为重力加速度。

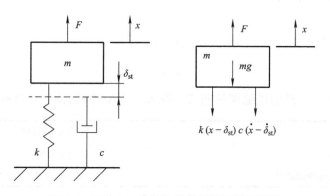

图 2-4 四分之一车辆振动模型静平衡示意图

对图 2-4 所示的四分之一车辆振动模型,根据牛顿第二定律可得

$$m(\ddot{x} - \ddot{\delta}_{st}) = F - k(x - \delta_{st}) - c(\dot{x} - \dot{\delta}_{st}) - mg \tag{2-3}$$

式中,x 是从弹簧末端的静变形位置计算的位移。当 $\dot{\delta}_{st} = \ddot{\delta}_{st} = 0$,式(2-3)可简化为式(2-1)所表示的运动方程,说明质量块的重力对系统的运动方程没有影响。

2.1.3 微分方程求解

式（2-3）是一个二阶非齐次线性微分方程，根据高等数学中二阶非齐次线性微分方程的求解方法进行求解。下面通过一个算例给出线性微分方程的求解方法。

[例 2-1] 求解如下微分方程：

$$\frac{dx}{dt} = -x, \ x_0 = 10 \qquad (2\text{-}4)$$

显然，该方程是一个一阶常系数齐次线性方程，可以利用数学的相关方法求解其通解，具体计算过程如下：

1）分离变量

$$-\frac{1}{x}dx = dt \qquad (2\text{-}5)$$

2）两边积分

$$-\int \frac{1}{x}dx = \int 1 dt \qquad (2\text{-}6)$$

3）化简

$$-\ln|x| = t + C \qquad (2\text{-}7)$$

4）计算得

$$x = C_1 e^{-t} \qquad (2\text{-}8)$$

5）将已知 $x(0)=10$ 代入式（2-8）可得

$$C_1 = 10 \qquad (2\text{-}9)$$

6）可得该一阶常系数齐次线性方程的特解为

$$x = 10 e^{-t} \qquad (2\text{-}10)$$

7）利用 MATLAB 绘制该通解的曲线，在 MATLAB 编辑器中运行如下代码：

1	t = 0:0.01:10;	% 定义 t 取值范围
2	x = 10*exp(-t);	% 计算特解
3	plot(t,x,'b','LineWidth',2);	% 绘制曲线，调整曲线颜色和线宽

8）可以得到如图 2-5 所示的仿真曲线。

在 Simulink 中搭建模型求解方程（2-4）方法如下：

1）新建一个 Simulink 文件。

2）从 Library Browser 模块中添加一个 Integrator 积分模块，设定初始值为 10。

3）从 Library Browser 模块中添加一个 Gain 增益模块，设定增益值为 -1。

4）从 Library Browser 模块中添加一个 Scope 示波器模块。

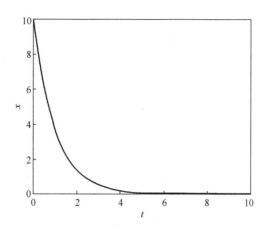

图 2-5 一阶常系数齐次线性方程数值解的仿真曲线

5）将各个模块进行连接，如图 2-6 所示。

6）单击 SIMULATE 选项中的"Run"按钮，运行该仿真模型。

7）双击示波器模块查看该一阶常系数齐次线性方程的输出结果。

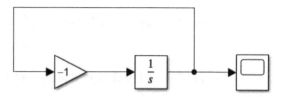

图 2-6 一阶常系数齐次线性方程的 Simulink 模型

仿真结果分析：从图 2-5 和图 2-7 可以看出，该一阶常系数齐次线性微分方程的解是一条不断衰减的曲线，通过手动计算得到的数值解和利用 Simulink 模块计算得到的解是一致的。

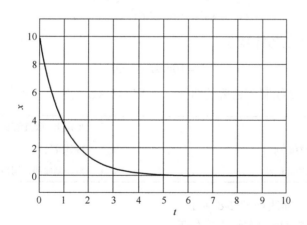

图 2-7 一阶常系数齐次线性方程在 Simulink 中的解

[例 2-2] 求解如下微分方程：

$$\frac{\mathrm{d}^2 x}{\mathrm{d}t^2} + x = 0, \ t=0 \text{ 时},\ x_0 = 10,\ \dot{x}_0 = 5 \tag{2-11}$$

该方程是一个二阶常系数齐次线性方程。根据特征方程根的不同，二阶常系数齐次线性方程的通解可以分为以下三种形式，见表 2-1。

表 2-1 二阶常系数齐次线性方程的通解形式

特征方程根 $r^2 + pr + q = 0$ 的情况	微分方程 $y'' + py' + qy = 0$ 的通解
相异实根 $r_1 \neq r_2$	$y = C_1 e^{r_1 x} + C_2 e^{r_2 x}$
相等实根 $r_1 = r_2$	$y = (C_1 + C_2 x) e^{r_1 x}$
一对共轭复根 $r_{1,2} = \alpha \pm i\beta$	$y = e^{\alpha x}(C_1 \cos\beta x + C_2 \sin\beta x)$

具体计算过程如下：
1）根据所给的微分方程写出对应的特征方程

$$r^2 + 1 = 0, \quad 其中 p = 0, \ q = 1 \tag{2-12}$$

2）求特征方程的根，得到一对共轭复根

$$r_{1,2} = \pm i, \quad 其中 \alpha = 0, \ \beta = 1 \tag{2-13}$$

3）根据表 2-1，可得该微分方程的通解和其一阶导数

$$\begin{cases} x = C_1 \cos t + C_2 \sin t \\ x' = -C_1 \sin t + C_2 \cos t \end{cases} \tag{2-14}$$

4）代入已知条件

$$\begin{cases} 10 = C_1 \cos 0 + C_2 \sin 0 \\ 5 = -C_1 \sin 0 + C_2 \cos 0 \end{cases} \Rightarrow \begin{cases} C_1 = 10 \\ C_2 = 5 \end{cases} \tag{2-15}$$

5）求得该微分方程的特解为

$$x = 10\cos t + 5\sin t \tag{2-16}$$

6）利用 MATLAB 绘制该通解的曲线，在 MATLAB 编辑器中运行如下算法：

1	t = 0:0.01:10;	% 定义 t 取值范围
2	x = 10*cos(t)+5*sin(t);	% 计算特解
3	plot(t,x,'b','LineWidth',2);	% 绘制曲线，调整曲线颜色和线宽

7）可以得到仿真曲线如图 2-8 所示。

在 Simulink 中搭建模型求解方法如下：
1）新建一个 Simulink 文件。
2）从 Library Browser 模块中添加两个积分模块，第一次积分的初始值设置为 5，第二次积分的初始值设置 10。
3）从 Library Browser 模块中添加一个增益模块，设定增益值为 -1。
4）从 Library Browser 模块中添加一个示波器模块。
5）将各个模块进行连接，如图 2-9 所示。

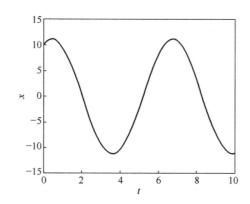

图 2-8 二阶常系数齐次线性方程的数值解

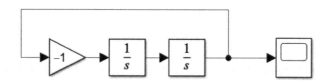

图 2-9 二阶常系数齐次线性方程的 Simulink 模型

6）单击"Run"按钮，运行该仿真模型。

7）双击示波器模块，查看该二阶常系数齐次线性方程的输出结果（图 2-10）。

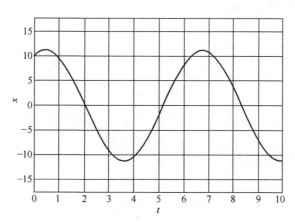

图 2-10 二阶常系数齐次线性方程在 Simulink 中的解

仿真结果分析：从图 2-8 和图 2-10 可以看出，该二阶常系数齐次线性方程的解是一条周期和振幅都保持不变的简谐运动曲线。通过手动计算得到的数值解和利用 Simulink 模块计算得到的解是相同的曲线。

2.2 等效刚度与自然频率

在机械系统中一般不只是单独使用一个弹性元件，而是根据结构的需要，将若干个弹簧串联或并联起来使用。这样在分析这个系统动力学问题时，就需要将这若干个弹簧折算成一个等效弹簧来处理,这种等效弹簧的刚度与原系统组合弹簧的刚度相等,称为等效刚度,也称为组合刚度。

2.2.1 并联弹簧

如图 2-11 所示的组合弹簧,两弹簧的两端同时连接于固定面上,又同时连接于质量块 m 上,这种形式称为并联弹簧。

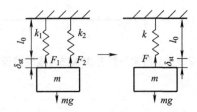

图 2-11 并联弹簧

取平衡位置时的质量块作为研究对象,质量块 m 受重力、弹性力作用处于平衡状态,两根弹簧的静变形都是 δ_{st},弹性力分别为 $F_1 = k_1\delta_{st}$,$F_2 = k_2\delta_{st}$,由平衡条件 $\sum F_x = 0$,可得

$$mg = F_1 + F_2 = (k_1 + k_2)\delta_{st} \tag{2-17}$$

如果用一根刚度系数为 k 的弹簧来代替原来的两根弹簧,使该弹簧的静变形与原来两根弹簧所产生的静变形相等,则

$$mg = k\delta_{st} \tag{2-18}$$

比较式(2-17)与式(2-18),得并联弹簧的等效刚度系数 k 为

$$k = k_1 + k_2 \tag{2-19}$$

由此可知:并联弹簧的特点是两弹簧的变形相等,都等于质量块的位移,但受力不等。并联后的等效刚度系数是各并联刚度系数的算数之和。

并联弹簧系统的自然频率为

$$\omega_n = \sqrt{\frac{k}{m}} = \sqrt{\frac{k_1 + k_2}{m}} \tag{2-20}$$

2.2.2 串联弹簧

对于图 2-12 所示的组合弹簧,弹簧 k_1 和弹簧 k_2 首尾相接,这种形式称为串联弹簧。

当质量块在平衡位置时,它的静位移 δ_{st} 等于每根弹簧的静变形之和,即

$$\delta_{st} = \delta_{st1} + \delta_{st2} \tag{2-21}$$

因为弹簧是串联的,其特征是:两弹簧受力相等,即每根弹簧所受的拉力都等于重力 mg。两根弹簧的静变形量表示为

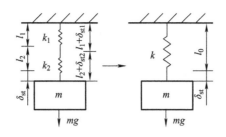

图 2-12 串联弹簧

$$\delta_{st1} = \frac{mg}{k_1}, \delta_{st2} = \frac{mg}{k_2} \quad (2\text{-}22)$$

如果用一根刚度系数为 k 的弹簧来代替原来的两根弹簧,则此弹簧的静变形等于 δ_{st},计算式为

$$\delta_{st} = \frac{mg}{k} \quad (2\text{-}23)$$

将式 (2-22) 和式 (2-23) 代入式 (2-21),可得串联弹簧的等效刚度系数 k 为

$$k = \frac{k_1 k_2}{k_1 + k_2} \quad (2\text{-}24)$$

由此可知,串联弹簧的特点是两弹簧的受力相等,而变形不相等。串联后的刚度系数的倒数等于各串联刚度系数倒数的算数和,串联后的等效刚度减小了,而且比原来任一刚度系数都要小。

串联弹簧系统的固有频率为

$$\omega_n = \sqrt{\frac{k}{m}} = \sqrt{\frac{k_1 k_2}{m(k_1 + k_2)}} \quad (2\text{-}25)$$

[例 2-3] 求图 2-13 所示各振动系统的自然频率。

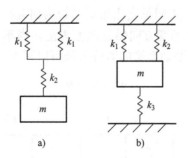

图 2-13 组合弹簧的振动系统

解: 1) 图 2-13a 所示系统中,刚度为 k_1 的两个弹簧并联,等效刚度为 $2k_1$,而等效后刚度为 $2k_1$ 的弹簧又与刚度为 k_2 的弹簧串联。

串联弹簧的等效刚度公式为

$$\frac{1}{k} = \frac{1}{2k_1} + \frac{1}{k_2} \tag{2-26}$$

化简式（2-26）得到等效刚度为

$$k = \frac{2k_1 k_2}{2k_1 + k_2} \tag{2-27}$$

因此，系统自然频率如下：

$$\omega_n = \sqrt{\frac{k}{m}} = \sqrt{\frac{2k_1 k_2}{m(2k_1 + k_2)}} \tag{2-28}$$

2）图 2-13b 所示系统中，当质量块 m 发生位移 x 时，弹簧 k_1、k_2 和 k_3 同时发生位移 x，则 3 个弹簧的位移相同，是并联关系，其等效刚度为

$$k = k_1 + k_2 + k_3 \tag{2-29}$$

由此可得系统的自然频率为

$$\omega_n = \sqrt{\frac{k}{m}} = \sqrt{\frac{k_1 + k_2 + k_3}{m}} \tag{2-30}$$

2.3 汽车单自由度无阻尼振动系统

如果不考虑汽车悬架系统的阻尼对汽车系统振动的影响，则图 2-2 所示的汽车单自由度振动系统可以简化为一个无阻尼振动系统，根据外界激励的类型可以将其进一步分为无阻尼自由振动系统和无阻尼受迫振动系统。

2.3.1 无阻尼自由振动系统

汽车振动系统只受到初始条件（如初始位移、初始速度）的激励而产生的振动称为自由振动。以图 2-14 所示的汽车无阻尼自由振动系统为研究对象，取车身的静平衡位置为坐标原点，车身振动位移沿弹簧形变方向铅直向上为正。当车身开始振动并且偏离静平衡位置 x 距离时，汽车无阻尼自由振动系统的微分方程可以写为

$$m\ddot{x} + kx = 0 \tag{2-31}$$

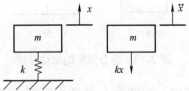

图 2-14 汽车无阻尼自由振动系统

将等式两边除以 m，令

$$\omega_n = \sqrt{\frac{k}{m}} \qquad (2\text{-}32)$$

式中，ω_n 为汽车无阻尼自由振动的圆频率，单位为 rad/s。

则式（2-31）可写成

$$\ddot{x} + \omega_n^2 x = 0 \qquad (2\text{-}33)$$

式（2-33）就是该汽车无阻尼自由振动系统只在线性弹力 $-kx$ 的作用下的振动微分方程，称为汽车无阻尼自由振动方程。该振动方程是一个二阶常系数齐次线性微分方程，由前面介绍的微分方程理论可知，该方程的通解为

$$x = C_1 \cos\omega_n t + C_2 \sin\omega_n t \qquad (2\text{-}34)$$

式中，积分常数 C_1 和 C_2 由汽车振动的初始条件确定。设 $t=0$ 时，$x=x_0$，$\dot{x}=\dot{x}_0$，可以求解得

$$C_1 = x_0, \quad C_2 = \frac{\dot{x}_0}{\omega_n} \qquad (2\text{-}35)$$

$$x = x_0 \cos\omega_n t + \frac{\dot{x}_0}{\omega_n} \sin\omega_n t \qquad (2\text{-}36)$$

式（2-36）可以写成下述形式：

$$x = A\sin(\omega_n t + \varphi_0) \qquad (2\text{-}37)$$

式中，A 为汽车无阻尼自由振动系统的振幅，即振动的最大位移，单位为 m；φ_0 为汽车无阻尼自由振动系统的初相位，单位为弧度（rad）。由三角叠加原理可得

$$\begin{cases} A = \sqrt{x_0^2 + \left(\dfrac{\dot{x}_0}{\omega_n}\right)^2} \\ \varphi_0 = \arctan\left(\dfrac{\omega_n x_0}{\dot{x}_0}\right) \end{cases} \qquad (2\text{-}38)$$

式（2-36）和式（2-37）是描述汽车无阻尼自由振动的两种表达式，从式（2-37）的形式上可以看出，汽车无阻尼自由振动实质上是以其静平衡位置为振动中心的简谐振动。

汽车无阻尼自由振动的固有周期（单位为 s）为

$$T_n = \frac{2\pi}{\omega_n} = 2\pi\sqrt{\frac{m}{k}} \qquad (2\text{-}39)$$

汽车振动的频率（单位为 Hz 或 1/s）为

$$f = \frac{1}{T_n} = \frac{\omega_n}{2\pi} = \frac{1}{2\pi}\sqrt{\frac{k}{m}} \qquad (2\text{-}40)$$

由此可见，汽车无阻尼自由振动的频率和圆频率之间的关系为

$$\omega_n = 2\pi f \tag{2-41}$$

由于 f 和 ω_n 仅取决于汽车悬架系统的固有参数,因而通常将 f 称为汽车无阻尼振动系统的固有频率,而将 ω_n 称为无阻尼固有圆频率。

[例 2-4] 假设一汽车单质量无阻尼振动系统,汽车车身质量 m 为 900kg,汽车悬架弹簧刚度 k 为 14400N·m^{-1}, $t=0$ 时, $x=x_0=0.3$m, $\dot{x}=\dot{x}_0=1.6$ m/s。求汽车单质量无阻尼自由振动的表达式,并利用 MATLAB/Simulink 绘制其振动的位移时程曲线。

解: 计算自由振动的固有圆频率

$$\omega_n = \sqrt{\frac{k}{m}} = \sqrt{\frac{14400\text{N}\cdot\text{m}^{-1}}{900\text{kg}}} = \sqrt{16}\text{rad/s} = 4\text{rad/s} \tag{2-42}$$

汽车单质量无阻尼自由振动的微分方程为

$$\ddot{x} + 16x = 0 \tag{2-43}$$

计算振幅和相位角:

$$A = \sqrt{x_0^2 + \left(\frac{\dot{x}_0}{\omega_n}\right)^2} = \sqrt{0.3^2 + \left(\frac{1.6}{4}\right)^2}\text{m} = 0.5\text{m} \tag{2-44}$$

$$\varphi_0 = \arctan\left(\frac{\omega_n x_0}{\dot{x}_0}\right) = \arctan\left(\frac{4\times 0.3}{1.6}\right) \approx 0.644\text{rad} \tag{2-45}$$

汽车无阻尼自由振动的表达式为

$$x = 0.5\sin(4t + 0.644) \tag{2-46}$$

搭建 Simulink 模型,绘制位移时程曲线。考虑到前面建立的汽车单质量无阻尼自由振动的微分方程,可以搭建如图 2-15 所示的 Simulink 模型。

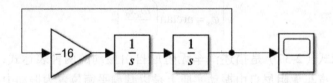

图 2-15 汽车单质量无阻尼自由振动 Simulink 模型

得到振动曲线如图 2-16 所示。

此外,由于前面已经求出了汽车无阻尼自由振动的表达式,因此可以在 MATLAB 的命令行窗口中直接进行求解,绘图程序如下。得到的位移时程曲线和图 2-16 相同,这里不再赘述。

1	t = 0:0.01:10;	% 定义 t 取值范围
2	x = 0.5*sin(4*t+0.644);	% 计算自由振动的表达式
3	plot(t,x,'b','LineWidth',2);	% 绘制曲线,调整曲线颜色和线宽

综合上述，我们可以看出汽车单自由度无阻尼系统的自由振动具有以下重要特性：

1）汽车无阻尼自由振动是以其静平衡位置为振动中心的简谐振动。

2）汽车无阻尼自由振动的圆频率等于固有频率。

3）系统的固有频率和周期，只与汽车的刚度系数 k 和车身质量 m 有关，与外界激励、初始条件、振幅或相位等均无关。

4）汽车无阻尼自由振动的振幅和初相位由初始条件决定。

5）汽车单自由度无阻尼系统的自由振动是一种等幅振动，振幅始终保持不变，系统一旦受到初始激励就会一直振动下去。

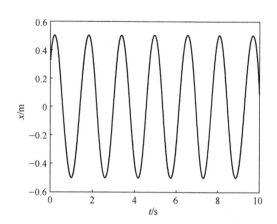

图 2-16　汽车单质量无阻尼自由振动的位移时程曲线

2.3.2　无阻尼受迫振动系统

汽车振动系统受到初始条件以外的外界激励（如外界激振力、激振位移、速度、加速度等）的作用下而产生的振动称为受迫振动，它是汽车振动系统对外部过程激励的响应。按照激励随时间变化的规律，可以将激励划分为简谐激振、一般周期激振和非周期激振三类。本节只讨论汽车振动系统受到简谐激振时的响应。

以图 2-17 所示的汽车无阻尼受迫振动系统为研究对象，取车身的静平衡位置为坐标原点，车身振动位移沿弹簧形变方向铅直向上为正。假设汽车上作用一简谐激振力为

$$F = H\sin\omega t \tag{2-47}$$

式中，H 为激振力的幅值；ω 为激振力的圆频率。

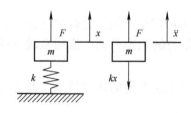

图 2-17　汽车无阻尼受迫振动系统

当车身开始振动并且偏离静平衡位置 x 距离时，汽车无阻尼受迫振动系统的微分方程可以写为

$$m\ddot{x} + kx = F = H\sin\omega t \tag{2-48}$$

将上式两边除以 m，并令 $\omega_n = \sqrt{\dfrac{k}{m}}$，$h = \dfrac{H}{m}$，则式（2-48）可以改写成

$$\ddot{x} + \omega_n^2 x = h\sin\omega t \tag{2-49}$$

式中，ω_n 为汽车振动系统的无阻尼固有圆频率。

该方程是汽车单自由度系统受迫振动微分方程，与汽车无阻尼自由振动的微分方程相比多了激励项，方程由齐次变为非齐次。根据微分方程求解相关理论可知，方程（2-49）的全解由两部分组成：

$$x(t) = x_1(t) + x_2(t) \tag{2-50}$$

式中，$x_1(t)$ 是汽车振动系统的自由振动解，即齐次微分方程 $\ddot{x} + \omega_n^2 x = 0$ 的通解；$x_2(t)$ 是受迫振动的特解。

由式（2-37）可知，其通解可写为 $x_1(t) = A\sin(\omega_n t + \varphi_0)$，另外，式（2-50）中的特解 $x_2(t)$ 可写为

$$x_2(t) = B\sin\omega t \tag{2-51}$$

显然，式（2-51）是一个简谐振动表达式，其振幅为 B，圆频率与激振力的频率相同。

1. 受迫振动的特解

将式（2-51）代入式（2-49），并令 $\lambda = \dfrac{\omega}{\omega_n}$，可得

$$B = \frac{H}{k - m\omega^2} = \frac{H}{m(\omega_n^2 - \omega^2)} = \frac{h}{\omega_n^2 - \omega^2} = \frac{h}{\omega_n^2(1 - \lambda^2)} \tag{2-52}$$

式中，λ 是外激励的频率和系统固有圆频率之比。

系统受迫振动的特解为

$$x_2(t) = \frac{h}{\omega_n^2(1 - \lambda^2)}\sin\omega t \tag{2-53}$$

由此可见，汽车单自由度无阻尼系统的受迫振动具有以下规律：

1）受迫振动的频率与激振力的频率相同，说明系统的受迫振动与外扰力具有相同的变化规律。

2）受迫振动的振幅决定于系统本身的物理性质、激振力大小和频率比，与初始条件无关。

2. 振动总响应

由式（2-50）可以看出，汽车单自由度无阻尼受迫振动系统在简谐激振下的总响应是由两种简谐振动复合而成的复杂振动：

$$x(t) = x_1(t) + x_2(t) = A\sin(\omega_n t + \varphi_0) + B\sin\omega t \tag{2-54}$$

假设初始条件为 $t = 0$ 时，$x = x_0$，$\dot{x} = \dot{x}_0$，将其带入式（2-54）可以求解得

$$\begin{cases} A = \sqrt{x_0^2 + \left(\dfrac{\dot{x}_0 - \omega B}{\omega_n}\right)^2} \\ \varphi_0 = \arctan\left(\dfrac{\omega_n x_0}{\dot{x}_0 - \omega B}\right) \end{cases} \quad (2\text{-}55)$$

受迫振动的特解由式（2-55）确定，可写为

$$x_2(t) = \frac{h}{\omega_n^2(1-\lambda^2)}\sin\omega t \quad (2\text{-}56)$$

则汽车单自由度无阻尼系统受迫振动的总响应为

$$x(t) = \sqrt{x_0^2 + \left(\frac{\dot{x}_0 - \omega B}{\omega_n}\right)^2}\sin\left[\omega_n t + \arctan\left(\frac{\omega_n x_0}{\dot{x}_0 - \omega B}\right)\right] + \frac{h}{\omega_n^2(1-\lambda^2)}\sin\omega t \quad (2\text{-}57)$$

至此可知，汽车单自由度无阻尼受迫振动系统在简谐激振下的总响应是两种不同频率成分的合成振动。由于没有阻尼的存在，这两种不同频率成分的合成振动将一直持续下去，如图2-18所示。实际上，现实中的汽车振动系统难免会存在阻尼，系统的自由振动只会在振动刚开始的一段时间内存在，之后便会被阻尼衰减掉。

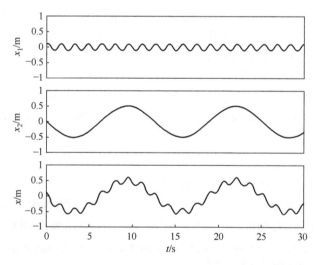

图2-18 汽车单自由度无阻尼受迫振动系统的总响应

曲线绘制程序如下：

1	clc; clear;	
2	%%% 计算汽车无阻尼受迫振动系统的总响应	
3	t=0:0.1:30;	% 定义 t 取值范围
4	x1=0.1*sin(4*t+pi/3);	% 计算自由振动解
5	x2=-0.5*sin(0.5*t);	% 计算受迫振动解

6	X=x1+x2;	% 计算振动总响应
7	%%% 子图 (1)	
8	subplot(3,1,1);	% 绘制3行1列的第1个子图
9	set(gca,'Position',[0.12 0.72 0.8 0.25]);	% 设置子图的位置
10	plot(t,x1,'b','LineWidth',2);	% 绘制曲线，调整曲线颜色和线宽
11	axis([0 30 -1 1]);	% 设置坐标刻度
12	set(gca,'YTick',-2:0.5:2,'FontName','Times New Roman','FontSize',12,'FontWeight','bold');	% 纵坐标刻度设置
13	ylabel('x_1','FontSize',14,'FontName','Times New Roman','FontWeight','bold','FontAngle','italic');	% 纵坐标名称设置
14	set(gca,'LineWidth',1.5);	% 设置边框线宽
15	set(gca,'xtick',[]);	% 去掉 x 轴的刻度
16	%%% 子图 (2)	
17	subplot(3,1,2);	% 绘制3行1列的第2个子图
18	set(gca,'Position',[0.12 0.42 0.8 0.25]);	% 设置子图的位置
19	plot(t,x2,'b','LineWidth',2);	% 绘制曲线，调整曲线颜色和线宽
20	axis([0 30 -1 1]); % 坐标刻度	% 设置坐标刻度
21	set(gca,'YTick',-2:0.5:2,'FontName','Times New Roman','FontSize',12,'FontWeight','bold');%y 坐标设置	% 纵坐标刻度设置
22	ylabel('x_2','FontSize',14,'FontName','Times New Roman','FontWeight','bold','FontAngle','italic');	% 纵坐标名称设置
23	set(gca,'LineWidth',1.5);	% 设置边框线宽
24	set(gca,'xtick',[]);% 去掉 x 轴的刻度	% 去掉 x 轴的刻度
25	%%% 子图 (3)	
26	subplot(3,1,3);	% 绘制3行1列的第3个子图
27	set(gca,'Position',[0.12 0.12 0.8 0.25]);% 图的位置	% 设置子图的位置
28	plot(t,X,'b','LineWidth',2);	% 绘制曲线，调整曲线颜色和线宽
29	axis([0 30 -1 1]); % 坐标刻度	% 设置坐标刻度
30	set(gca,'YTick',-2:0.5:2,'FontName','Times New Roman','FontSize',12,'FontWeight','bold');%y 坐标设置	% 纵坐标刻度设置
31	ylabel('x','FontSize',14,'FontName','Times New Roman','FontWeight','bold','FontAngle','italic');	% 纵坐标名称设置
32	xlabel('t','FontSize',14,'FontName','Times New Roman','FontWeight','bold','FontAngle','italic');	% 横坐标名称设置
33	set(gca,'LineWidth',1.5);	% 设置边框线宽

3. 幅频特性曲线

由式（2-53）可知，受迫振动的振幅可以改写为

$$B = \frac{h}{\omega_n^2(1-\lambda^2)} = \frac{H}{m\omega_n^2(1-\lambda^2)} = \frac{H}{k(1-\lambda^2)} \quad (2\text{-}58)$$

令 $\Delta_{st} = \frac{H}{k}$,$\beta = \frac{B}{\Delta_{st}}$,则式（2-58）可以改写为无量纲的形式：

$$\beta = \frac{B}{\Delta_{st}} = \frac{1}{1-\lambda^2} \quad (2\text{-}59)$$

式中，Δ_{st} 为汽车振动系统的静位移，表征了在静力 H 作用下弹簧的形变量；β 为振幅放大因子，表征了汽车系统振动时的振幅相对弹簧最大静力变形的放大倍数；λ 为外激励的频率和系统固有圆频率之比。

式（2-59）反映了振幅的放大因子 β 随频率比 λ 变化的规律，相应的曲线称为幅频特性曲线，如图 2-19 所示。无阻尼受迫振动系统的幅频特性曲线有如下规律：

1）当 $\lambda \ll 1$ 时，外激励频率较低，系统振动较慢，接近静力状态，故 $\beta \to 1$，也即 $B \to \Delta_{st}$。

2）当 $\lambda \gg 1$ 时，外激励频率很高，系统跟不上响应，β 迅速下降，B 急剧变小逐渐趋于0。

3）当 $\lambda = 1$ 时，外激励频率等于汽车振动系统的固有频率，系统发生共振，振幅趋于无穷大。通常把 $\lambda = 1$ 附近振幅较大的区域称为共振区。

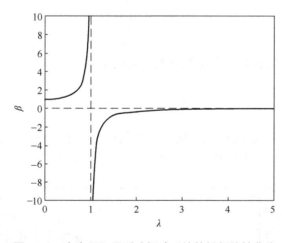

图 2-19 汽车无阻尼受迫振动系统的幅频特性曲线

曲线绘制程序如下：

1	clc	
2	clear	
3	lamda = 0:0.001:5;	% 定义 λ 取值范围
4	for i=1:length(lamda)	% 定义 for 循环
5	beta(i) = 1 / (1 - lamda(i)^2);	% 计算 β
6	end	% 结束 for 循环

7	plot(lamda,beta,'b','LineWidth',2);	% 绘制曲线，调整曲线颜色和线宽
8	hold on	% 保留曲线
9	plot([0 5],[0 0],'k--','LineWidth',1.5);	% 绘制一条横虚线
10	hold on	% 保留曲线
11	plot([1 1],[-10 10],'k--','LineWidth',1.5);	% 绘制一条竖虚线
12	axis([0 5 -10 10]);	% 设置坐标刻度
13	set(gca,'YTick',-10:2:10,'FontName','Times New Roman','FontSize',12,'FontWeight','bold');	% 纵坐标刻度设置
14	ylabel(' β ','FontSize',14,'FontName','Times New Roman','FontWeight','bold','FontAngle','italic');	% 纵坐标名称设置
15	xlabel(' λ ','FontSize',14,'FontName','Times New Roman','FontWeight','bold','FontAngle','italic');	% 横坐标名称设置
16	set(gca,'LineWidth',1.5);	% 设置边框线宽

当汽车单质量无阻尼系统发生共振时，受迫振动的特解形式如下：

$$x_2(t) = -Bt\cos\omega t \tag{2-60}$$

代入式（2-48）可得

$$B = -\frac{h}{2\omega_n} \tag{2-61}$$

所以，当系统发生共振时，受迫振动的运动规律为

$$x_2(t) = -\frac{h}{2\omega_n} t\cos\omega t \tag{2-62}$$

可见，当外激励频率 ω 趋近汽车振动系统的固有频率 ω_n 时，受迫振动的振幅是线性变化的。随着时间的推移，振幅将无限地增大，如图 2-20 所示。

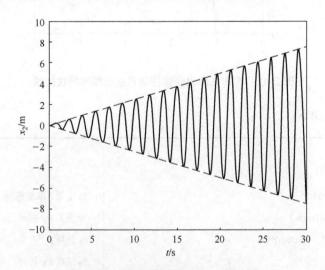

图 2-20　共振时受迫振动的运动规律

曲线绘制程序如下：

1	clc	
2	clear	
3	h = 2;	% 定义参数 h
4	w_n=4;	% 定义参数 w_n
5	t=0:0.1:30;	% 定义 t 取值范围
6	for i=1:length(t)	% 定义 for 循环
7	x_2(i)=(-h/(2* w_n))*t(i)*cos(w_n *t(i));	% 计算 x_2
8	End	% 结束 for 循环
9	plot(t, x_2,'b','LineWidth',2);	% 绘制曲线，调整曲线颜色和线宽
10	hold on	% 保留曲线
11	plot(t,(-h/(2* w_n))*t,'k--','LineWidth',1);	% 绘制一条斜虚线
12	hold on	% 保留曲线
13	plot(t,(h/(2* w_n))*t,'k--','LineWidth',1);	% 绘制一条斜虚线
14	axis([0 30 -10 10]);	% 设置坐标刻度
15	set(gca,'YTick',-10:2:10,'FontName','Times New Roman','FontSize',12,'FontWeight','bold');	% 纵坐标刻度设置
16	ylabel('x_2','FontSize',14,'FontName','Times New Roman','FontWeight','bold','FontAngle','italic');	% 纵坐标名称设置
17	xlabel('t','FontSize',14,'FontName','Times New Roman','FontWeight','bold','FontAngle','italic');	% 横坐标名称设置
18	set(gca,'LineWidth',1.5);	% 设置边框线宽

4. 振动合成

根据振动的合成理论可得，汽车单自由度无阻尼受迫振动系统的总响应可以合成为

$$x(t) = H\sin\left(\frac{\omega_n + \omega}{2}t + \frac{\varphi_0}{2} + \psi\right) \tag{2-63}$$

式中，$H = \sqrt{A^2 + B^2 + 2AB\cos[(\omega_n - \omega)t + \varphi_0]}$；$\psi = \arctan\left[\frac{A-B}{A+B}\tan\left(\frac{\omega_n - \omega}{2}t + \frac{\varphi_0}{2}\right)\right]$。

从式（2-63）可以看出，合成后的振动方程中包含了 $\frac{\omega_n + \omega}{2}$ 的振动频率，这是两种简谐振动频率的均值。由振幅和相位角可知，合成后的振动方程被低频 $\frac{\omega_n - \omega}{2}$ 所调制。

此外，若 ω_n 和 ω 之比是有理数，即 $\frac{\omega_n}{\omega} = \frac{m}{n}$，则可以得到

$$m\frac{2\pi}{\omega_n} = n\frac{2\pi}{\omega} \tag{2-64}$$

式中，$\dfrac{2\pi}{\omega_n}$ 和 $\dfrac{2\pi}{\omega}$ 分别是两个简谐振动的周期 T_1 和 T_2。取 $T = mT_1 = nT_2$，并且记 $x = x_1 + x_2$，则有

$$\begin{aligned}x(t+T) &= x_1(t+T) + x_2(t+T) = x_1(t+mT_1) + x_2(t+nT_2) \\ &= x_1(t) + x_2(t) = x(t)\end{aligned} \quad (2\text{-}65)$$

可见，当 ω_n 和 ω 之比是有理数时，汽车单自由度无阻尼受迫振动系统在简谐激振下的总响应是周期为T的复合振动，振动的周期是 $x_1(t)$ 和 $x_2(t)$ 振动周期的最小公倍数。

若 ω_n 和 ω 之比是无理数，汽车单自由度无阻尼受迫振动系统在简谐激振下的总响应是一个非周期的复合振动。

若 $\omega_n \approx \omega$，且 $A = B$，则有

$$x(t) = 2A\cos\left(\dfrac{\omega_n - \omega}{2}t + \dfrac{\varphi_0}{2}\right)\sin\left(\dfrac{\omega_n + \omega}{2}t + \dfrac{\varphi_0}{2}\right) \quad (2\text{-}66)$$

式（2-66）中的正弦函数完成了几个循环以后，余弦函数才能完成一个循环。这是一个角频率为 ω 的变幅振动，系统的振幅会在 0~2A 之间缓慢地周期性变化。这种特殊的振动被称为"拍振"，其运动波形如图 2-21 所示。

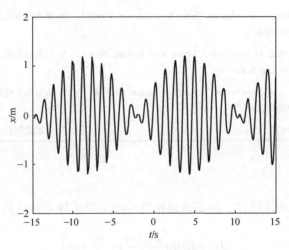

图 2-21 拍振波形

曲线绘制程序如下：

1	clc	
2	clear	
3	t=-15:0.1:15;	% 定义 t 取值范围
4	x_1=0.6*sin(5*t+pi/2);	% 计算振动响应 x_1
5	x_2=0.6*sin(5.5*t-pi/6);	% 计算振动响应 x_2
6	X= x_1+ x_2;	% 振动合成

7	plot(t,X,'b','LineWidth',2);	% 绘制曲线，调整曲线颜色和线宽
8	axis([-15 15 -2 2]);	% 设置坐标刻度
9	set(gca,'YTick',-2:1:2,'FontName','Times New Roman','FontSize',12,'FontWeight','bold');	% 纵坐标刻度设置
10	ylabel('x','FontSize',14,'FontName','Times New Roman','FontWeight','bold','FontAngle','italic');	% 纵坐标名称设置
11	xlabel('t','FontSize',14,'FontName','Times New Roman','FontWeight','bold','FontAngle','italic');	% 横坐标名称设置
12	set(gca,'LineWidth',1.5);	% 设置边框线宽

[例 2-5] 假设图 2-17 所示的汽车单质量无阻尼振动系统，汽车车身质量 m 为 900kg，汽车悬架弹簧刚度 k 为 14400N·m^{-1}，车身始终受到一个 $F = F_0\sin6t$ 的持续激振力，$t=0$ 时，$x = x_0 = 0.3$，$\dot{x} = \dot{x}_0 = 1.6$，$F_0 = 1800$。求：

1）汽车单质量无阻尼受迫振动的表达式，并利用 MATLAB/Simulink 绘制其振动的位移时程曲线。

2）如果将激振力变为 $F = -1167\sin4.5t$，绘制振动的位移时程曲线。

解：1）计算系统振动的固有圆频率：

$$\omega_n = \sqrt{\frac{k}{m}} = \sqrt{\frac{14400\text{N}\cdot\text{m}^{-1}}{900\text{kg}}} = \sqrt{16}\text{rad/s} = 4\text{rad/s} \tag{2-67}$$

汽车单质量无阻尼受迫振动的微分方程为

$$900\ddot{x} + 14400x = 1800\sin6t \tag{2-68}$$

进一步变形可得

$$\ddot{x} + 16x = 2\sin6t \tag{2-69}$$

计算非齐次方程的特解为

$$B = \frac{H}{m(\omega_n^2 - \omega^2)} = \frac{1800}{900(4^2 - 6^2)} = -0.1 \tag{2-70}$$

$$x_2 = -0.1\sin6t \tag{2-71}$$

计算汽车无阻尼自由振动解为

$$A = \sqrt{x_0^2 + \left(\frac{\dot{x}_0 - \omega B}{\omega_n}\right)^2} = \sqrt{0.3^2 + \left(\frac{1.6 + 6\times0.1}{4}\right)^2}\text{m} \approx 0.626\text{m} \tag{2-72}$$

$$\varphi_0 = \arctan\left(\frac{\omega_n x_0}{\dot{x}_0 - \omega B}\right) = \arctan\left(\frac{4\times0.3}{1.6 + 6\times0.1}\right) \approx 0.499\text{rad} \tag{2-73}$$

$$x_1 = 0.626\sin(4t + 0.499) \tag{2-74}$$

汽车单质量无阻尼受迫振动的总响应为

$$x = x_1 + x_2 = 0.626\sin(4t + 0.499) - 0.1\sin 6t \tag{2-75}$$

考虑到前面建立的汽车单质量无阻尼受迫振动的微分方程（2-69），可以搭建图 2-22 所示的 Simulink 模型。

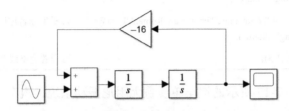

图 2-22　汽车单质量无阻尼受迫振动 Simulink 模型

运行该仿真模型，得到振动的位移时程曲线如图 2-23 所示。

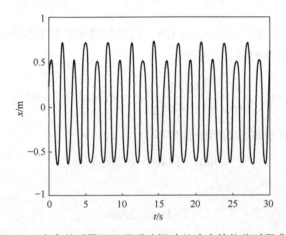

图 2-23　汽车单质量无阻尼受迫振动总响应的位移时程曲线

此外，利用前面已经求出的汽车无阻尼自由振动的表达式，可以在 MATLAB 的命令行窗口中直接进行求解，计算方法如下：

1	a=dsolve('D2x+16*x=2*sin(6*t)','x(0)=0.3','Dx(0)=1.6','t');	% 计算受迫振动的表达式
2	t=0:0.1:30;	% 定义 t 取值范围
3	X = eval(subs(a));	% 将步骤 1 得到的符号表达式转换为数字表达式
4	plot(t,X,'b','LineWidth',2);	% 绘制位移时程曲线

2）当外界激振力为 $F = -1167\sin 4.5t$ 时，非齐次方程的特解为

$$B = \frac{H}{m(\omega_n^2 - \omega^2)} = \frac{-1167}{900(4^2 - 4.5^2)} = 0.305 \tag{2-76}$$

则非齐次方程的特解为

$$x_2 = 0.305\sin 4.5t \tag{2-77}$$

汽车单自由度无阻尼系统自由振动解为

$$A = \sqrt{x_0^2 + \left(\frac{\dot{x}_0 - \omega B}{\omega_n}\right)^2} = \sqrt{0.3^2 + \left(\frac{1.6 - 4.5 \times 0.305}{4}\right)^2}\,\text{m} \approx 0.305\,\text{m} \tag{2-78}$$

$$\varphi_0 = \arctan\left(\frac{\omega_n x_0}{\dot{x}_0 - \omega B}\right) = \arctan\left(\frac{4 \times 0.3}{1.6 - 4.5 \times 0.305}\right) \approx 1.383\,\text{rad} \tag{2-79}$$

$$x_1 = 0.305\sin(4t + 1.383) \tag{2-80}$$

汽车单质量无阻尼受迫振动的总响应为

$$x = x_1 + x_2 = 0.305\sin(4t + 1.383) + 0.305\sin 4.5t \tag{2-81}$$

振动的位移时程曲线如图 2-24 所示。

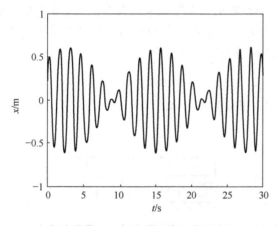

图 2-24 汽车单质量无阻尼受迫振动总响应的位移时程曲线

2.4 汽车单自由度有阻尼振动系统

在 2.3 节中介绍了汽车单自由度无阻尼振动系统的响应，然而在实际中，汽车悬架系统必然存在一定的阻尼。由于阻尼的存在，汽车振动系统的运动方程、振动特性发生了很大的变化，汽车振动系统也更加接近实际情况。本节主要介绍具有黏性阻尼的汽车单自由度振动的情况。

2.4.1 有阻尼自由振动系统

【课堂小讨论】

在现代技术日新月异的发展中，空气悬架作为汽车工业中的一项创新技术，为我们带来了更为舒适和灵活的驾驶体验。空气悬架系统通过实时调节悬挂高度和阻尼，可以减轻车辆在不平路面上的颠簸感，使汽车更好地适应不同的道路条件和负荷情况，提供给驾驶人更加平稳的驾驶体验。此外，在紧急情况下，它可以通过调整悬挂高度来稳定车辆，减少侧翻的风险，从而提高驾驶的安全性。蔚来 ET7 空气悬架如图 2-25 所示。

图 2-25　蔚来 ET7 空气悬架

以图 2-26 所示的汽车有阻尼自由振动系统为例，汽车车身质量被弹簧和阻尼两个元件所支撑，仍以静平衡位置为坐标原点，车身振动位移沿弹簧形变方向铅直向上为正，则汽车有阻尼自由振动系统的微分方程可以写为

$$m\ddot{x} + c\dot{x} + kx = 0 \tag{2-82}$$

式中，c 为黏性阻尼系数，单位为 N·s/m。

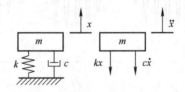

图 2-26　汽车有阻尼自由振动系统

将式（2-82）两边同时除以 m，并令 $\omega_n = \sqrt{\dfrac{k}{m}}$，$2n = \dfrac{c}{m}$，则式（2-82）可以改写为

$$\ddot{x} + 2n\dot{x} + \omega_n^2 x = 0 \tag{2-83}$$

式中，n 为衰减系数，单位是 s^{-1}。

式（2-83）就是该汽车有阻尼自由振动系统在线性弹力 $-kx$ 和阻尼力 $-c\dot{x}$ 作用下所具有的振动微分方程，称为汽车有阻尼自由振动方程。该振动方程是一个二阶常系数齐次线性微分方程，该微分方程的通解为

$$x = Xe^{rt} \tag{2-84}$$

式中，X 和 r 均是待定常数，X 为实数，r 为负数。将式（2-84）代入式（2-83），得到系统的特征方程为

$$r^2 + 2nr + \omega_n^2 = 0 \tag{2-85}$$

可以解得一对特征根

$$r_{1,2} = -n \pm \sqrt{n^2 - \omega_n^2} \tag{2-86}$$

定义阻尼比 ξ 为衰减系数 n 和汽车振动系统固有圆频率 ω_n 的比值，即

$$\xi = \frac{n}{\omega_n} \tag{2-87}$$

则式（2-86）可以改写为

$$r_{1,2} = (-\xi \pm \sqrt{\xi^2 - 1})\omega_n \tag{2-88}$$

显然，随着阻尼比 ξ 的不同，$r_{1,2}$ 对应不同的值，汽车有阻尼自由振动方程也会有不同的解。阻尼比 ξ 是汽车振动系统中反映阻尼特性的重要参数，下面按照 $0 < \xi < 1$、$\xi = 1$、$\xi > 1$ 三种情况进行讨论。

1. $0 < \xi < 1$，欠阻尼情况

我们把阻尼比 $0 < \xi < 1$ 的情况称为欠阻尼。此时特征方程有一对共轭复根

$$r_{1,2} = (-\xi \pm j\sqrt{\xi^2 - 1})\omega_n = -\xi\omega_n \pm j\omega_d \tag{2-89}$$

式中，$j = \sqrt{-1}$；$\omega_d = \sqrt{1 - \xi^2}\omega_n$；$\omega_d$ 是汽车有阻尼振动系统的固有频率，称为有阻尼固有圆频率，显然它小于无阻尼固有频率。

将式（2-89）代入式（2-84），可以得到式（2-83）的通解为

$$\begin{aligned}
x &= X_1 e^{(-\xi\omega_n + j\omega_d)t} + X_2 e^{(-\xi\omega_n - j\omega_d)t} \\
&= e^{-\xi\omega_n t}[X_1 e^{j\omega_d t} + X_2 e^{-j\omega_d t}] \\
&= e^{-\xi\omega_n t}[X_1(\cos\omega_d t + j\sin\omega_d t) + X_2(\cos\omega_d t - j\sin\omega_d t)] \\
&= e^{-\xi\omega_n t}[(X_1 + X_2)\cos\omega_d t + j(X_1 - X_2)\sin\omega_d t]
\end{aligned} \tag{2-90}$$

令 $C_1 = X_1 + X_2$，$C_2 = j(X_1 - X_2)$，则

$$x = e^{-\xi\omega_n t}(C_1\cos\omega_d t + C_2\sin\omega_d t) \tag{2-91}$$

式中，C_1 和 C_2 为积分常数，由汽车振动的初始条件确定。设 $t = 0$ 时，$x = x_0$，$\dot{x} = \dot{x}_0$，代入式（2-91）可得

$$\begin{cases} x(0) = [e^{-\xi\omega_n t}(C_1\cos\omega_d t + C_2\sin\omega_d t)]_{t=0} = C_1 = x_0 \\ \dot{x}(0) = [-\xi\omega_n e^{-\xi\omega_n t}(C_1\cos\omega_d t + C_2\sin\omega_d t) + e^{-\xi\omega_n t}(-\omega_d C_1\sin\omega_d t + \omega_d C_2\cos\omega_d t)]_{t=0} \\ \quad = -\xi\omega_n C_1 + \omega_d C_2 = \dot{x}_0 \end{cases} \quad (2\text{-}92)$$

由此，可求解出积分常数 C_1 和 C_2 为

$$C_1 = x_0, \quad C_2 = \frac{\dot{x}_0 + \xi\omega_n x_0}{\omega_d} \quad (2\text{-}93)$$

则汽车有阻尼自由振动方程的解为

$$x = e^{-\xi\omega_n t}\left(x_0\cos\omega_d t + \frac{\dot{x}_0 + \xi\omega_n x_0}{\omega_d}\sin\omega_d t\right) \quad (2\text{-}94)$$

式（2-94）也可写为

$$x = Ae^{-\xi\omega_n t}\sin(\omega_d t + \varphi_0) \quad (2\text{-}95)$$

式中，振幅 A 和初相位 φ_0 可由三角叠加原理求得

$$\begin{cases} A = \sqrt{x_0^2 + \left(\dfrac{\dot{x}_0 + \xi\omega_n x_0}{\omega_d}\right)^2} \\ \varphi_0 = \arctan\left(\dfrac{\omega_d x_0}{\dot{x}_0 + \xi\omega_n x_0}\right) \end{cases} \quad (2\text{-}96)$$

从欠阻尼情况下汽车自由振动方程的解可以得知，汽车振动系统在平衡位置附近做往复振动，其振动的位移时程曲线如图 2-27 所示。该振动的振幅随着时间不断衰减，且不再是一个周期性运动，通常这种振动称为衰减振动。

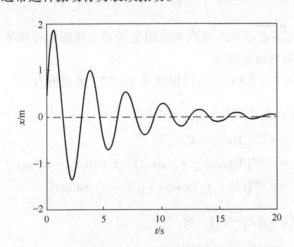

图 2-27 欠阻尼情况下汽车自由振动的位移时程曲线

曲线绘制程序如下：

1	clc	
2	clear	
3	k=40;	% 定义系统刚度
4	m=10;	% 定义系统质量
5	c=4;	% 定义系统阻尼
6	w_n=(k/m)^0.5;	% 计算振动系统的固有圆频率
7	n=0.5*c/m;	% 计算振动系统的衰减系数
8	c_0=2*m*w_n;	% 计算临界阻尼系数
9	ksi=c/c_0;	% 计算阻尼比 ξ
10	a=dsolve('m*D2x+c*Dx+k*x=0','x(0)=0.5','Dx(0)=4','t');	% 计算振动的表达式
11	t=0:0.1:30;	% 定义 t 取值范围
12	X = eval(subs(a))	% 将振动的符号表达式转换为数字表达式
13	plot(t,X,'b','LineWidth',2);	% 绘制曲线，调整曲线颜色和线宽
14	hold on	% 保留曲线
15	plot([0 20],[0 0],'k--','LineWidth',2);	% 绘制一条横虚线
16	axis([0 20 -2 2]);	% 设置坐标刻度
17	set(gca,'YTick',-2:1:2,'FontName','Times New Roman','FontSize',12,'FontWeight','bold');	% 纵坐标刻度设置
18	ylabel('x','FontSize',14,'FontName','Times New Roman','FontWeight','bold','FontAngle','italic');	% 纵坐标名称设置
19	xlabel('t','FontSize',14,'FontName','Times New Roman','FontWeight','bold','FontAngle','italic');	% 横坐标名称设置
20	set(gca,'LineWidth',1.5);	% 设置边框线宽

（1）有阻尼固有周期

有阻尼系统的固有周期 T_d 是指车身质量由最大偏离位置起经过一次振动循环又达到另一个最大偏离位置所经历的时间。由式（2-95）可得，汽车振动系统的有阻尼固有周期为

$$T_d = \frac{2\pi}{\omega_d} = \frac{2\pi}{\omega_n\sqrt{1-\xi^2}} = \frac{T_n}{\sqrt{1-\xi^2}} \quad (2\text{-}97)$$

式中，$T_n = \frac{2\pi}{\omega_n}$ 是无阻尼系统自由振动的固有周期。

由式（2-97）可以看出，与无阻尼振动系统相比，汽车有阻尼振动系统的固有周期因为阻尼的存在而变长了。

（2）阻尼对振幅的影响

由式（2-95）可以看出，汽车有阻尼自由振动的振幅按照指数规律衰减。设一个固有周期 T_d 相邻的两个振幅分别为 A_i 和 A_{i+1}，对应时间为 t_i 和 t_i+T_d，则有

$$\begin{cases} A_i = Ae^{-\xi\omega_n t_i}\sin(\omega_d t_i + \varphi_0) \\ A_{i+1} = Ae^{-\xi\omega_n(t_i+T_d)}\sin[\omega_d(t_i+T_d)+\varphi_0] \end{cases} \quad (2\text{-}98)$$

两振幅之比 η 即为振幅衰减率或者减幅因数：

$$\eta = \frac{A_i}{A_{i+1}} = \frac{e^{-\xi\omega_n t_i}\sin(\omega_d t_i+\varphi_0)}{e^{-\xi\omega_n(t_i+T_d)}\sin[\omega_d(t_i+T_d)+\varphi_0]} = \frac{1}{e^{-\xi\omega_n T_d}} = e^{\xi\omega_n T_d} \quad (2\text{-}99)$$

在欠阻尼情况下，振幅的衰减效果是非常显著的。

振幅衰减率 η 的自然对数称为对数衰减率，用 δ 表示：

$$\delta = \ln\eta = \xi\omega_n T_d = \frac{2\pi\xi}{\sqrt{1-\xi^2}} \quad (2\text{-}100)$$

可见，振幅的对数衰减率仅取决于阻尼比 ξ，它描述了汽车有阻尼自由振动系统在一个固有周期内的衰减程度。

当阻尼比 $\xi \ll 1$ 时，对数衰减率 δ 可以近似为

$$\delta \approx 2\pi\xi \quad (2\text{-}101)$$

2. $\xi > 1$，过阻尼情况

阻尼比 $\xi > 1$ 的情况称为过阻尼。此时，汽车振动系统的特征方程有一对不等的实根：

$$r_{1,2} = (-\xi \pm \sqrt{\xi^2 - 1})\omega_n \quad (2\text{-}102)$$

可以得到式（2-83）的通解为

$$\begin{aligned} x &= C_1 e^{(-\xi+\sqrt{\xi^2-1})\omega_n t} + C_2 e^{(-\xi-\sqrt{\xi^2-1})\omega_n t} \\ &= e^{-\xi\omega_n t}\left(C_1 e^{\omega_n\sqrt{\xi^2-1}t} + C_2 e^{-\omega_n\sqrt{\xi^2-1}t}\right) \end{aligned} \quad (2\text{-}103)$$

其中，积分常数 C_1 和 C_2 由汽车振动的初始条件确定。设 $t = 0$ 时，$x = x_0$，$\dot{x} = \dot{x}_0$，代入上式可得

$$\begin{cases} x(0) = \left[e^{-\xi\omega_n t}\left(C_1 e^{\omega_n\sqrt{\xi^2-1}t} + C_2 e^{-\omega_n\sqrt{\xi^2-1}t}\right)\right]_{t=0} = C_1 + C_2 = x_0 \\ \dot{x}(0) = \left[-\xi\omega_n e^{-\omega_n t}\left(C_1 e^{\omega_n\sqrt{\xi^2-1}t} + C_2 e^{-\omega_n\sqrt{\xi^2-1}t}\right) \right. \\ \qquad\quad \left. + e^{-\xi\omega_n t}\left(\omega_n\sqrt{\xi^2-1}C_1 e^{\omega_n\sqrt{\xi^2-1}t} - \omega_n\sqrt{\xi^2-1}C_2 e^{-\omega_n\sqrt{\xi^2-1}t}\right)\right]_{t=0} \\ \qquad = -\xi\omega_n(C_1+C_2) + \left(\omega_n\sqrt{\xi^2-1}C_1 - \omega_n\sqrt{\xi^2-1}C_2\right) \\ \qquad = \left(\omega_n\sqrt{\xi^2-1}-\xi\omega_n\right)C_1 - \left(\xi\omega_n+\omega_n\sqrt{\xi^2-1}\right)C_2 = \dot{x}_0 \end{cases} \quad (2\text{-}104)$$

由此，可求解出积分常数 C_1 和 C_2 为

$$C_1 = \frac{\omega_n(\sqrt{\xi^2-1}+\xi)x_0 + \dot{x}_0}{2\omega_n\sqrt{\xi^2-1}}, \quad C_2 = \frac{\omega_n(\sqrt{\xi^2-1}-\xi)x_0 - \dot{x}_0}{2\omega_n\sqrt{\xi^2-1}} \quad (2\text{-}105)$$

从式（2-103）可以看出，汽车有阻尼自由振动的解已经没有了简谐函数的形式，系统的运动按照指数规律衰减，很快就趋于平衡，且不再往复振动，其位移时程曲线如图 2-28 所示。从物理意义上来看，由于汽车振动系统的阻尼较大，由初始激励产生的能量很快就被完全消耗了，系统来不及产生往复振动。

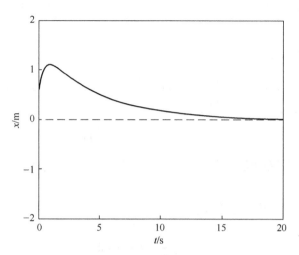

图 2-28　过阻尼情况下汽车自由振动的位移时程曲线

曲线绘制程序如下：

1	clc	
2	clear	
3	k=10;	% 定义系统刚度
4	m=20;	% 定义系统质量
5	c=50;	% 定义系统阻尼
6	w_n=(k/m)^0.5;	% 计算振动系统的固有圆频率
7	n=0.5*c/m;	% 计算振动系统的衰减系数
8	c_0=2*m*w_n;	% 计算临界阻尼系数
9	ksi=c/c_0;	% 计算阻尼比 ξ
10	a=dsolve('m*D2x+c*Dx+k*x=0','x(0)=0.5','Dx(0)=2','t');	% 计算振动的表达式
11	t=0:0.1:30;	% 定义 t 取值范围
12	X = eval(subs(a))	% 将振动的符号表达式转换为数字表达式
13	plot(t,X,'b','LineWidth',2);	% 绘制曲线，调整曲线颜色和线宽
14	hold on	% 保留曲线
15	plot([0 20],[0 0],'k--','LineWidth',2);	% 绘制一条横虚线
16	axis([0 20 -2 2]);	% 设置坐标刻度
17	set(gca,'YTick',-2:1:2,'FontName','Times New Roman','FontSize',12,'FontWeight','bold');	% 纵坐标刻度设置

18	ylabel('x','FontSize',14,'FontName','Times New Roman','FontWeight','bold','FontAngle','italic');	% 纵坐标名称设置
19	xlabel('t','FontSize',14,'FontName','Times New Roman','FontWeight','bold','FontAngle','italic');	% 横坐标名称设置
20	set(gca,'LineWidth',1.5);	% 设置边框线宽

3. $\xi = 1$，临界阻尼情况

阻尼比 $\xi = 1$ 的情况称为临界阻尼。此时的汽车振动系统的阻尼系数称为临界阻尼系数，用 c_0 表示，根据式（2-87），则有

$$c_0 = 2nm = 2\omega_n m = 2\sqrt{km} \qquad (2\text{-}106)$$

可见，汽车振动系统的临界阻尼系数 c_0 只取决于系统的刚度和质量，与初始条件等其他因素无关。

汽车振动系统的阻尼比可以表示为

$$\frac{c}{c_0} = \frac{2nm}{2\omega_n m} = \frac{n}{\omega_n} = \xi \qquad (2\text{-}107)$$

即 ξ 等于汽车振动系统阻尼系数和临界阻尼系数的比值，这也是 ξ 被称为阻尼比的原因。

此时，汽车振动系统的特征方程有一对相等的实根

$$r_{1,2} = -\xi\omega_n = -\omega_n \qquad (2\text{-}108)$$

可以得到式（2-83）的通解为

$$x = e^{-\omega_n t}(C_1 + C_2 t) \qquad (2\text{-}109)$$

其中，积分常数 C_1 和 C_2 由汽车振动的初始条件确定。设 $t = 0$ 时，$x = x_0$，$\dot{x} = \dot{x}_0$，代入式（2-109）可得

$$\begin{cases} x(0) = [e^{-\omega_n t}(C_1 + C_2 t)]_{t=0} = C_1 = x_0 \\ \dot{x}(0) = [-\omega_n e^{-\omega_n t}(C_1 + C_2 t) + e^{-\omega_n t}C_2]_{t=0} \\ \qquad = -\omega_n C_1 + C_2 = \dot{x}_0 \end{cases} \qquad (2\text{-}110)$$

由此，可求解出积分常数 C_1 和 C_2 为

$$C_1 = x_0, \quad C_2 = \dot{x}_0 + \omega_n x_0 \qquad (2\text{-}111)$$

则汽车有阻尼自由振动方程的解为

$$x = e^{-\omega_n t}[x_0 + (\dot{x}_0 + \omega_n x_0)t] \qquad (2\text{-}112)$$

值得注意的是，临界阻尼情况与过阻尼的情况类似，其运动也是按照指数规律衰减，且没有振荡特性，其位移时程曲线如图 2-29 所示。实际上，临界阻尼是过阻尼情况的下边界，是从衰减振动过渡到非周期振动的临界状态。在相同条件下，汽车振动系统在临界阻尼情况下振幅最大，而且返回平衡位置最快。

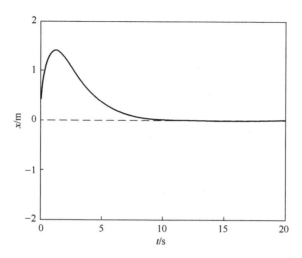

图 2-29　临界阻尼情况下汽车自由振动的位移时程曲线

曲线绘制程序如下：

1	clc	
2	clear	
3	k=40;	% 定义系统刚度
4	m=10;	% 定义系统质量
5	c= 28.285;	% 定义系统阻尼
6	w_n=(k/m)^0.5;	% 计算振动系统的固有圆频率
7	n=0.5*c/m;	% 计算振动系统的衰减系数
8	c_0=2*m*w_n;	% 计算临界阻尼系数
9	ksi=c/c_0;	% 计算阻尼比 ξ
10	a=dsolve('m*D2x+c*Dx+k*x=0','x(0)=0.5','Dx(0)=4','t');	% 计算振动的表达式
11	t=0:0.1:30;	% 定义 t 取值范围
12	X = eval(subs(a))	% 将振动符号表达式转换为数字表达式
13	plot(t,X,'b','LineWidth',2);	% 绘制曲线，调整曲线颜色和线宽
14	hold on	% 保留曲线
15	plot([0 20],[0 0],'k--','LineWidth',2);	% 绘制一条横虚线
16	axis([0 20 -2 2]);	% 设置坐标刻度
17	set(gca,'YTick',-2:1:2,'FontName','Times New Roman','FontSize',12,'FontWeight','bold');	% 纵坐标刻度设置
18	ylabel('x','FontSize',14,'FontName','Times New Roman','FontWeight','bold','FontAngle','italic');	% 纵坐标名称设置
19	xlabel('t','FontSize',14,'FontName','Times New Roman','FontWeight','bold','FontAngle','italic');	% 横坐标名称设置
20	set(gca,'LineWidth',1.5);	% 设置边框线宽

[例2-6] 假设一汽车单质量无阻尼振动系统，汽车车身质量 m 为900kg，汽车悬架弹簧刚度 k 为14400N·m^{-1}，阻尼 c 为720N·s·m^{-1}，$t=0$时，$x=x_0=0.3$m，$\dot{x}=\dot{x}_0=1.6$m/s。求汽车有阻尼自由振动的表达式，并利用 MATLAB/Simulink 绘制其振动的位移时程曲线。

解：计算自由振动的无阻尼固有圆频率、衰减系数以及阻尼比：

$$\omega_n = \sqrt{\frac{k}{m}} = \sqrt{\frac{14400}{900}}\text{rad}/\text{s} = 4\text{rad}/\text{s} \tag{2-113}$$

$$n = \frac{c}{2m} = \frac{720}{2\times 900}\text{s}^{-1} = 0.4\text{s}^{-1} \tag{2-114}$$

$$\xi = \frac{n}{\omega_n} = \frac{0.4}{4} = 0.1 < 1 \tag{2-115}$$

说明该汽车的有阻尼自由振动系统是一个欠阻尼系统，应采用欠阻尼情况下自由振动方程响应的解法。

汽车单质量有阻尼自由振动的微分方程为

$$\ddot{x} + 0.8\dot{x} + 16x = 0 \tag{2-116}$$

计算有阻尼固有频率：

$$\omega_d = \sqrt{1-\xi^2}\,\omega_n = \sqrt{1-0.1^2}\times 4 = 3.96\text{rad/s} \tag{2-117}$$

计算振幅和初相位：

$$A = \sqrt{x_0^2 + \left(\frac{\dot{x}_0 + \xi\omega_n x_0}{\omega_d}\right)^2} = \sqrt{0.3^2 + \left(\frac{1.6+0.1\times 4\times 0.3}{3.96}\right)^2}\text{m} \approx 0.528\text{m} \tag{2-118}$$

$$\varphi_0 = \arctan\left(\frac{\omega_d x_0}{\dot{x}_0 + \xi\omega_n x_0}\right) = \arctan\left(\frac{3.96\times 0.3}{1.6+0.1\times 4\times 0.3}\right) \approx 0.605\text{rad} \tag{2-119}$$

汽车有阻尼自由振动的表达式为

$$x = Ae^{-\xi\omega_n t}\sin(\omega_d t + \varphi_0) = 0.528e^{-0.4t}\sin(3.96t + 0.605) \tag{2-120}$$

考虑到前面建立的汽车单质量无阻尼自由振动的微分方程，可以搭建图 2-30 所示的 Simulink 模型。

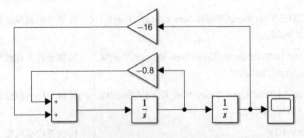

图 2-30 汽车单质量无阻尼自由振动 Simulink 模型

得到振动曲线如图 2-31 所示。

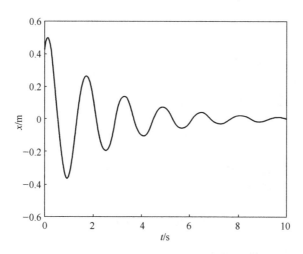

图 2-31 汽车单质量无阻尼自由振动的位移时程曲线

利用前面已经求出的汽车有阻尼自由振动的表达式，可以在 MATLAB 的命令行窗口中直接进行求解，计算方法如下：

1	t = 0:0.01:10;	% 定义 t 取值范围
2	x = 0.528.*exp(-0.4.*t).*sin(3.96.*t+0.966);	% 计算自由振动的表达式
3	plot(t,x,'b','LineWidth',2);	% 绘制位移时程曲线

2.4.2 有阻尼受迫振动系统

以图 2-32 所示的汽车有阻尼受迫振动系统为研究对象，取车身的静平衡位置为坐标原点，车身振动位移沿弹簧形变方向铅直向上为正。假设汽车上作用一简谐激振力。

$$F = H\sin\omega t \tag{2-121}$$

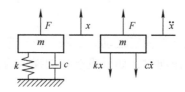

图 2-32 汽车有阻尼受迫振动系统

当车身开始振动并且偏离静平衡位置 x 距离时，汽车有阻尼受迫振动系统的微分方程可以写为

$$m\ddot{x} + c\dot{x} + kx = F = H\sin\omega t \tag{2-122}$$

将上式两边除以 m，并令 $\omega_n = \sqrt{\dfrac{k}{m}}$，$2n = \dfrac{c}{m}$，$\xi = \dfrac{n}{\omega_n}$，$h = \dfrac{H}{m}$，则上式可以改写成

$$\ddot{x} + 2\xi\omega_n\dot{x} + \omega_n^2 x = h\sin\omega t \tag{2-123}$$

式中，ω_n 为汽车振动系统的有阻尼固有圆频率；ξ 为阻尼比。

该方程是有黏性阻尼的汽车单自由度系统受迫振动微分方程，是二阶常系数非齐次线性微分方程。该方程的全解由两部分组成

$$x(t) = x_1(t) + x_2(t) \tag{2-124}$$

式中，$x_1(t)$ 是汽车有阻尼振动系统的自由振动解，即齐次微分方程 $\ddot{x} + 2\xi\omega_n\dot{x} + \omega_n^2 x = 0$ 的通解。对于欠阻尼情况，其通解为

$$x_1(t) = A\mathrm{e}^{-\xi\omega_n t}\sin(\omega_d t + \varphi_0) \tag{2-125}$$

式中，$x_2(t)$ 是受迫振动的特解，设特解为

$$x_2(t) = B\sin(\omega t - \varphi) \tag{2-126}$$

这是一振幅为 B、圆频率与激振力的频率相同的简谐振动。由于阻尼的存在，该简谐振动相比激振力落后了一个相位角 φ，称为相位差。

因此，非齐次微分方程（2-123）的解可以写为

$$x(t) = A\mathrm{e}^{-\xi\omega_n t}\sin(\omega_d t + \varphi_0) + B\sin(\omega t - \varphi) \tag{2-127}$$

可以看出，汽车有阻尼受迫振动系统的总响应由两部分组成：前一部分是圆频率为 ω_d 的衰减振动；后一部分为圆频率为 ω 的受迫振动。

由于实际汽车振动系统中阻尼的存在，前一部分的衰减振动只会在振动开始的一段时间内存在，经过一定时间之后就会衰减为 0。在衰减振动完全消失之前，汽车悬架系统的振动称为**瞬态振动**。此后，系统的响应会变为持续的等幅受迫振动，称为**稳态振动**。

下面分别讨论汽车单自由度有阻尼受迫振动系统的运动规律。

1. 稳态振动

稳态振动是有阻尼受迫振动的稳定运动，反映了汽车单自由度有阻尼受迫振动系统的运动规律。在分析有阻尼受迫振动时，如果没有特别强调瞬态振动，通常只要研究稳态振动就足够了。

为求稳态振动的响应，将式（2-126）代入汽车振动系统的运动方程（2-123）中，可得到

$$-\omega^2 B\sin(\omega t - \varphi) + 2\xi\omega_n\omega B\cos(\omega t - \varphi) + \omega_n^2 B\sin(\omega t - \varphi) = h\sin\omega t \tag{2-128}$$

运用下列三角函数关系

$$\begin{cases} \sin(\omega t - \varphi) = \cos\varphi\sin\omega t - \sin\varphi\cos\omega t \\ \cos(\omega t - \varphi) = \cos\varphi\cos\omega t + \sin\varphi\sin\omega t \end{cases} \quad (2\text{-}129)$$

式（2-128）可以转化为

$$B[(\omega_n^2 - \omega^2)\cos\varphi + 2\xi\omega_n\omega\sin\varphi]\sin\omega t - B[(\omega_n^2 - \omega^2)\sin\varphi - 2\xi\omega_n\omega\cos\varphi]\cos\omega t = h\sin\omega t \quad (2\text{-}130)$$

根据等式两边$\sin\omega t$和$\cos\omega t$系数相等，可以得到

$$\begin{cases} B[(\omega_n^2 - \omega^2)\cos\varphi + 2\xi\omega_n\omega\sin\varphi] = h \\ -B[(\omega_n^2 - \omega^2)\sin\varphi - 2\xi\omega_n\omega\cos\varphi] = 0 \end{cases} \quad (2\text{-}131)$$

由此可以解得

$$B = \frac{h}{\sqrt{(\omega_n^2 - \omega^2)^2 + (2\xi\omega_n\omega)^2}} \quad (2\text{-}132)$$

$$\varphi = \arctan\frac{2\xi\omega_n\omega}{\omega_n^2 - \omega^2} \quad (2\text{-}133)$$

汽车单自由度有阻尼振动系统稳态振动的响应为

$$\begin{cases} x_2(t) = \dfrac{h}{\sqrt{(\omega_n^2 - \omega^2)^2 + (2\xi\omega_n\omega)^2}}\sin(\omega t - \varphi) \\ \varphi = \arctan\dfrac{2\xi\omega_n\omega}{\omega_n^2 - \omega^2} \end{cases} \quad (2\text{-}134)$$

可以看出，汽车单自由度有阻尼振动系统在简谐激励下的响应有如下规律：
1）稳态振动的响应仍是一个简谐振动。
2）稳态振动的圆频率等于激振力的频率。
3）稳态振动的响应相比激振力落后一个相位角 φ。该相位角是由阻尼引起的，与初始条件无关。
4）稳态振动的振幅取决于系统本身的性质、激振力的大小和频率比，与初始条件无关。

2. 幅频特性曲线

受迫振动的振幅在工程实际中是重要参数，它关系着振动系统的变形、强度和工作状态。为了探讨振幅的变化规律，令 $\Delta_{st} = \dfrac{H}{k} = \dfrac{h}{\omega_n^2}$，$\lambda = \dfrac{\omega}{\omega_n}$，将式（2-132）改写为

$$B = \frac{h}{\omega_n^2\sqrt{(1-\lambda^2)^2 + (2\xi\lambda)^2}} = \frac{\Delta_{st}}{\sqrt{(1-\lambda^2)^2 + (2\xi\lambda)^2}} \quad (2\text{-}135)$$

式中，Δ_{st} 为汽车振动系统的静位移；λ 是外激励的频率和系统固有圆频率之比。

所以，汽车单自由度有阻尼振动系统的振幅放大因子 β 可以表示为

$$\beta = \frac{B}{\Delta_{st}} = \frac{1}{\sqrt{(1-\lambda^2)^2 + (2\xi\lambda)^2}} \tag{2-136}$$

振幅放大因子 β 与振幅 B 成正比关系，反映了振幅 B 与频率比 λ 之间的变化规律，相应的**幅频特性曲线**如图 2-33 所示。

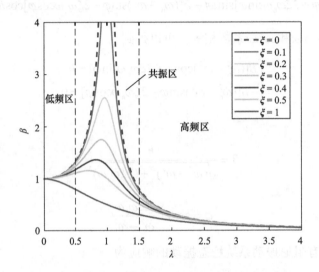

图 2-33 汽车有阻尼受迫振动系统的幅频特性曲线

对于汽车振动系统而言，固有圆频率 ω_n 是固定不变的，λ 随着激振力的频率 ω 的增加而增加。下面将 λ 的变化区域分成三个部分来讨论。

（1）低频区

在低频区，激振力的频率很低，$\omega \ll \omega_n$，$\lambda \to 0$，振幅放大因子 β 趋近于 1。此时，受迫振动的振幅 B 接近于汽车振动系统的静位移 Δ_{st}，系统趋于静力状态。同时，阻尼比 ξ 对振幅放大因子 β 的影响较小，随着频率比 λ 的增大，阻尼比 ξ 对振幅放大因子 β 的影响逐渐明显起来。

（2）共振区

在 $\lambda = 1$ 区域附近，汽车振动系统的振幅放大因子 β 急剧增加，受迫振动的幅值 B 也逐渐达到最大值，这种现象称为共振现象，使幅值 B 达到极值的频率称为共振频率，用 ω_r 表示，可以通过求极值的方法得到。

对式（2-136）求导，并令 $\dfrac{d\beta}{d\lambda} = 0$，可以得到

$$\frac{d\beta}{d\lambda} = -\frac{[4\lambda(\lambda^2-1) + 8\xi^2\lambda]}{2[(\lambda^2-1)^2 + 4\xi^2\lambda^2]^{\frac{3}{2}}} = 0 \tag{2-137}$$

可以计算出

$$\lambda = \sqrt{1-2\xi^2} \tag{2-138}$$

定义共振时的频率比为 λ_r，所以，当 $\lambda_r = \sqrt{1-2\xi^2}$ 时，振幅放大因子 β 达到最大值，即

$$\beta_{max} = \frac{1}{2\xi\sqrt{1-\xi^2}} \tag{2-139}$$

此时，共振频率为

$$\omega_r = \omega_n\sqrt{1-2\xi^2} \tag{2-140}$$

通常，在工程实际中，阻尼比 ξ 很小，$\xi^2 \ll 1$，可以近似认为 $\lambda = 1$。当 $\omega_r = \omega_n$ 时，β 达到最大。因此，将 $\lambda = 1$ 附近振幅较大的区域称为共振区。在这个区间中，振幅随 λ 变化十分明显，受到阻尼的影响也十分显著。从图 2-33 可以看出，在共振区中，阻尼比 ξ 越大，汽车振动系统振幅的峰值越小，说明合理增加阻尼能够有效抑制共振时振幅的增大。

特殊地，当 $\lambda = 1$、$\xi = 0$ 时，$\beta \to \infty$，说明共振时受迫振动的振幅将无限增大，在工程实际中应当避免这种情况的发生。

（3）高频区

在高频区，激振力的频率很高，$\omega \gg \omega_n$，$\lambda \gg 0$，振幅放大因子 β 趋近于 0。此时，对于固有圆频率较低的振动系统来说，系统的响应逐渐跟不上高频激振。随着激振力频率的增加，激振力产生的振动位移迅速降低。此外，在高频区，阻尼对振动的影响变得很小，已经可以忽略不计。

幅频特性曲线绘制程序如下：

1	clc	
2	clear	
3	lamda=0:0.01:4;	% 定义 λ 取值范围
4	ksi1=0; ksi2=0.1; ksi3=0.2; ksi4=0.3;	% 定义阻尼比 ξ
5	ksi5=0.4; ksi6=0.5; ksi7=1;	% 定义阻尼比 ξ
6	for i=1:length(lamda)	% 定义 for 循环
7	beta1(i)=1/(((1-lamda(i)^2)^2+(2*ksi1*lamda(i))^2)^0.5);	% 计算振幅放大因子 β
8	beta2(i)=1/(((1-lamda(i)^2)^2+(2*ksi2*lamda(i))^2)^0.5);	
9	beta3(i)=1/(((1-lamda(i)^2)^2+(2*ksi3*lamda(i))^2)^0.5);	
10	beta4(i)=1/(((1-lamda(i)^2)^2+(2*ksi4*lamda(i))^2)^0.5);	
11	beta5(i)=1/(((1-lamda(i)^2)^2+(2*ksi5*lamda(i))^2)^0.5);	
12	beta6(i)=1/(((1-lamda(i)^2)^2+(2*ksi6*lamda(i))^2)^0.5);	
13	beta7(i)=1/(((1-lamda(i)^2)^2+(2*ksi7*lamda(i))^2)^0.5);	

14	end	% 结束 for 循环
15	plot(lamda,beta1,'r--','LineWidth',2);	% 绘制曲线，调整颜色和线宽
16	hold on	% 保留曲线
17	plot(lamda,beta2,'color',[0.87 0.49 0],'LineWidth',2);	
18	hold on	
19	plot(lamda,beta3,'color',[1 0.84 0],'LineWidth',2);	
20	hold on	
21	plot(lamda,beta4,'g','LineWidth',2);	
22	hold on	
23	plot(lamda,beta5,'b','LineWidth',2);	
24	hold on	
25	plot(lamda,beta6,'color',[0 0.75 0.75],'LineWidth',2);	
26	hold on	
27	plot(lamda,beta7,'color',[0.75 0 0.75],'LineWidth',2);	
28	hold on	
29	plot([0.5 0.5],[0 4],'k--','LineWidth',1.5);	% 绘制一条竖虚线
30	hold on	
31	plot([1.5 1.5],[0 4],'k--','LineWidth',1.5);	
32	hold on	
33	plot([1.3 1.6],[2.7 3],'k-','LineWidth',1);	
34	hold on	
35	text(0.02,2.5,' 低频区 ','FontSize',12,'FontName',' 宋体 ','FontWeight','bold','color','k');	% 添加文字，设定文字位置、字号、字体、颜色、加粗
36	text(1.65,3,' 共振区 ','FontSize',12,'FontName',' 宋体 ','FontWeight','bold','color','k');	
37	text(2.2,2,' 高频区 ','FontSize',12,'FontName',' 宋体 ','FontWeight','bold','color','k');	
38	axis([0 4 0 4]);	% 设置坐标刻度
39	set(gca,'YTick',-2:1:6,'FontName','Times New Roman','FontSize',12,'FontWeight','bold');	% 纵坐标刻度设置
40	ylabel(' β ','FontSize',14,'FontName','Times New Roman','FontWeight','bold','FontAngle','italic');	% 纵坐标名称设置
41	xlabel(' λ ','FontSize',14,'FontName','Times New Roman','FontWeight','bold','FontAngle','italic');	% 横坐标名称设置
42	set(gca,'LineWidth',1.5);	% 设置边框线宽
43	h1=legend('\it ξ \rm= 0','\it ξ \rm= 0.1','\it ξ \rm= 0.2','\it ξ \rm= 0.3','\it ξ \rm= 0.4','\it ξ \rm= 0.5','\it ξ \rm= 1');	% 设置 legend 内容

| 44 | set(h1,'Linewidth',1,'FontName','Times New Roman','FontSize', 12,'FontWeight','bold'); | % 插入 legend，设定线宽，字号，字体，加粗 |
| 45 | set(h1,'position',[0.70,0.70,0.17,0.035],'Box','on'); | % 设置 legend 位置，水平摆放，外框 |

3. 相频特性曲线

相位角 φ 随频率比 λ 变化的规律称为相频特性，可以由式（2-133）确定，即

$$\varphi = \arctan\frac{2\xi\omega_n\omega}{\omega_n^2 - \omega^2} = \arctan\frac{2\xi\lambda}{1-\lambda^2} \qquad (2-141)$$

对应不同的阻尼比 ξ，相位角 φ 随频率比 λ 变化的曲线称为**相频特性曲线**，如图 2-34 所示。从图中可以看出，相位角 φ 在 $0 \sim \pi$ 之间变化，始终是正值，说明受迫振动的响应总是滞后于激振力，并且响应的滞后与阻尼的大小无关。下面将根据 λ 的变化区域分为三个部分来讨论。

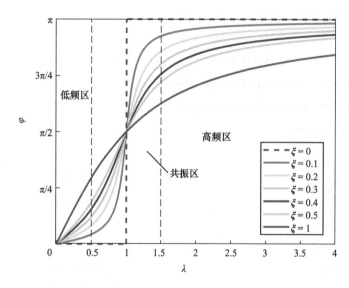

图 2-34 汽车有阻尼受迫振动系统的相频特性曲线

（1）低频区

当 $\lambda \ll 1$ 时，$\varphi \to 0$，说明 $\omega \ll \omega_n$ 时，受迫振动的响应和激振力几乎是同相的。但随着激振频率的增加，相位角的逐渐增大，受迫振动响应的滞后程度也逐渐增大。

（2）共振区

在共振区，受迫振动的相位角 φ 急剧增大。当 $\lambda = 1$ 时，$\varphi = \pi/2$。值得注意的是，无论阻尼比 ξ 是多少，$\lambda = 1$ 时的相位角 φ 都是 $\pi/2$，说明系统共振时，阻尼对相位角没有影响，这是共振的一个重要特征，工程实际中常以此判断系统是否处于共振状态。此外，在 $\lambda = 1$ 前后，阻尼比 ξ 对相位角 φ 的影响是相反的。

（3）高频区

在高频区，相位角 φ 的增长趋势逐渐平缓。当 $\lambda \gg 1$ 时，$\varphi \to \pi$，说明 $\omega \gg \omega_n$ 时，受

迫振动的响应和激振力几乎是反相的。

值得注意的是，对于阻尼比 ξ 等于 0 的情况，当 $\lambda < 1$ 时，$\varphi = 0$；当 $\lambda > 1$ 时，$\varphi = \pi$；当 $\lambda = 1$ 时，φ 从 0 突变到 π，受迫振动的响应在共振点从同相突变到反相，这种现象称为倒相。

相频特性曲线绘制程序如下：

1	clc	
2	clear	
3	lamda=0:0.01:4;	% 定义 λ 取值范围
4	ksi1=0; ksi2=0.1; ksi3=0.2; ksi4=0.3;	% 定义阻尼比 ξ
5	ksi5=0.4; ksi6=0.5; ksi7=1;	% 定义阻尼比 ξ
6	for i=1:length(lamda)	% 定义 for 循环
7	phi1(i)=atan(2*ksi1*lamda(i)/(1-lamda(i)^2));	% 计算相位角 φ
8	phi2(i)=atan(2*ksi2*lamda(i)/(1-lamda(i)^2));	
9	phi3(i)=atan(2*ksi3*lamda(i)/(1-lamda(i)^2));	
10	phi4(i)=atan(2*ksi4*lamda(i)/(1-lamda(i)^2));	
11	phi5(i)=atan(2*ksi5*lamda(i)/(1-lamda(i)^2));	
12	phi6(i)=atan(2*ksi6*lamda(i)/(1-lamda(i)^2));	
13	phi7(i)=atan(2*ksi7*lamda(i)/(1-lamda(i)^2));	
14	if lamda(i)>1	
15	phi1(i)=phi1(i)+pi;	% 相位补偿
16	phi2(i)=phi2(i)+pi;	% 相位补偿
17	phi3(i)=phi3(i)+pi;	% 相位补偿
18	phi4(i)=phi4(i)+pi;	% 相位补偿
19	phi5(i)=phi5(i)+pi;	% 相位补偿
20	phi6(i)=phi6(i)+pi;	% 相位补偿
21	phi7(i)=phi7(i)+pi;	% 相位补偿
22	end	% 结束 if 语句
23	end	% 结束 for 循环
24	figure(1);hold on;box on;	% 新建图窗
25	plot(lamda,phi1,'r--','LineWidth',2);	
26	plot(lamda,phi2,'color',[0.87 0.49 0],'LineWidth',2);	
27	plot(lamda, phi3,'color',[1 0.84 0],'LineWidth',2);	
28	plot(lamda, phi4,'g','LineWidth',2);	
29	plot(lamda, phi5,'b','LineWidth',2);	
30	plot(lamda, phi6,'color',[0 0.75 0.75],'LineWidth',2);	

31	plot(lamda, phi7,'color',[0.75 0 0.75],'LineWidth',2);	
32	plot([lamda(1,100) lamda(1,102)],[phi1(1,100) phi1(1,102)],'r--','LineWidth',1.5);	% 跳过无穷大点
33	plot([0.5 0.5],[0 4],'k--','LineWidth',1.5);	% 绘制竖虚线
34	plot([1.5 1.5],[0 4],'k--','LineWidth',1.5);	% 绘制竖虚线
35	text(0.02,2,'低频区 ', 'FontSize',12,'FontName','宋体','FontWeight','bold','color','k');	% 添加文字
36	text(1,1,' 共振区 ', 'FontSize',12,'FontName','宋体','FontWeight','bold','color','k');	% 添加文字
37	text(2.2,1.5,' 高频区 ','FontSize',12,'FontName',' 宋体 ','FontWeight','bold','color','k');	
38	axis([0 4 0 pi]);	% 设置坐标刻度
39	set(gca,'YTick',0:pi/4:pi,'FontName','Times New Roman','FontSize',12,'FontWeight','bold');	% 纵坐标刻度设置
40	set(gca,'yticklabel',{'0' 'π/4' 'π/2' '3π/4' 'π'});	% 更改纵坐标刻度
41	ylabel(' φ ','FontSize',14,'FontName','Times New Roman','FontWeight','bold','FontAngle','italic');	% 纵坐标名称设置
42	xlabel(' λ ','FontSize',14,'FontName','Times New Roman','FontWeight','bold','FontAngle','italic');	% 横坐标名称设置
43	set(gca,'LineWidth',1.5);	% 设置边框线宽
44	h1=legend('\it ξ \rm= 0','\it ξ \rm= 0.1','\it ξ \rm= 0.2','\it ξ \rm= 0.3','\it ξ \rm= 0.4','\it ξ \rm= 0.5','\it ξ \rm= 1');	% 设置 legend 内容
45	set(h1,'Linewidth',1,'FontName','Times New Roman','FontSize',12,'FontWeight','bold');	% 插入 legend，设定线宽、字号、字体、加粗
46	set(h1,'position',[0.70,0.70,0.17,0.035],'Box','on');	% 设置 legend 位置，水平摆放，外框

4. 振动总响应

与无阻尼受迫振动一样，汽车单自由度有阻尼振动系统的受迫振动的总响应也由自由振动响应和受迫振动响应两部分构成。

$$x(t) = x_1(t) + x_2(t) = Ae^{-\xi\omega_n t}\sin(\omega_d t + \varphi_0) + B\sin(\omega t - \varphi) \quad (2\text{-}142)$$

式中，A 和 φ_0 是外激励引起的自由振动的振幅和相位，根据初始条件决定。

假设初始条件为 $t = 0$ 时，$x = x_0$，$\dot{x} = \dot{x}_0$，带入式（2-142）可以得到

$$x(0) = [Ae^{-\xi\omega_n t}\sin(\omega_d t + \varphi_0) + B\sin(\omega t - \varphi)]_{t=0} = A\sin\varphi_0 - B\sin\varphi = x_0 \quad (2\text{-}143)$$

$$\dot{x}(0) = [-\xi\omega_n Ae^{-\xi\omega_n t}\sin(\omega_d t + \varphi_0) + \omega_d Ae^{-\xi\omega_n t}\cos(\omega_d t + \varphi_0) + \omega B\cos(\omega t - \varphi)]_{t=0}$$
$$= -\xi\omega_n A\sin\varphi_0 + \omega_d A\cos\varphi_0 + \omega B\cos\varphi = \dot{x}_0 \quad (2\text{-}144)$$

将式（2-143）两边乘 $\xi\omega_n$，得

$$\xi\omega_n A\sin\varphi_0 - \xi\omega_n B\sin\varphi = \xi\omega_n x_0 \quad (2\text{-}145)$$

将式（2-144）和式（2-145）相加并移项，得到

$$A\cos\varphi_0 = \frac{\dot{x}_0 + \xi\omega_n x_0 - B[\omega\cos\varphi - \xi\omega_n\sin\varphi]}{\omega_d} \tag{2-146}$$

式（2-143）可以写为

$$A\sin\varphi_0 = x_0 + B\sin\varphi \tag{2-147}$$

将式（2-147）和式（2-146）两式相除，可得

$$\tan\varphi_0 = \frac{\omega_d(x_0 + B\sin\varphi)}{\dot{x}_0 + \xi\omega_n x_0 - B[\omega\cos\varphi - \xi\omega_n\sin\varphi]} \tag{2-148}$$

可以进一步求得

$$\varphi_0 = \arctan\left[\frac{\omega_d(x_0 + B\sin\varphi)}{\dot{x}_0 + \xi\omega_n x_0 - B(\omega\cos\varphi - \xi\omega_n\sin\varphi)}\right] \tag{2-149}$$

求式（2-146）和式（2-147）两式的平方和，可得

$$A^2\sin^2\varphi_0 + A^2\cos^2\varphi_0 = A^2$$
$$= (x_0 + B\sin\varphi)^2 + \left[\frac{\dot{x}_0 + \xi\omega_n x_0 - B(\omega\cos\varphi - \xi\omega_n\sin\varphi)}{\omega_d}\right]^2 \tag{2-150}$$

因此可以求得

$$A = \sqrt{(x_0 + B\sin\varphi)^2 + \left[\frac{\dot{x}_0 + \xi\omega_n x_0 - B(\omega\cos\varphi - \xi\omega_n\sin\varphi)}{\omega_d}\right]^2} \tag{2-151}$$

则汽车单自由度有阻尼系统的受迫振动的总响应为

$$\begin{cases} x(t) = Ae^{-\xi\omega_n t}\sin(\omega_d t + \varphi_0) + B\sin(\omega t - \varphi) \\ A = \sqrt{(x_0 + B\sin\varphi)^2 + \left[\dfrac{\dot{x}_0 + \xi\omega_n x_0 - B(\omega\cos\varphi - \xi\omega_n\sin\varphi)}{\omega_d}\right]^2} \\ \varphi_0 = \arctan\left[\dfrac{\omega_d(x_0 + B\sin\varphi)}{\dot{x}_0 + \xi\omega_n x_0 - B(\omega\cos\varphi - \xi\omega_n\sin\varphi)}\right] \\ B = \dfrac{h}{\sqrt{(\omega_n^2 - \omega^2)^2 + (2\xi\omega_n\omega)^2}} \\ \varphi = \arctan\dfrac{2\xi\omega_n\omega}{\omega_n^2 - \omega^2} \end{cases} \tag{2-152}$$

可见，汽车单自由度有阻尼受迫振动系统在简谐激振下的总响应也是两种不同频率成分的合成振动。与无阻尼受迫振动的总响应不同，由于阻尼的存在，系统的自由振动只在刚开始的一段时间内存在，之后便会被阻尼衰减掉，只剩下了稳态振动的响应，如图2-35所示。

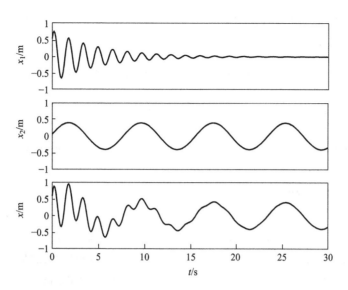

图 2-35 汽车单自由度有阻尼受迫振动系统的总响应

曲线绘制程序如下：

1	clc	
2	clear	
3	%%% 计算汽车有阻尼受迫振动系统的总响应	
4	t=0:0.1:30;	% 定义 t 取值范围
5	x_1 = 0.8.*exp(-0.2.*t).*sin(3.96.*t+0.738);	% 计算自由振动解
6	x_2 = 0.4.*sin(0.8.*t+0.133);	% 计算受迫振动解
7	X = x_1 + x_2;	% 计算振动总响应
8	%%% 子图 (1) 自由振动	
9	subplot(3,1,1)	% 绘制 3 行 1 列的第 1 个子图
10	set(gca,'Position',[0.12 0.72 0.8 0.25]);	% 设置子图的位置
11	plot(t, x_1,'b','LineWidth',2);	% 绘制自由振动曲线
12	axis([0 30 -1 1]);	% 设置坐标刻度
13	set(gca,'YTick',-2:0.5:2,'FontName','Times New Roman','FontSize',12,'FontWeight','bold');	% 纵坐标刻度设置
14	ylabel('x_1','FontSize',14,'FontName','Times New Roman','FontWeight','bold','FontAngle','italic');	% 纵坐标名称设置
15	set(gca,'LineWidth',1.5);	% 设置边框线宽
16	set(gca,'xtick',[]);	% 去掉 x 轴的刻度
17	%%% 子图 (2) 受迫振动	
18	subplot(3,1,2)	% 绘制 3 行 1 列的第 2 个子图
19	set(gca,'Position',[0.12 0.42 0.8 0.25]);	% 设置子图的位置

20	plot(t, x_2,'b','LineWidth',2);	% 绘制受迫振动曲线
21	axis([0 30 -1 1]);	% 设置坐标刻度
22	set(gca,'YTick',-2:0.5:2,'FontName','Times New Roman','FontSize',12,'FontWeight','bold');	% 纵坐标刻度设置
23	ylabel('x_2','FontSize',14,'FontName','Times New Roman','FontWeight','bold','FontAngle','italic');	% 纵坐标名称设置
24	set(gca,'LineWidth',1.5);	% 设置边框线宽
25	set(gca,'xtick',[]);	% 去掉 x 轴的刻度
26	%%% 子图 (3) 振动总响应	
27	subplot(3,1,3)	% 绘制 3 行 1 列的第 2 个子图
28	set(gca,'Position',[0.12 0.12 0.8 0.25]);	% 设置子图的位置
29	plot(t,X,'b','LineWidth',2);	% 绘制受迫振动曲线
30	axis([0 30 -1 1]);	% 设置坐标刻度
31	set(gca,'YTick',-2:0.5:2,'FontName','Times New Roman','FontSize',12,'FontWeight','bold');	% 纵坐标刻度设置
32	ylabel('x','FontSize',14,'FontName','Times New Roman','FontWeight','bold','FontAngle','italic');	% 纵坐标名称设置
33	xlabel('t','FontSize',14,'FontName','Times New Roman','FontWeight','bold','FontAngle','italic');	% 横坐标名称设置
34	set(gca,'LineWidth',1.5);	% 设置边框线宽

5. 强迫振动的复数解法

由于简谐振动可以用复数表示，因此可以用复数解法求解汽车振动系统的受迫振动。假设汽车振动系统受到的外界激振力为

$$F = H\sin\omega t = H\mathrm{e}^{\mathrm{j}\omega t} \qquad (2\text{-}153)$$

则式（2-123）可以写为

$$\ddot{x} + 2\xi\omega_\mathrm{n}\dot{x} + \omega_\mathrm{n}^2 x = h\mathrm{e}^{\mathrm{j}\omega t} \qquad (2\text{-}154)$$

设稳态振动的响应为

$$x_2 = \bar{B}\mathrm{e}^{\mathrm{j}\omega t} \qquad (2\text{-}155)$$

式中，$\bar{B}$ 是复振幅。

将式（2-155）代入式（2-154）中，可得

$$(\omega_\mathrm{n}^2 - \omega^2 + \mathrm{j}2\xi\omega_\mathrm{n}\omega)\bar{B}\mathrm{e}^{\mathrm{j}\omega t} = h\mathrm{e}^{\mathrm{j}\omega t} \qquad (2\text{-}156)$$

进一步解出

$$\bar{B} = \frac{h}{(\omega_\mathrm{n}^2 - \omega^2 + \mathrm{j}2\xi\omega_\mathrm{n}\omega)} = \frac{h}{\omega_\mathrm{n}^2 - \omega^2} + \mathrm{j}\frac{h}{2\xi\omega_\mathrm{n}\omega} = B\mathrm{e}^{-\mathrm{j}\varphi} \qquad (2\text{-}157)$$

式中，B是$\overline{B}$的模；φ是实部和虚部之间的夹角。

因此稳态振动的响应为

$$\begin{cases} x_2 = \overline{B}\mathrm{e}^{\mathrm{j}\omega t} = B\mathrm{e}^{\mathrm{j}(\omega t - \varphi)} = B\sin(\omega t - \varphi) \\ B = \dfrac{h}{\sqrt{(\omega_\mathrm{n}^2 - \omega^2)^2 + (2\xi\omega_\mathrm{n}\omega)^2}} \\ \varphi = \arctan\dfrac{2\xi\omega_\mathrm{n}\omega}{\omega_\mathrm{n}^2 - \omega^2} \end{cases} \tag{2-158}$$

可以发现，用复数解法求解的汽车振动系统的受迫振动响应与式（2-152）用三角函数求解的结果完全相同，求解过程却大为简化。

[例 2-7] 假设图 2-14 所示的汽车单质量无阻尼振动系统，汽车车身质量 m 为 900kg，汽车悬架弹簧刚度 k 为 14400N·m^{-1}，阻尼 c 为 720N·s·m^{-1}，车身始终受到一个 $F = F_0\sin 2t$ 的持续激振力，$t = 0$ 时，$x = x_0 = 0.3$m，$\dot{x} = \dot{x}_0 = 1.6$m/s，$F_0 = 1800$N。求：

1）汽车单质量无阻尼受迫振动的稳态表达式，并利用 MATLAB/Simulink 绘制其位移时程曲线。

2）利用 MATLAB/Simulink 计算振动总响应的位移时程曲线。

解：1）计算系统振动的无阻尼固有圆频率、衰减系数以及阻尼比

$$\omega_\mathrm{n} = \sqrt{\dfrac{k}{m}} = \sqrt{\dfrac{14400}{900}}\mathrm{rad/s} = \sqrt{16}\mathrm{rad/s} = 4\mathrm{rad/s} \tag{2-159}$$

$$n = \dfrac{c}{2m} = \dfrac{720}{2 \times 900}\mathrm{s}^{-1} = 0.4\mathrm{s}^{-1} \tag{2-160}$$

$$\xi = \dfrac{n}{\omega_\mathrm{n}} = \dfrac{0.4}{4} = 0.1 \tag{2-161}$$

计算有阻尼固有频率

$$\omega_\mathrm{d} = \omega_\mathrm{n}\sqrt{1 - \xi^2} = \sqrt{1 - 0.1^2} \times 4\mathrm{rad/s} = 3.96\mathrm{rad/s} \tag{2-162}$$

汽车单质量有阻尼受迫振动的微分方程为

$$900\ddot{x} + 720\dot{x} + 14400x = 1800\sin 2t \tag{2-163}$$

化简得

$$\ddot{x} + 0.8\dot{x} + 16x = 2\sin 2t \tag{2-164}$$

计算稳态响应：

$$B = \dfrac{h}{\sqrt{(\omega_\mathrm{n}^2 - \omega^2)^2 + (2\xi\omega_\mathrm{n}\omega)^2}} = \dfrac{2}{\sqrt{(4^2 - 2^2)^2 + (2 \times 0.1 \times 4 \times 2)^2}} = 0.165 \tag{2-165}$$

$$\varphi = \arctan\dfrac{2\xi\omega_\mathrm{n}\omega}{\omega_\mathrm{n}^2 - \omega^2} = \arctan\dfrac{2 \times 0.1 \times 4 \times 2}{4^2 - 2^2} = 0.133\mathrm{rad} \tag{2-166}$$

汽车单自由度有阻尼振动系统稳态振动的响应为

$$x_2 = 0.165\sin(2t - 0.133) \tag{2-167}$$

利用的汽车单质量有阻尼振动系统稳态振动的响应，在 MATLAB 的命令行窗口中直接进行求解。计算方法如下：

1	t = 0:0.01:20;	% 定义 t 取值范围
2	x_2 = 0.165*sin(2*t-0.133);	% 计算受迫振动的表达式
3	plot(t, x_2,'b','LineWidth',2);	% 绘制位移时程曲线

得到受迫振动的位移时程曲线如图 2-36 所示。

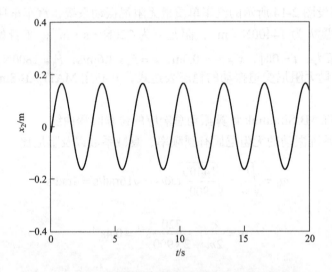

图 2-36 汽车单质量有阻尼受迫振动的位移时程曲线

2）计算汽车单自由度有阻尼受迫振动的总响应：

$$\begin{aligned}
A &= \sqrt{(x_0 + B\sin\varphi)^2 + \left[\frac{\dot{x}_0 + \xi\omega_n x_0 - B(\omega\cos\varphi - \xi\omega_n\sin\varphi)}{\omega_d}\right]^2} \\
&= \sqrt{(0.3 + 0.165 \times \sin 0.133)^2 + \left[\frac{1.6 + 0.1 \times 4 \times 0.3 - 0.165 \times (2 \times \cos 0.133 - 0.1 \times 4 \times \sin 0.133)}{3.96}\right]^2} \\
&= 0.478
\end{aligned} \tag{2-168}$$

$$\begin{aligned}
\varphi_0 &= \arctan\left[\frac{\omega_d(x_0 + B\sin\varphi)}{\dot{x}_0 + \xi\omega_n x_0 - B(\omega\cos\varphi - \xi\omega_n\sin\varphi)}\right] \\
&= \arctan\left[\frac{3.96 \times (0.3 + 0.165\sin 0.133)}{1.6 + 0.1 \times 4 \times 0.3 - 0.165 \times (2\cos 0.133 - 0.1 \times 4\sin 0.133)}\right] \\
&= 0.738
\end{aligned} \tag{2-169}$$

$$x_1 = 0.478\mathrm{e}^{-0.4t}\sin(3.96t+0.738) \tag{2-170}$$

汽车单质量有阻尼受迫振动的总响应为

$$x(t) = 0.478\mathrm{e}^{-0.4t}\sin(3.96t+0.738) + 0.165\sin(2t-0.133) \tag{2-171}$$

根据汽车单质量有阻尼受迫振动的微分方程（2-164），在 Simulink 中搭建图 2-37 所示的仿真模型。

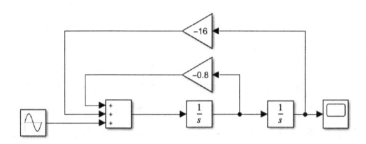

图 2-37　汽车单质量有阻尼受迫振动的 Simulink 模型

得到汽车单质量有阻尼受迫振动总响应的位移时程曲线如图 2-38 所示。

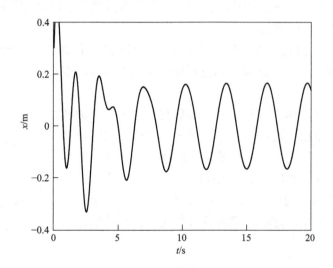

图 2-38　汽车单质量有阻尼受迫振动总响应的位移时程曲线

利用汽车单质量有阻尼受迫振动的总响应，在 MATLAB 的命令行窗口中直接进行求解，计算方法如下：

1	a=dsolve('D2x+0.8*Dx+16*x=2*sin(2*t)', 'x(0)=0.3', 'Dx(0)=1.6', 't');	% 计算受迫振动的表达式
2	t=0:0.1:20;	% 定义 t 取值范围
3	X=eval(subs(a));	% 将步骤 1 得到的符号表达式转换为数字表达式
4	plot(t,X,'b','LineWidth',2);	% 绘制位移时程曲线

2.5 汽车单自由度系统的扭转振动

【课堂小讨论】

> 某汽车制造商推出了一款新型 SUV 车型，该车型采用了一种新的悬架系统和轻量化设计，旨在提高燃油经济性和驾驶舒适性。然而，一些车主在购买车后不久就出现了车辆稳定性问题。当车辆在低速行驶或转向时，车辆出现轻微的抖动和不稳定感。在高速行驶时，这种振动更为明显，影响到了驾驶体验和乘坐舒适性。在进一步的分析中，工程师发现，这款新型 SUV 车型在轻量化设计中，降低了车身结构的刚度。这虽然在一定程度上提高了燃油经济性，但也导致了车辆在行驶时扭转振动的敏感性增加。由于车辆的刚度较低，它更容易受到路面不平和车辆自身动力的影响，从而导致了振动问题的出现。为了解决这一问题，汽车制造商采取了多种措施。首先，他们在车身结构中增加了一些加强部件，以提高车辆的刚度。其次，他们对悬架系统进行了调整和优化，使其更好地适应车身结构的变化。此外，他们还通过软件调整发动机和传动系统，以减少在特定转速下的转矩波动，从而降低振动的频率和幅度。

在工程实际中有许多其他形式的振动，如内燃机的曲轴、轮船的传动轴等，在运转中常常产生扭转振动，简称扭振。

图 2-39 所示为一扭振系统。其中 OA 为一铅直圆轴，上端 A 固定，下端 O 固连一水平圆盘，圆盘对中心轴 OA 的转动惯量为 J_0。

如果在圆盘的水平面内加一力偶，然后突然撤去，圆轴就会带着圆盘做自由扭振，这种装置称为扭摆。在研究它的运动规律时，假定圆轴的质量可以忽略不计，圆盘的位置可由圆盘上任一根半径线和该线的静止位置之间的夹角 φ 来决定，称为扭角。再假定圆轴的抗扭刚度为 k，它表示使圆盘产生单位扭角所需的力矩。根据刚体定轴转动微分方程建立该系统的运动微分方程

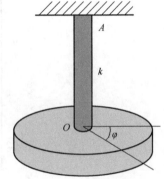

图 2-39 扭振系统

$$J_0\ddot{\varphi} = -k\varphi \qquad (2\text{-}172)$$

令

$$\omega_n = \sqrt{\frac{k}{J_0}} \qquad (2\text{-}173)$$

则式（2-173）改写为

$$\ddot{\varphi} + \omega_n^2 \varphi = 0 \qquad (2\text{-}174)$$

可以看出，式（2-174）与式（2-33）具有相同的形式，因此，扭振的运动规律也具有与式（2-36）相同的形式，即

$$\varphi = \varphi_0 \cos \omega_n t + \frac{\dot{\varphi}_0}{\omega_n} \sin \omega_n t \qquad (2\text{-}175)$$

综上所述，对于单自由度振动系统来说，尽管直线振动和扭振的结构形式、振动形式不一样。但其振动规律、特征是完全相同的。

图 2-40a 所示为扭振系统两个轴并联情况；图 2-40b 所示为扭振系统两个轴串联情况；图 2-40c 所示为进一步简化的等效系统。

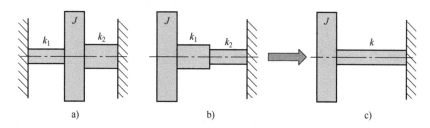

图 2-40　轴系扭振系统

根据 2.2 节中有关串并联弹簧的结论，可得到并联轴的等效刚度系数为

$$k = k_1 + k_2 \qquad (2\text{-}176)$$

串联轴系的等效刚度系数为

$$k = \frac{k_1 k_2}{k_1 + k_2} \qquad (2\text{-}177)$$

[**例 2-8**]　求图 2-41 所示的阶梯轴-圆盘系统扭转振动的固有频率。其中 I_{p1}、I_{p2} 和 I_{p3} 是三个轴段截面的极惯性矩，J 是圆盘的转动惯量，各个轴段的转动惯量不计，材料的切变模量为 G。

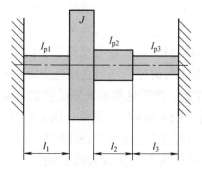

图 2-41　阶梯轴-圆盘系统

解：由材料力学知，三个圆轴的抗扭刚度系数分别为

$$k_1 = GI_{p1}/l_1, k_2 = GI_{p2}/l_2, k_3 = GI_{p3}/l_3 \qquad (2\text{-}178)$$

第 2、3 轴为串联，串联后的刚度系数为

$$k_{23} = \frac{k_2 k_3}{k_2 + k_3} = GI_{p2} I_{p3} / (I_{p2} l_3 + I_{p3} l_2) \qquad (2\text{-}179)$$

k_1 与 k_{23} 并联, 并联后的刚度系数为

$$k = k_1 + k_{23} \tag{2-180}$$

由 $\omega_n^2 = k/J = (k_1 + k_{23})/J$ 得扭转振动的固有频率为

$$f = \frac{1}{2\pi}\omega_n = \frac{1}{2\pi}\sqrt{\frac{G(I_{p1}I_{p2}l_3 + I_{p3}I_{p1}l_2 + I_{p2}I_{p3}l_1)}{Jl_1(I_{p2}l_3 + I_{p3}l_2)}} \tag{2-181}$$

2.6 汽车单自由度振动系统控制

【课堂小讨论】

> 一家高性能跑车制造商开发了一款全新的超级跑车,该车拥有非常强大的动力和卓越的性能。然而,随着车辆速度的增加,驾驶人和乘员开始感受到车辆的颠簸和振动,尤其是在高速行驶和转向时,车辆的操控性也变得更加恶化。车辆出现明显的颠簸感和不稳定性,这影响了驾驶人的操控能力,乘客也感受到了车内明显的振动,降低了乘坐舒适性。为了改善车辆的悬架系统和振动控制,制造商引入了主动悬架系统。这个系统利用传感器实时监测车辆的运动状态、车速、转向角度和路面条件等信息。然后,利用电子控制单元(ECU)对悬架系统进行实时调整,以抵消车辆在高速行驶和转弯时产生的不稳定振动。

汽车悬架各方面的性能会对汽车的操纵稳定性、行驶平顺性以及行驶速度产生非常重要且直接的影响。一般情况下车辆的操纵稳定性和平顺性两者之间是不能做到平衡的,在宏观感受上是相互矛盾的,对于被动悬架这样的传统系统根本没有办法解决这个问题。但是随着测控技术、电子技术、机械动力学等这些领域的飞速发展,汽车悬架系统也由传统被动隔振慢慢发展为振动主动控制。尤其是信息科学领域对自适应控制、最优控制、人工神经网络、模糊控制等控制方法的研究,不但在理论方面获得了很好的成果,也开始应用到汽车悬架系统有关的振动控制,使得悬架系统振动控制技术快速发展。

单自由度主动控制悬架简化模型由弹性元件、阻尼器和作动器组成,如图2-42所示。执行器的作用在于改进系统中的能源消耗和为系统供给能量,该装置的控制目标是系统不发生较大改变的同时实现优质的隔振性能。因此,只需使执行器产生一个正比于绝对速度负值的主动力,即可实现该控制目标。

单自由度主动控制悬架系统旨在减小车辆行驶中的振动和冲击,提高乘坐舒适性和悬架系统的性能。以下是一些常见的单自由度主动控制悬架的振动控制方法。

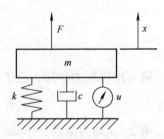

图 2-42 单自由度主动控制悬架模型

1）PID 控制器：PID（比例、积分、微分）控制是一种经典的控制方法，在悬架系统中被广泛使用。它基于车辆的加速度或车体姿态角度来调整悬架的阻尼、刚度或力矩，以减小振动。

2）LQR 控制器：线性二次型调节器（Linear Quadratic Regulator, LQR）是一种经典的优化控制方法。它通过最小化系统状态和控制输入的二次型性能指标，设计悬架系统的控制策略，以减小振动。LQR 控制器可以在满足系统稳定性的同时优化振动抑制效果。

3）$H\infty$ 控制器：$H\infty$ 控制是一种鲁棒控制方法，能够处理系统不确定性和扰动。它通过优化系统的 $H\infty$ 范数来设计悬架系统的控制器，以抑制振动并提高系统的鲁棒性。

4）模糊控制器：模糊控制是一种基于模糊逻辑的控制方法，可以通过模糊规则来调整悬架系统的阻尼、刚度或力矩，以适应不同的路面和行驶状态，从而减小振动。模糊控制器具有较好的鲁棒性和适应性。

5）神经网络控制器：神经网络控制是利用神经网络模型来进行控制决策的方法。通过训练神经网络模型，可以学习到悬架系统的非线性映射关系，从而实现振动的抑制和控制。

6）LQG（Linear Quadratic Gaussian）控制器是一种经典的线性控制器，结合了线性二次型调节器（LQR）和卡尔曼滤波器（Kalman Filter）的思想。通过将 LQG 控制器应用于单自由度主动控制悬架，可以实现对振动的主动抑制和控制，提高行驶舒适性和悬架系统的性能。

2.7 工程案例：汽车单自由度系统振动特性及主动控制仿真

汽车舒适性本质上就是汽车的振动控制问题。高端品牌汽车之所以备受青睐，其中一方面的原因就是对汽车振动控制得比较好，使汽车的舒适性更好，乘客体验感更好。因此，需要对汽车振动系统进行特性分析，并将控制算法应用于振动系统来提高汽车的舒适性。

2.7.1 汽车单自由度振动特性分析

1. 任务描述

1）以汽车悬架为研究对象（图 2-1），构建车辆质量 - 弹簧 - 阻尼单自由度振动系统的动力学方程。

2）在 MATLAB/Simulink 中搭建汽车单自由度振动的仿真模型，分别调整阻尼、刚度、外部激振力，观察该单自由度振动系统的响应曲线变化。

① 根据表 2-2 提供的汽车单自由度振动模型基本参数，观察分析振动响应曲线的变化。

② 当 $c = 500$ N·s/m 时，根据表 2-3 调节外部界激振力，观察振动响应曲线的变化。

③ 当 $F = 1500$N 时，根据表 2-3 调节振动系统的阻尼，观察振动响应曲线的变化。

④ 当 $F = 2500\sin t$ 时（简谐激振力，单位为 N），根据表 2-2 调节振动系统的阻尼，观察振动响应曲线的变化。

表 2-2 汽车单自由度振动模型基本参数

汽车总质量 /kg	阻尼系数 /(N·s/m)	刚度系数 /(N/m)	外界激振力 /N	初始位移 /m	初始速度 /(m/s)
900	500	8100	1500	2	−3

表 2-3 外界激振力和阻尼系数的变化表

外界激振力 F/N	1500	3000	4500	6000
	$2500\sin t$	$2500\sin 2t$	$2500\sin 3t$	$2500\sin 4t$
阻尼系数 c/(N·s/m)	0	2000	4000	5400

2. 任务实施过程

（1）建立汽车单自由度振动的力学模型

汽车单自由度振动系统简化模型和受力模型如图 2-43 所示。

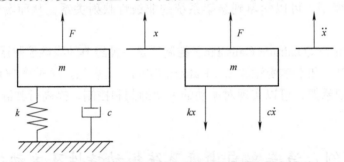

图 2-43 汽车单自由度振动系统简化模型和受力模型

F—外部激振力，可以是一个常量，也可以是一个时变函数 $F(t)$
x—依赖于时间变量的位移 $x=x(t)$　　$\dot{x}$—车身质量块速度　　$\ddot{x}$—车身质量块加速度

根据牛顿第二定律，可写出该振动模型的动力学方程为

$$m\ddot{x} = \sum F = F - kx - c\dot{x} \quad (2\text{-}182)$$

进一步变形有

$$\ddot{x} = \frac{F - c\dot{x} - kx}{m} \quad (2\text{-}183)$$

显然，这是一个二阶的常系数微分方程（Ordinary Differential Equation, ODE）。在 Simulink 中求解该 ODE 方程需要两个积分模块，积分求解逻辑框图如图 2-44 所示。

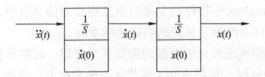

图 2-44 求解二阶 ODE 方程的逻辑框图（不包含输入）

针对式（2-183）的 ODE 方程，包含输入（$\dot{x}$ 和 x）的完整的计算输出位移响应的求解逻辑框图如图 2-45 所示。

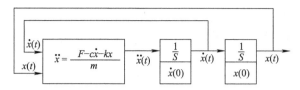

图 2-45 求解二阶 ODE 方程的逻辑框图（包含输入）

（2）在 Simulink 中建立汽车单自由度振动的仿真模型

根据上面建立的振动方程，在 Simulink 中求解单自由度振动响应曲线需要用到两个积分模块，$\ddot{x}$ 经过两次积分之后分别得到 $\dot{x}$ 和 x，将其作为输入求解 $\ddot{x}$。将式（2-183）以 MATLAB Function 的方式植入到 Simulink 中，并设定仿真模型所需的基本参数，可以得到图 2-46 所示的仿真模型。

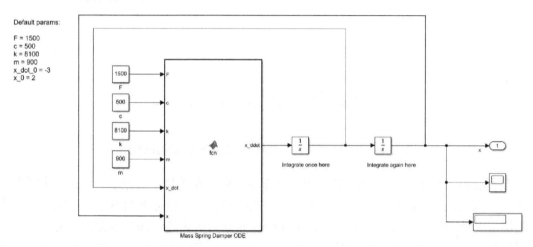

图 2-46 汽车单自由度振动的仿真模型

通过仿真，得到汽车单自由度振动响应曲线如图 2-47 所示。

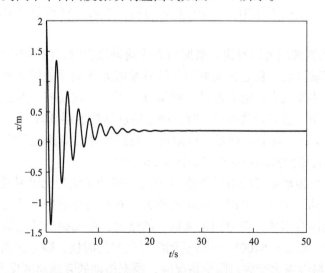

图 2-47 汽车单自由度振动响应曲线

当 $c = 500\text{N}\cdot\text{s/m}$ 时，调节外界激振力，观察振动响应曲线的变化。

1）激振力 F 为常数时。不同激振力 F 下的汽车单自由度振动响应曲线如图 2-48 所示。

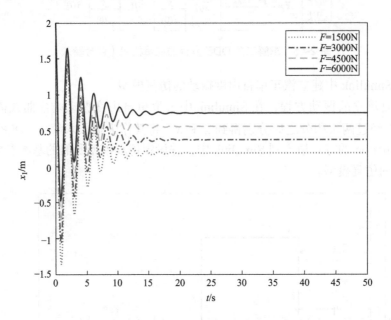

图 2-48　不同激振力 F 下的汽车单自由度振动响应曲线

从图 2-48 所示的仿真曲线可以看出，汽车单自由度振动模型的振动响应曲线由瞬态振动和稳态振动两部分组成。瞬态振动为一个衰减振动，当激振力 F 为常数时，随着激振力 F 的增加，瞬态振动的幅值逐渐增加，振动响应曲线的变化趋势却基本保持不变。在稳态振动阶段，系统趋于平衡，振动的位移为一个定值，该定值随着外界激振力 F 的增大而增大。从整体来看，汽车单自由度振动响应曲线随激振力 F 的增大而呈现出一种整体上移的趋势。

2）激振力 F 为简谐激振力时。激振力 F 为简谐力时，汽车单自由度振动响应曲线如图 2-49 所示。

从图 2-49 的仿真曲线可以看出，激振力 F 为简谐激振时，汽车单自由度振动模型的瞬态振动仍为一个衰减振动，稳态振动的频率随着激振力 F 频率的增加而增加。随着激振力 F 的频率逐渐接近共振频率，稳态振动的幅值逐渐增加，在 $\omega = 3$ 附近达到最大值。当激振力 F 的频率继续增大且离开共振频率时，稳态振动的幅值逐渐减小。

① 当 $F=1500\text{N}$ 时，调节振动系统的阻尼，观察振动响应曲线的变化，常数激振力下不同阻尼的汽车单自由度振动响应曲线如图 2-50 所示。

当汽车单自由度振动系统的阻尼系数 $c=0$ 时，振动系统为无阻尼受迫振动系统，振动响应是一个周期振动。当 $c \neq 0$ 时，振动系统为一有阻尼受迫振动系统，振动响应由瞬态振动和稳态振动两部分组成。随着阻尼系数 c 的增大，稳态振动的幅值不变，瞬态振动的衰减速度逐渐加快，在 $c=5400\text{N}\cdot\text{s/m}$ 达到临界阻尼的时候，瞬态振动的衰减速度达到峰值。当阻尼系数 c 继续增大变为过阻尼情况时，瞬态振动的衰减速度反而会有所下降。

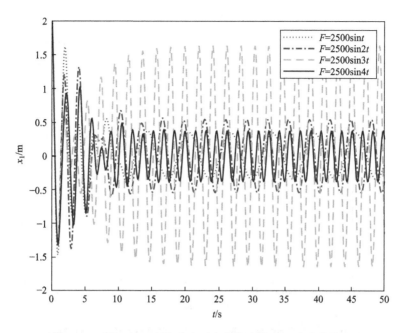

图 2-49 激振力 F 为简谐力时汽车单自由度振动响应曲线

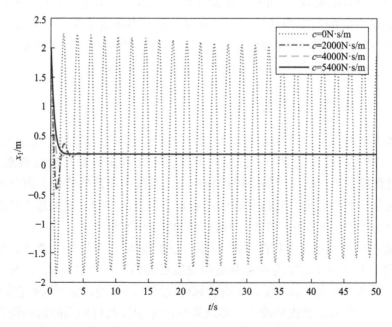

图 2-50 常数激振力下不同阻尼的汽车单自由度振动响应曲线

② 当 $F = 2500\sin t$ 时，调节振动系统的阻尼，观察振动响应曲线的变化。简谐力激振下不同阻尼的汽车的单自由度振动响应曲线如图 2-51 所示。

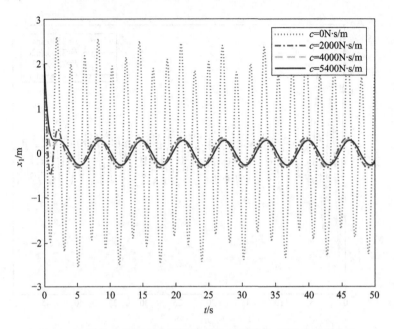

图 2-51　简谐力激振下不同阻尼的汽车单自由度振动响应曲线

当激振力 F 为简谐激励时，汽车单自由度振动系统的稳态振动是一个激振力频率相同的简谐振动。当阻尼系数 $c=0$ 时，振动系统为无阻尼受迫振动系统，振动响应是一个由两种简谐振动合成的周期振动。当 $c \ne 0$ 时，振动系统为有阻尼受迫振动系统。随着阻尼系数 c 的增大，稳态振动的幅值和频率保持不变，瞬态振动的衰减速度逐渐加快，在 $c=5400\text{N·s/m}$ 时达到临界阻尼，瞬态振动的衰减速度达到峰值。

2.7.2　汽车单自由度振动主动控制系统

车辆悬架系统振动控制算法中有一类是以经典控制理论为依据，通过被控对象输入、输出及误差的调节控制来建立的。目前此类算法研究最多的是车辆悬架系统 PID 控制。PID 控制是过程控制中广泛应用的一种控制算法，是按照误差的比例、积分和微分进行控制。车辆悬架系统 PID 控制是对所关心的车辆状态误差的控制，这类基于状态的控制算法控制律简单易于实现、参数易于调整，且具有较高的控制实时性。

构建主动 PID 控制系统，如图 2-52 所示。系统输入 r_{in} 为目标参考量，可以通过参考模型计算得到，也可将其设定为所考察量的理想目标值。系统输出 y_{out} 为所考察的系统状态量，通常为车辆垂直振动加速度、车轮动载荷或悬架动行程，也可以是它们的组合形式。将路面激励输入 x 作为系统扰动输入，即悬架系统振动控制目标是降低路面激励引入悬架系统的振动量，得到最终的主动 PID 控制器输出的控制力 F。

系统状态误差 e 为

$$e = r_{\text{in}} - y_{\text{out}} \tag{2-184}$$

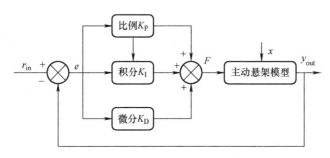

图 2-52 主动悬架 PID 控制系统原理框图

r_{in}—系统输入，为目标参考量　y_{out}—系统输出，为所考察的系统状态量　x—路面激励输入，为系统扰动输入

PID 控制器输出力为

$$F = K_P e + K_I \int_0^t e \mathrm{d}t + K_D \frac{\mathrm{d}e}{\mathrm{d}t} \qquad (2\text{-}185)$$

悬架系统状态方程为

$$m\ddot{x} + c\dot{x} + kx = F \qquad (2\text{-}186)$$

系统传递函数为

$$\frac{X(s)}{F(s)} = 1/(ms^2 + cs + k) \qquad (2\text{-}187)$$

从图 2-53 可以看出，PID 控制器的比例、积分和微分三个环节及其参数对系统的控制是相互关联的，三个环节作用与否与参数的大小直接影响被控对象系统的性能。PID 的三个环节及其参数对控制性能的影响可以描述如下：

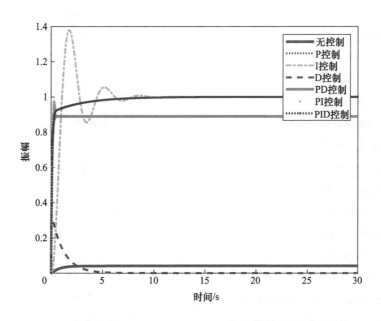

图 2-53 单自由度振动幅值响应

（1）比例环节

比例环节可以用来成正比地反映控制系统的误差信号，当误差出现时，会立刻产生控制力以减小误差，但不能消除稳态误差。增大比例系数，可以加快响应速度，减小系统稳态误差，有利于提高控制精度。当比例系数过大时，控制系统的动作过快，振荡次数会增大，并且系统会趋于不稳定。

（2）积分环节

积分环节主要是用来消除稳态误差，提高系统无差度。积分作用的强弱取决于积分时间常数，积分时间常数越小，积分作用越强。但如果积分时间常数太小，系统就会出现振荡，并且稳定性降低。积分环节有一定的滞后作用，使系统的响应速度变慢。

（3）微分环节

微分环节具有超前和预测的特性，能够预测误差的变化趋势。这种"超前"的作用可以抵消滞后因素的影响，即适当的微分控制可使超调量减小，增加系统的稳定性。微分时间常数过大或过小，均会使超调量增大，增长调节时间。需要注意的是，三个PID控制器参数对被控对象性能指标的影响是相对的，三个参数之间相互影响，一个参数的变化会使另外两个参数的控制效果也随之变化。因此，在PID控制器设计时，还需要根据控制效果协调参数。

图2-53曲线绘制程序如下：

1	m=1;c=20;k=25;	% 初始赋值
2	s=tf('s');	% 无控制
3	P=1/(m*s^2 + c*s + k);	
4	Kp = 200;Kd = 10;Ki = 70;	% PID 参数
5	t= 0:0.01:30;	% 时间步长
6	C1 = pid(Kp,0,0);	%P 控制
7	T1 = feedback(C1*P,1);	
8	C2 = pid(0,Ki,0);	%I 控制
9	T2 = feedback(C2*P,1);	
10	C3 = pid(0,0,Kd);	%D 控制
11	T3 = feedback(C3*P,1) ;	
12	C4 = pid(Kp,0,Kd);	%PD 控制
13	T4 = feedback(C4*P,1) ;	
14	C5 = pid(Kp,Ki,0);	%PI 控制
15	T5 = feedback(C5*P,1);	
16	C6 = pid(Kp,Ki,Kd);	%PID 控制
17	T6 = feedback(C6*P,1);	
18	G0=step(P.Numerator,P.Denominator,t);	% 计算响应
19	G1=step(T1.Numerator,T1.Denominator,t);	% 计算响应

20	G2=step(T2.Numerator,T2.Denominator,t);	% 计算响应
21	G3=step(T3.Numerator,T3.Denominator,t);	% 计算响应
22	G4=step(T4.Numerator,T4.Denominator,t);	% 计算响应
23	G5=step(T5.Numerator,T5.Denominator,t);	% 计算响应
24	G6=step(T6.Numerator,T6.Denominator,t);	% 计算响应
25	figure(1);hold on;box on;	% 绘制图窗
26	plot(t,G0,'-','linew',2);	% 绘制曲线
27	plot(t,G1,':','linew',2);	% 绘制曲线
28	plot(t,G2,'-.','linew',2);	% 绘制曲线
29	plot(t,G3,'--','linew',2);	% 绘制曲线
30	plot(t,G4,'-','linew',2);	% 绘制曲线
31	plot(t,G5,'.','linew',2);	% 绘制曲线
32	plot(t,G6,':.','linew',2);	% 绘制曲线
33	xlabel(' 时间（s）','fontsize',14);ylabel(' 振幅 ','fontsize',14)	% 标注 x 轴和 y 轴
34	legend(' 无控制 ','P 控制 ','I 控制 ','D 控制 ','PD 控制 ','PI 控制 ','PID 控制 ')	% 标注曲线含义
35	set(gca,'xcolor',[0 0 0]);	
36	set(gca,'ycolor',[0 0 0]);	
37	set(gca, 'LineWidth',2);	

2.8 本章习题

一、选择题

1.（　　）是一种运动形态，是指物体在平衡位置附近作往复运动。

A. 噪声　　　　　　B. 振动　　　　　　C. 频率　　　　　　D. 冲击

2. 在振动过程中，振动的任一瞬间形态由一个独立坐标即可确定的系统，称为（　　）。

A. 单自由度振动系统　　　　　　B. 多自由度振动系统

C. 随机振动　　　　　　　　　　D. 自由振动

3. 振动系统的要素包括（　　）。

A. 质量　　　　　　B. 弹性　　　　　　C. 阻尼　　　　　　D. 激励

4. 单自由度系统无阻尼自由振动的微分方程是一个（　　）微分方程。

A. 二阶常系数齐次线性　　　　　B. 三阶常系数齐次线性

C. 三阶常系数齐次非线性　　　　D. 二阶常系数齐次非线性

5. 黏性阻尼系数的单位是（　　）。

A. N/m　　　　　　B. N·s/m　　　　　C. N·s　　　　　　D. 无单位

6. 一单自由度有阻尼振动系统，其刚度为640N/mm，质量为16kg，黏性阻尼系数为800N·s/m，则系统的固有圆频率为（   ）。
   A. 198.43rad/s   B. 6.32rad/s   C. 200rad/s   D. 0.2rad/s

7. 欠阻尼是一种振幅（   ）的振动。
   A. 交替上升   B. 逐渐增强   C. 逐渐衰减   D. 不变

8. 汽车减振器是利用（   ）的原理制成的。
   A. 大阻尼   B. 临界阻尼   C. 欠阻尼   D. 过阻尼

二、判断题

1. 过阻尼是一种按指数规律衰减的非周期运动，没有振动发生。（   ）
2. 临界阻尼仍然是按指数规律衰减的非周期运动，但比过阻尼衰减慢。（   ）
3. 系统对简谐激励的稳态响应是等同于激振频率而相位滞后于激振力的简谐振动。（   ）
4. 当强迫振动外部激励频率与系统的固有频率之比小于1时，系统的振幅主要由弹簧的刚度控制。（   ）
5. 当强迫振动外部激励频率与系统的固有频率之比为无穷大时，系统的振幅主要取决于系统的惯性。（   ）

三、简答题

1. 振动问题的研究方法包括哪些？
2. 什么是单自由度振动系统？
3. 简述欠阻尼、临界阻尼和过阻尼的特点。
4. 什么是刚度？
5. 什么是等效刚度？
6. 什么是黏性阻尼？
7. 简述如何选择汽车减振器的阻尼值。
8. 什么是强迫振动？其激励来源主要包括哪些？

四、解答题

1. 已知 $m = 2.5\text{kg}$，$k_1 = k_2 = 2 \times 10^5 \text{N/m}$，$k_3 = 3 \times 10^5 \text{N/m}$ 时，求题图2-1所示系统的等效刚度系数及固有频率。

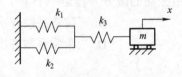

题图 2-1

2. 求题图 2-2 所示系统的固有频率，悬臂梁端点的刚度系数分别是 k_1 和 k_3，悬臂梁的质量忽略不计。

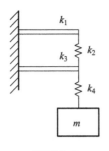

题图 2-2

3. 如题图 2-3 所示，质量为 2000kg 的重物以 3cm/s 的速度匀速运动，与弹簧及阻尼器相撞后一起做自由振动。已知 k = 48020N/m，c = 1960N·s/m，问重物在碰撞后多少时间达到最大振幅？最大振幅是多少？

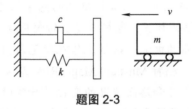

题图 2-3

4. 在题图 2-4 所示的弹簧-质量系统中，两个弹簧的连接处有一激振力 $F_0 \sin \omega t$，求质量块的振幅。

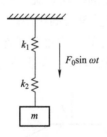

题图 2-4

5. 在题图 2-5 所示系统中，弹簧刚度 k = 5N/m，阻尼系数 c = 1N·s/m，质量块的重力 mg = 1.69N。若系统的初始条件为 x_0 = 0.05m，v_0 = 0.05m/s，试确定系统的运动规律。

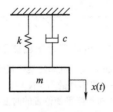

题图 2-5

第3章 汽车二自由度振动系统

3.1 汽车二自由度振动系统建模

【课堂小讨论】

福特 Mustang MagneRide 悬架系统是一种基于可调阻尼减振器的半主动悬架系统，该系统应用于福特 Mustang GT 车型。MagneRide 悬架系统通过使用磁性流体和电磁阻尼控制器来实现真正的实时阻尼调节，以提供卓越的悬架性能和驾驶舒适性。MagneRide 悬架系统基于车辆传感器提供的数据，包括车速、转向角度、车身加速度和路面状况等，通过控制器来实时调节阻尼器的电流。磁性流体在阻尼器内部根据电流的变化而改变流变性，从而调节阻尼的大小。福特 Mustang MagneRide 悬架系统的优势在于其快速响应和精确控制，可以根据驾驶条件和路面状况的变化进行实时调整。当车辆遇到不平路面或者急转弯时，系统能够迅速提供更大的阻尼力来减振，提供更好的稳定性和操控性能。而在平稳的行车过程中，系统则可以降低阻尼力，提供更舒适的乘坐体验。

整体而言，汽车是一个多自由度的振动系统，汽车悬架系统的关键组件——阻尼减振器，对汽车振动性能的改善起到了至关重要的作用。

在静平衡位置（弹簧力与阻尼力的合力抵消了车身的重力），如果将汽车车身整体简化为一个质量块，其重量由4个单独的阻尼减振器支撑，如图3-1所示。

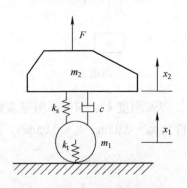

图 3-1 汽车二自由度振动系统

m_1—汽车车轮质量（kg） m_2—汽车车身质量（kg） k_s—汽车悬架弹簧刚度（N·m^{-1}） k_t—汽车轮胎弹簧刚度（N·m^{-1}）
c—汽车悬架阻尼系数（N·s·m^{-1}） F—外界施加的力（N） x_2—车身相对于静平衡位置的时变位移（m）
x_1—车轮相对于静平衡位置的时变位移（m）

假设汽车前后悬架结构相同并且左右对称,汽车四个车轮的受到同样的外界激励,取 1/4 汽车作为研究对象。如果将汽车抽象为两个单独质量块的上下往复振动系统,则可以建立图 3-2 所示的动力学模型。

取车身静平衡位置为坐标原点,分析其受力可得到图 3-3 所示的受力图。

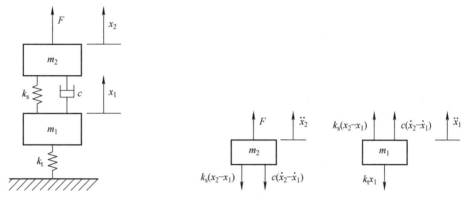

图 3-2 汽车二自由度振动动力学模型　　　　图 3-3 车身和车轮受力图

根据牛顿第二定律可以得到该振动模型的动力学方程:

$$\begin{cases} m_1\ddot{x}_1 = F_{ks} + F_c - F_{kt} = k_s(x_2 - x_1) + c(\dot{x}_2 - \dot{x}_1) - k_t x_1 \\ m_2\ddot{x}_2 = F - F_{ks} - F_c = F - k_s(x_2 - x_1) - c(\dot{x}_2 - \dot{x}_1) \end{cases} \quad (3\text{-}1)$$

或者

$$\begin{cases} m_1\ddot{x}_1 + c(\dot{x}_1 - \dot{x}_2) + k_s(x_1 - x_2) + k_t x_1 = 0 \\ m_2\ddot{x}_2 + c(\dot{x}_2 - \dot{x}_1) + k_s(x_2 - x_1) = F \end{cases} \quad (3\text{-}2)$$

可以看出,该方程是一个二阶非齐次线性微分方程组。

3.2 汽车二自由度无阻尼自由振动系统

对于半车四自由度的振动模型,当悬架质量分配系数 $\varepsilon = \rho_y^2 / ab$(其中,质心位置 C 到前后悬架的距离分别为 a 和 b,车身绕 y 轴的回转半径为 ρ_y)的数值接近于 1 时,前后悬架系统的垂直振动几乎是独立的,于是汽车可以简化为 1/4 汽车双质量二自由度系统振动模型。若忽略汽车悬架系统阻尼对汽车系统振动的影响,则汽车二自由度振动系统可以被简化为一个无阻尼振动系统,如图 3-4 所示。根据外界激励的类型可以将其进一步分为无阻尼自由振动系统和无阻尼受迫振动系统。

3.2.1 振动方程

汽车二自由度无阻尼自由振动系统的微分方程可以写为

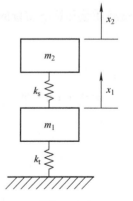

图 3-4 汽车二自由度无阻尼自由振动系统模型

$$\begin{cases} m_2\ddot{x}_2 + k_s(x_2 - x_1) = 0 \\ m_1\ddot{x}_1 + k_s(x_1 - x_2) + k_t x_1 = 0 \end{cases} \quad (3\text{-}3)$$

将上述微分方程表示为矩阵形式如下

$$M\ddot{x} + Kx = 0 \quad (3\text{-}4)$$

式中，$M = \begin{pmatrix} m_2 & 0 \\ 0 & m_1 \end{pmatrix}$，$K = \begin{pmatrix} k_s & -k_s \\ -k_s & k_s + k_t \end{pmatrix}$，$x = \begin{pmatrix} x_2 \\ x_1 \end{pmatrix}$

3.2.2 固有频率和模态振型

由式（3-3）可以知道，m_2 与 m_1 的振动是相互耦合的，若悬架簧载质量 m_2 不动，即 $x_2 = 0$，则可由式（3-3）第二式得到

$$m_1\ddot{x}_1 + (k_s + k_t)x_1 = 0 \quad (3\text{-}5)$$

可得到簧下质量固有圆频率为

$$\omega_t = \sqrt{(k_s + k_t)/m_1} \quad (3\text{-}6)$$

同理，若 m_1 不动，即 $x_1 = 0$，则可由方程（3-3）第一式得到

$$m_2\ddot{x}_2 + k_s x_2 = 0 \quad (3\text{-}7)$$

可得到簧载质量固有圆频率为

$$\omega_s = \sqrt{(k_s/m_2)} \quad (3\text{-}8)$$

固有圆频率 ω_t 与 ω_s 是只有一个质量（簧载质量或簧下质量）振动时的部分频率，也称为**偏频**。

在无阻尼自由振动时，簧载质量和簧下质量将以相同的圆频率 ω 和 φ 作简谐振动，设簧载质量和簧下质量的振幅分别为 X_2 和 X_1，则它们的振动响应分别为

$$\begin{cases} x_2 = X_2\sin(\omega t + \varphi) \\ x_1 = X_1\sin(\omega t + \varphi) \end{cases} \quad (3\text{-}9)$$

将式（3-9）带入式（3-3）可得

$$\begin{cases} X_2\omega^2 - \dfrac{k_s}{m_2}X_2 + \dfrac{k_s}{m_2}X_1 = 0 \\ X_1\omega^2 - \dfrac{k_s}{m_1}X_2 + \dfrac{k_s + k_t}{m_1}X_1 = 0 \end{cases} \quad (3\text{-}10)$$

将 $\omega_t^2 = (k_s + k_t)/m_1$，$\omega_s^2 = k_s/m_2$ 带入式（3-10）得

$$\begin{cases} (\omega_s^2 - \omega^2)X_2 - \omega_s^2 X_1 = 0 \\ -\dfrac{k_s}{m_1}X_2 + (\omega_t^2 - \omega^2)X_1 = 0 \end{cases} \quad (3\text{-}11)$$

保证式（3-11）具有非零解的充分必要条件是其系数行列式等于零，即

$$\begin{vmatrix} (\omega_s^2 - \omega^2) & -\omega_s^2 \\ -\dfrac{k_s}{m_1} & (\omega_t^2 - \omega^2) \end{vmatrix} = 0 \quad (3\text{-}12)$$

得到系统的特征方程为

$$\omega^4 - (\omega_t^2 + \omega_s^2)\omega^2 + \omega_s^2\omega_t^2 - \omega_s^2 k_s/m_1 = 0 \quad (3\text{-}13)$$

特征方程的两个根即为二自由度系统的两个主频率 ω_1 和 ω_2 的平方：

$$\omega_{1,2}^2 = \frac{1}{2}(\omega_t^2 + \omega_s^2) \pm \sqrt{\frac{1}{4}(\omega_t^2 + \omega_s^2)^2 - \frac{k_s k_t}{m_2 m_1}} \quad (3\text{-}14)$$

将 ω_1 和 ω_2 分别带入式（3-11）中，可得一阶主振型和二阶主振型。

一阶主振型为

$$P_1 = \left(\frac{X_2}{X_1}\right)_1 = \frac{\omega_s^2}{\omega_s^2 - \omega_1^2} \quad (3\text{-}15)$$

二阶主振型为

$$P_2 = \left(\frac{X_2}{X_1}\right)_2 = \frac{\omega_s^2}{\omega_s^2 - \omega_2^2} \quad (3\text{-}16)$$

3.2.3　无阻尼自由振动系统的求解

将一阶固有圆频率 ω_1 和 ω_2 分别带入式（3-9）中，得到二自由度无阻尼自由振动系统的第一阶主振动和第二阶主振动，分别表示如下：

$$\begin{cases} x_2^{(1)} = X_2^{(1)}\sin(\omega_1 t + \varphi_1) = P_1 X_1^{(1)}\sin(\omega_1 t + \varphi_1) \\ x_1^{(1)} = X_1^{(1)}\sin(\omega_1 t + \varphi_1) \\ x_2^{(2)} = X_2^{(2)}\sin(\omega_2 t + \varphi_2) = P_1 X_1^{(2)}\sin(\omega_2 t + \varphi_2) \\ x_1^{(2)} = X_1^{(2)}\sin(\omega_2 t + \varphi_2) \end{cases} \quad (3\text{-}17)$$

根据常微分方程理论，二自由度无阻尼自由振动微分方程（3-3）的通解，是它两个主振动的线性组合，即

$$\begin{cases} x_2(t) = x_2^{(1)} + x_2^{(2)} = P_1 X_1^{(1)}\sin(\omega_1 t + \varphi_1) + P_2 X_1^{(2)}\sin(\omega_2 t + \varphi_2) \\ x_1(t) = x_1^{(1)} + x_1^{(2)} = X_1^{(1)}\sin(\omega_1 t + \varphi_1) + X_1^{(2)}\sin(\omega_2 t + \varphi_2) \end{cases} \quad (3\text{-}18)$$

式中，$X_1^{(1)}$、$X_1^{(2)}$、φ_1、φ_2 由运动的初始条件确定。

为了方便确定振幅和初相位等待定系数，也可将式（3-18）改写成如下形式：

$$\begin{cases} x_2(t) = P_1C_1\cos\omega_1 t + P_1D_1\sin\omega_1 t + P_2C_2\sin\omega_2 t + P_2D_2\sin\omega_2 t \\ x_1(t) = C_1\cos\omega_1 t + D_1\sin\omega_1 t + C_2\cos\omega_2 t + D_2\sin\omega_2 t \\ C_1 = \dfrac{x_{20} - P_2 x_{10}}{P_1 - P_2}, D_1 = \dfrac{\dot{x}_{20} - P_2 \dot{x}_{10}}{\omega_1(P_1 - P_2)}, C_2 = \dfrac{P_1 x_{10} - x_{20}}{P_1 - P_2}, D_2 = \dfrac{P_1 \dot{x}_{10} - \dot{x}_{20}}{\omega_2(P_1 - P_2)} \\ \varphi_1 = \arctan\dfrac{D_1}{C_1}, \varphi_2 = \arctan\dfrac{D_2}{C_2}, X_1^{(1)} = \sqrt{C_1^2 + D_1^2}, X_1^{(2)} = \sqrt{C_2^2 + D_2^2} \end{cases} \quad (3-19)$$

式中，x_{20} 和 x_{10} 分别表示 m_2 和 m_1 的初始位移；$\dot{x}_{20}$ 和 $\dot{x}_{10}$ 分别表示 m_2 和 m_1 的初始速度。

若将解表示为向量形式，则系统自由振动的解为

$$x_z(t) = \begin{pmatrix} x_2(t) \\ x_1(t) \end{pmatrix} = \begin{pmatrix} P_1 X_1^{(1)} & P_2 X_1^{(2)} \\ X_1^{(1)} & X_1^{(2)} \end{pmatrix} \begin{pmatrix} \sin(\omega_1 t + \varphi_1) \\ \sin(\omega_2 t + \varphi_2) \end{pmatrix} \quad (3-20)$$

式中

$$\begin{cases} X_1^{(1)} = \dfrac{1}{|P_2 - P_1|}\sqrt{(P_2 x_{10} - x_{20})^2 + \dfrac{(P_2 \dot{x}_{10} - \dot{x}_{20})^2}{\omega_1^2}} \\ X_1^{(2)} = \dfrac{1}{|P_2 - P_1|}\sqrt{(P_1 x_{10} - x_{20})^2 + \dfrac{(P_1 \dot{x}_{10} - \dot{x}_{20})^2}{\omega_2^2}} \\ \varphi_1 = \arctan\dfrac{P_2 \dot{x}_{10} - \dot{x}_{20}}{\omega_1^2 (P_2 x_{10} - x_{20})} \\ \varphi_2 = \arctan\dfrac{P_1 \dot{x}_{10} - \dot{x}_{20}}{\omega_2^2 (P_1 x_{10} - x_{20})} \end{cases} \quad (3-21)$$

[例 3-1] 假设图 3-5 所示的汽车二自由度无阻尼振动系统，汽车车身质量 m_2 为 500kg，车轮质量 m_1 为 50kg；汽车悬架弹簧刚度 k_s 为 47810N/m，轮胎刚度 k_t 为 145000N/m，当 $t = 0$ 时，$x_{10} = 0.3$m，$x_{20} = 0$m，$\dot{x}_{10} = \dot{x}_{20} = 0$m/s。求：

1）汽车双质量无阻尼自由振动的稳态表达式，并利用 MATLAB/Simulink 绘制其位移时程曲线。

2）利用 MATLAB/Simulink 计算自由振动总响应的位移时程曲线。

解： 系统的微分方程为

$$M\ddot{x} + Kx = 0 \quad (3-22)$$

其中，$M = \begin{pmatrix} m_2 & 0 \\ 0 & m_1 \end{pmatrix} = \begin{pmatrix} 500 & 0 \\ 0 & 50 \end{pmatrix}$，$K = \begin{pmatrix} k_s & -k_s \\ -k_s & k_s + k_t \end{pmatrix} = \begin{pmatrix} 47810 & -47810 \\ -47810 & 192810 \end{pmatrix}$，$x = \begin{pmatrix} x_2 \\ x_1 \end{pmatrix}$。

簧下质量固有圆频率为

$$\omega_t = \sqrt{(k_s + k_t)/m_1} = 62.098 \quad (3-23)$$

簧载质量固有圆频率为

$$\omega_s = \sqrt{k_s/m_2} = 9.779 \quad (3\text{-}24)$$

将 ω_t 与 ω_s 带入系统特征方程

$$\omega^4 - (\omega_t^2 + \omega_s^2)\omega^2 + \omega_s^2\omega_t^2 - \omega_s^2 k_s/m_1 = 0 \quad (3\text{-}25)$$

得到二自由度系统两个主频率 ω_1 和 ω_2 的平方为

$$\omega_{1,2}^2 = \frac{1}{2}(\omega_t^2 + \omega_s^2) \pm \sqrt{\frac{1}{4}(\omega_t^2 + \omega_s^2)^2 - \frac{k_s k_t}{m_2 m_1}} = 1975.91 \pm 1904.43 \quad (3\text{-}26)$$

则 $\omega_1 = 8.45$，$\omega_2 = 62.3$。

一阶主振型为

$$P_1 = \left(\frac{X_2}{X_1}\right)_1 = \frac{\omega_s^2}{\omega_s^2 - \omega_1^2} = 3.961 \quad (3\text{-}27)$$

二阶主振型为

$$P_2 = \left(\frac{X_2}{X_1}\right)_2 = \frac{\omega_s^2}{\omega_s^2 - \omega_2^2} = -0.0253 \quad (3\text{-}28)$$

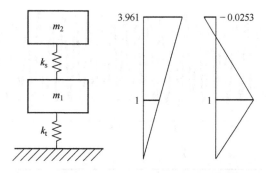

图 3-5　汽车二自由度无阻尼振动系统及其主振型

将初始条件带入得

$$\begin{cases} C_1 = \dfrac{x_{20} - P_2 x_{10}}{P_1 - P_2} = 0.002, \; D_1 = \dfrac{\dot{x}_{20} - P_2 \dot{x}_{10}}{\omega_1(P_1 - P_2)} = 0 \\ C_2 = \dfrac{P_1 x_{10} - x_{20}}{P_1 - P_2} = 0.3, \; D_2 = \dfrac{P_1 \dot{x}_{10} - \dot{x}_{20}}{\omega_2(P_1 - P_2)} = 0 \\ x_2(t) = P_1 C_1 \cos\omega_1 t + P_1 D_1 \sin\omega_1 t + P_2 C_2 \cos\omega_2 t + P_2 D_2 \sin\omega_2 t \\ \qquad = 0.008\cos 8.45t - 0.0076\cos 62.3t \\ x_1(t) = C_1 \cos\omega_1 t + D_1 \sin\omega_1 t + C_2 \cos\omega_2 t + D_2 \sin\omega_2 t \\ \qquad = 0.002\cos 8.45t - 0.3\cos 62.3t \end{cases} \quad (3\text{-}29)$$

利用 MATLAB/Simulink 计算自由振动总响应的位移时程曲线。汽车二自由度无阻尼振动系统 Simulink 模型如图 3-6 所示。

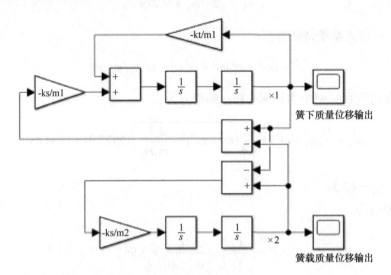

图 3-6　汽车二自由度无阻尼振动系统 Simulink 模型

汽车二自由度无阻尼受迫振动系统的总响应结果如图 3-7 所示。

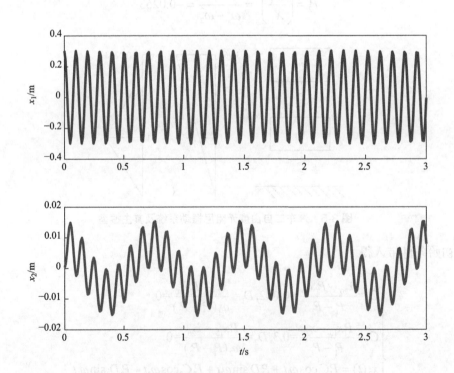

图 3-7　汽车二自由度无阻尼受迫振动系统的总响应

曲线绘制程序如下：

1	clc	
2	clear	
3	ks=47810;kt=145000;m1=50;m2=500;	% 初始赋值
4	x10=0.3;x10_d=0;x20=0;x20_d=0;	% 初始赋值
5	t=0:0.01:3;	% 时间步长
6	w1=8.45;w2=62.3;	% 赋值
7	p1=3.961;p2=−0.0253;	% 赋值
8	c1=0.002;c2=0.3;	% 赋值
9	d1=0;d2=0;	% 赋值
10	x1=c1*cos(w1*t)+d1*sin(w1*t)+c2*cos(w2*t)+d2*sin(w2*t);	% 计算 $x1$
11	x2=p1*c1*cos(w1*t)+p1*d1*sin(w1*t)+p2*c2*cos(w2*t)+p2*d2*sin(w2*t);	% 计算 $x2$
12	subplot(2,1,1);	% 创建子图窗
13	plot(t,x1,'b','linewidth',2);	% 绘图
14	ylabel('\itx\rm_1','FontName','Times New Roman','FontSize',14,'FontWeight','bold');	% 标注 y 坐标
15	subplot(2,1,2);	% 创建子图窗
16	plot(t,x2,'r','linewidth',2);	% 绘图
17	xlabel('\itt','FontName','Times New Roman','FontSize',14,'FontWeight','bold');	% 标注 x 坐标
18	ylabel('\itx\rm_2','FontName','Times New Roman','FontSize',14,'FontWeight','bold');	% 标注 y 坐标

3.3 汽车二自由度无阻尼受迫振动系统

3.3.1 时域分析

当汽车二自由度无阻尼系统受到激振力 $f(t) = F\sin\omega_F t$ 时，该二自由度无阻尼受迫振动模型如图 3-8 所示。

受迫振动的微分方程变为

$$M\ddot{x} + Kx = F\sin\omega_F t \quad (3-30)$$

该方程是汽车二自由度系统受迫振动微分方程，与汽车无阻尼自由振动的微分方程相比多了激励项，方程由齐次方程变为非齐次方程。根据微分方程求解相关理论可知，式（3-30）的全解由两部分组成

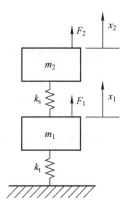

图 3-8 汽车二自由度无阻尼受迫振动系统模型

$$x(t) = x_z(t) + x_3(t) \tag{3-31}$$

式中，$x_z(t)$ 是汽车振动系统的自由振动解，即齐次微分方程 $M\ddot{x} + Kx = 0$ 的通解；$x_3(t)$ 是受迫振动的特解。

1. 受迫振动的特解

由于自由振动部分会逐渐衰减，即系统将会按照与激励相同的频率 ω 做稳态振动，因此可以假设无阻尼二自由度受迫振动系统的稳态解为

$$x_3(t) = X_3 \sin \omega_F t \tag{3-32}$$

将式（3-32）带入式（3-30）中可得

$$(K - \omega_F^2 M) X_3 = F \tag{3-33}$$

式中，$F = \begin{Bmatrix} F_2 \\ F_1 \end{Bmatrix}$；$X_3 = \begin{Bmatrix} X_{32} \\ X_{31} \end{Bmatrix}$；$M = \begin{pmatrix} m_2 & 0 \\ 0 & m_1 \end{pmatrix}$；$K = \begin{pmatrix} k_s & -k_s \\ -k_s & k_s + k_t \end{pmatrix}$。

式（3-33）展开为

$$\begin{cases} (k_s - \omega_F^2 m_2) X_{32} - k_s X_{31} = F_2 \\ -k_s X_{32} + [(k_s + k_t) - \omega_F^2 m_1] X_{31} = F_1 \end{cases} \tag{3-34}$$

联立求解式（3-34），得到受迫振动的振幅为

$$\begin{cases} X_{32} = \dfrac{(k_s + k_t - \omega_F^2 m_1) F_2 + k_s F_1}{(k_s - \omega_F^2 m_2)[(k_s + k_t) - \omega_F^2 m_1] - k_s^2} \\ X_{31} = \dfrac{k_s F_2 + (k_s - \omega_F^2 m_2) F_1}{(k_s - \omega_F^2 m_2)[(k_s + k_t) - \omega_F^2 m_1] - k_s^2} \end{cases} \tag{3-35}$$

假设系统的一阶、二阶固有频率为 ω_1 和 ω_2，则式（3-35）的分母项可表示为

$$(k_s - \omega_F^2 m_2)[(k_s + k_t) - \omega_F^2 m_1] - k_s^2 = m_1 m_2 (\omega_F^2 - \omega_1^2)(\omega_F^2 - \omega_2^2) \tag{3-36}$$

得到受迫振动的振幅为

$$\begin{cases} X_{32} = \dfrac{(k_s + k_t - \omega_F^2 m_1) F_2 + k_s F_1}{m_1 m_2 (\omega_F^2 - \omega_1^2)(\omega_F^2 - \omega_2^2)} \\ X_{31} = \dfrac{k_s F_2 + (k_s - \omega_F^2 m_2) F_1}{m_1 m_2 (\omega_F^2 - \omega_1^2)(\omega_F^2 - \omega_2^2)} \end{cases} \tag{3-37}$$

无阻尼系统受迫振动的响应表明，受迫振动为简谐振动，且振动频率与激励频率相同；受迫振动的振幅不仅与激励力幅值有关，还与系统的固有特性或固有频率有关，但与初始条件无关。由振幅式可知，当 $\omega_F = \omega_1$ 或 $\omega_F = \omega_2$ 时，分母为零，振幅趋近于无穷大，此时系统产生共振。系统的幅频特性曲线如图 3-9 所示。与单自由度不同，无阻尼两自由度受迫振动系统存在两个共振频率。

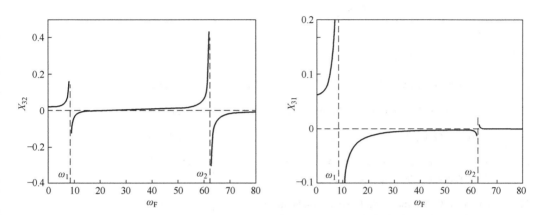

图 3-9 汽车二自由度无阻尼受迫振动系统幅频特性曲线

曲线绘制程序如下：

1	clc;clear;	
2	%%%%%%% 参数	
3	ks=47810;kt=145000;m1=50; m2=500;	% 初始赋值
4	W1=8.45; W2=62.3; F1=1000; F2=2000;	% 初始赋值
5	%%%%%%% 绘制 m2 位移响应	
6	figure(1);hold on;	% 创建图窗
7	WF = 0:0.5:8.45;	
8	for i=1:length(WF)	
9	X32=((ks-WF.*WF.*m2).*F1+ ks.*F2)./(m1.*m2.*(WF.*WF-W1.*W1).*(WF.*WF-W2.*W2));	% 计算 $X32$
10	end	
11	plot(WF,X32,'b','LineWidth',2);	% 绘图
12	WF = 8.45:0.5:62.3;	
13	for i=1:length(WF)	
14	X32=((ks-WF.*WF.*m2).*F1+ ks.*F2)./(m1.*m2.*(WF.*WF-W1.*W1).*(WF.*WF-W2.*W2));	% 计算 $X32$
15	end	

16	plot(WF,X32,'b','LineWidth',2);	% 绘图
17	WF = 62.3:0.5:80;	
18	for i=1:length(WF)	
19	X32=((ks-WF.*WF.*m2).*F1+ ks.*F2)./(m1.*m2.*(WF.*WF-W1.*W1).*(WF.*WF-W2.*W2));	% 计算 $X32$
20	end	
21	plot(WF,X32,'b','LineWidth',2);	% 绘图
22	plot([0 80],[0 0],'k--','LineWidth',1.5);	% 绘制辅助线
23	plot([8.45 8.45],[-0.4 0.16],'k--','LineWidth',1.5);	% 绘制辅助线
24	plot([62.3 62.3],[-0.4 0.4],'k--','LineWidth',1.5);	% 绘制辅助线
25	text(4,-0.35,'\omega_1','FontSize', 14,'FontName','Times New Roman','FontWeight','bold','FontAngle','italic')	% 添加标注
26	text(62.4,-0.35,'\omega_2', 'FontSize',14,'FontName','Times New Roman','FontWeight','bold', 'FontAngle','italic')	% 添加标注
27	set(gca,'YTick',-0.4:0.2:0.4, 'FontName','Times New Roman', 'FontSize',12,'FontWeight','bold');	
28	ylabel('X_3_2','FontSize',14,'FontName','Times New Roman', 'FontWeight','bold','FontAngle','italic');	%y 轴标注
29	xlabel('\omega_F','FontSize',14,'FontName','Times New Roman', 'FontWeight','bold','FontAngle','italic');	%x 轴标注
30	set(gca,'LineWidth',1.5);	
31	%%%%%%% 绘制 m1 位移响应	
32	figure(2);hold on;	% 创建图窗
33	WF = 0:0.5:8.45;	
34	for i=1:length(WF)	
35	X31=(((ks+kt)-WF.*WF.*m1).* F2+ks.*F1)./(m1.*m2.*(WF.*WF-W1.*W1).*(WF.*WF-W2.*W2));	% 计算 $X31$
36	end	
37	plot(WF,X31,'b','LineWidth',2);	% 绘图
38	WF = 8.45:0.5:62.3;	
39	for i=1:length(WF)	
40	X31=(((ks+kt)-WF.*WF.*m1).*F2+ks.*F1)./(m1.*m2.*(WF.*WF-W1.*W1).* (WF.*WF-W2.*W2));	% 计算 $X31$
41	end	

42	plot(WF,X31,'b','LineWidth',2);	% 绘图
43	WF = 62.3:0.5:80;	
44	for i=1:length(WF)	
45	X31=(((ks+kt)-WF.*WF.*m1).*F2+ks.*F1)./(m1.*m2.*(WF.*WF-W1.*W1).*(WF.*WF-W2.*W2));	% 计算 X31
46	end	
47	plot(WF,X31,'b','LineWidth',2);	% 绘图
48	text(4,-0.08,'\omega_1','FontSize', 14,'FontName','Times New Roman','FontWeight','bold','FontAngle','italic')	% 添加标注
49	text(62.4,-0.08,'\omega_2', 'FontSize',14,'FontName','Times New Roman','FontWeight','bold', 'FontAngle','italic')	% 添加标注
50	plot([0 80],[0 0],'k--','LineWidth',1.5);	% 绘制辅助线
51	plot([8.45 8.45],[-0.4 0.2],'k--','LineWidth',1.5);	% 绘制辅助线
52	plot([62.3 62.3],[-0.4 0.02],'k--','LineWidth',1.5);	% 绘制辅助线
53	axis([0 80 -0.1 0.2]);	
54	set(gca,'YTick',-0.1:0.1:0.2, 'FontName','Times New Roman','FontSize',12,'FontWeight','bold');	
55	ylabel('X_3_1','FontSize',14,'FontName','Times New Roman','FontWeight','bold','FontAngle','italic');	%y 轴标注
56	xlabel('\omega_F','FontSize',14,'FontName','Times New Roman', 'FontWeight','bold','FontAngle','italic');	%x 轴标注
57	set(gca,'LineWidth',1.5);	

将（3-37）带入式（3-32），即可得无阻尼二自由度系统在受迫激励下的稳态振动：

$$\boldsymbol{x}_3(t) = \begin{pmatrix} x_{32} \\ x_{31} \end{pmatrix} = \begin{Bmatrix} X_{32}\sin\omega_F t \\ X_{31}\sin\omega_F t \end{Bmatrix} \quad (3\text{-}38)$$

2. 振动总响应

由式（3-31）可以看出，汽车二自由度无阻尼受迫振动系统在简谐激振下的总响应是由自由振动和受迫振动复合而成的复杂振动，用公式表示为

$$\begin{aligned} x(t) &= x_z(t) + x_3(t) = \begin{pmatrix} x_2(t) \\ x_1(t) \end{pmatrix} + \begin{pmatrix} x_{32} \\ x_{31} \end{pmatrix} \\ &= \begin{pmatrix} X_2^{(1)}\sin(\omega_1 t + \varphi_1) + X_2^{(2)}\sin(\omega_2 t + \varphi_2) + X_{32}\sin\omega_F t \\ X_1^{(1)}\sin(\omega_1 t + \varphi_1) + X_1^{(2)}\sin(\omega_2 t + \varphi_2) + X_{31}\sin\omega_F t \end{pmatrix} \end{aligned} \quad (3\text{-}39)$$

[**例 3-2**] 假设图 3-8 所示的汽车二自由度有阻尼振动系统，汽车车身质量 m_2 为 500kg，车轮质量 m_1 为 50kg，汽车悬架弹簧刚度 k_s 为 47810N/m，轮胎刚度 k_t 为 145000N/m。$t = 0$ 时，$x_{10} = 0.3$cm，$x_{20} = 0$m，$\dot{x}_{10} = \dot{x}_{20} = 0$m/s。系统受到激振力 $f(t) = F\sin\omega_F t = \begin{pmatrix} F_2 \\ F_1 \end{pmatrix} \sin\omega_F t = \begin{pmatrix} 2000 \\ 1000 \end{pmatrix} \sin 2t$。求：汽车双质量无阻尼受迫振动的稳态表达式，并利用 MATLAB/Simulink 绘制其位移时程曲线。

解：系统的微分方程为

$$(K - \omega_F^2 M)X_3 = F \tag{3-40}$$

式中，$M = \begin{pmatrix} m_2 & 0 \\ 0 & m_1 \end{pmatrix} = \begin{pmatrix} 500 & 0 \\ 0 & 50 \end{pmatrix}$；$K = \begin{pmatrix} k_s & -k_s \\ -k_s & k_s + k_t \end{pmatrix} = \begin{pmatrix} 47810 & -47810 \\ -47810 & 192810 \end{pmatrix}$；$X_3 = \begin{pmatrix} X_{32} \\ X_{31} \end{pmatrix}$；$F = \begin{pmatrix} 2000 \\ 1000 \end{pmatrix}$。

簧下质量固有圆频率为

$$\omega_t = \sqrt{(k_s + k_t)/m_1} = 62.098 \tag{3-41}$$

簧载质量固有圆频率为

$$\omega_s = \sqrt{k_s/m_2} = 9.779 \tag{3-42}$$

将 ω_t 与 ω_s 带入系统特征方程可得

$$\omega^4 - (\omega_t^2 + \omega_s^2)\omega^2 + \omega_s^2 \omega_t^2 - \omega_s^2 k_s/m_1 = 0 \tag{3-43}$$

最终，可计算得到二自由度系统两个主频率 ω_1 和 ω_2 的平方为

$$\omega_{1,2}^2 = \frac{1}{2}(\omega_t^2 + \omega_s^2) \pm \sqrt{\frac{1}{4}(\omega_t^2 + \omega_s^2)^2 - \frac{k_s k_t}{m_2 m_1}} = 1975.91 \pm 1904.43 \tag{3-44}$$

则 $\omega_1 = 8.45$，$\omega_2 = 62.3$。

将式（3-40）微分方程展开为

$$\begin{cases} (k_s - \omega_F^2 m_2)X_{32} - k_s X_{31} = F_2 \\ -k_s X_{32} + [(k_s + k_t) - \omega_F^2 m_1]X_{31} = F_1 \end{cases} \tag{3-45}$$

解得振幅方程为

$$\begin{cases} X_{32} = \dfrac{(k_s + k_t - \omega_F^2 m_1)F_2 + k_s F_1}{m_1 m_2 (\omega_F^2 - \omega_1^2)(\omega_F^2 - \omega_2^2)} = 0.063 \\ X_{31} = \dfrac{k_s F_2 + (k_s - \omega_F^2 m_2)F_1}{m_1 m_2 (\omega_F^2 - \omega_1^2)(\omega_F^2 - \omega_2^2)} = 0.0216 \end{cases} \quad (3\text{-}46)$$

受迫激励下的稳态振动为

$$x_3(t) = \begin{pmatrix} x_{32} \\ x_{31} \end{pmatrix} = \begin{Bmatrix} X_{32}\sin\omega_F t \\ X_{31}\sin\omega_F t \end{Bmatrix} = \begin{Bmatrix} 0.063\sin 2t \\ 0.0216\sin 2t \end{Bmatrix} \quad (3\text{-}47)$$

受迫振动响应曲线如图 3-10 所示。

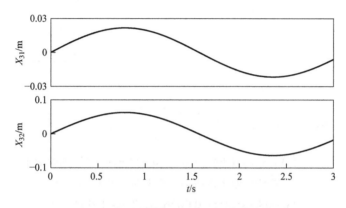

图 3-10 汽车二自由度无阻尼受迫振动响应曲线

曲线绘制程序如下：

1	clc	
2	clear	
3	%%% 计算二自由度汽车无阻尼受迫振动系统的总响应	
4	t=0:0.01:3;	% 定义 t 取值范围
5	%%%%%%%%% 受迫振动	% 计算受迫振动解
6	x31=0.0216*sin(2*t);	
7	x32=0.063*sin(2*t);	
8	%% 子图 (1)	
9	subplot(2,1,1)	% 绘制 3 行 1 列的第 1 个子图
10	set(gca,'Position',[0.12 0.72 0.8 0.25]);	% 设置子图的位置
11	plot(t,x31,'b','LineWidth',2);	% 绘制曲线，调整曲线颜色和线宽
12	axis([0 3 -0.03 0.03]);	% 设置坐标刻度
13	set(gca,'YTick',-0.1:0.1:0.1,'FontName','Times New Roman', 'FontSize',12,'FontWeight','bold');	% 纵坐标刻度设置
14	ylabel('X_3_1','FontSize',14,'FontName','Times New Roman', 'FontWeight','bold','FontAngle','italic');	% 纵坐标名称设置
15	set(gca,'LineWidth',1.5);	% 设置边框线宽

16	set(gca,'xtick',[]);	% 去掉 x 轴的刻度
17	%%% 子图 (2)	
18	subplot(2,1,2)	% 绘制 2 行 1 列的第 2 个子图
19	set(gca,'Position',[0.12 0.42 0.8 0.25]);	% 设置子图的位置
20	plot(t,x32,'b','LineWidth',2);	% 绘制曲线，调整曲线颜色和线宽
21	axis([0 3 -0.1 0.1]);	% 设置坐标刻度
22	set(gca,'YTick',-0.1:0.1:0.1,'FontName','Times New Roman', 'FontSize',12,'FontWeight','bold');	% 纵坐标刻度设置
23	xlabel('t','FontSize',14,'FontName','Times New Roman','FontWeight','bold','FontAngle','italic');	% 横坐标名称设置
24	ylabel('X_3_2','FontSize',14,'FontName','Times New Roman','FontWeight','bold','FontAngle','italic');	% 纵坐标名称设置
25	set(gca,'LineWidth',1.5);	% 设置边框线宽
26	set(gca,'xtick',[]);	% 去掉 x 轴的刻度

结合例 3-2，振动总响应为

$$x(t) = x_z(t) + x_3(t) = \begin{pmatrix} x_2(t) \\ x_1(t) \end{pmatrix} + \begin{pmatrix} x_{32} \\ x_{31} \end{pmatrix}$$

$$= \begin{pmatrix} X_2^{(1)}\sin(\omega_1 t + \varphi_1) + X_2^{(2)}\sin(\omega_2 t + \varphi_2) + X_{32}\sin\omega_F t \\ X_1^{(1)}\sin(\omega_1 t + \varphi_1) + X_1^{(2)}\sin(\omega_2 t + \varphi_2) + X_{31}\sin\omega_F t \end{pmatrix} \quad (3-48)$$

$$= \begin{pmatrix} 0.008\cos 8.45t - 0.0076\cos 62.3t + 0.063\sin 2t \\ 0.002\cos 8.45t - 0.3\cos 62.3t + 0.0216\sin 2t \end{pmatrix}$$

搭建汽车二自由度无阻尼受迫振动 Simulink 模型，如图 3-11 所示。

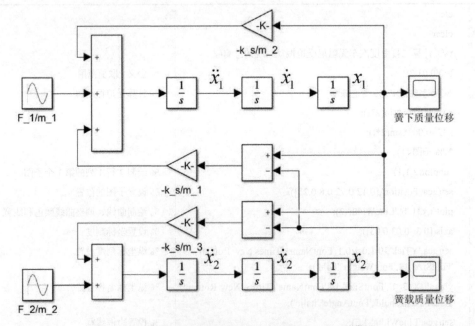

图 3-11 汽车二自由度无阻尼受迫振动 Simulink 模型

汽车二自由度无阻尼受迫振动总响应仿真结果如图3-12所示。

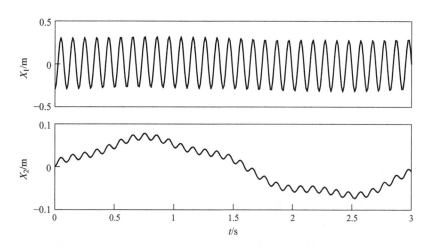

图 3-12　汽车二自由度无阻尼受迫振动总响应仿真结果

曲线绘制程序如下：

1	clc	
2	clear	
3	%%% 计算二自由度汽车无阻尼受迫振动系统的总响应	
4	t=0:0.01:3;	% 定义 t 取值范围
5	%%%%%%%%%% 自由振动	% 计算自由振动解
6	xz1=0.002*cos(8.45*t)-0.3*cos(62.3*t);	
7	xz2=0.008*cos(8.45*t)-0.0076*cos(62.3*t);	
8	%%%%%%%%%% 受迫振动	% 计算受迫振动解
9	x31=0.0216*sin(2*t);	
10	x32=0.063*sin(2*t);	
11	%%%%%%%%%% 合成振动	% 计算振动总响应
12	X1=xz1+x31;	
13	X2=xz2+x32;	
14	%%% 子图 (1)	
15	subplot(2,1,1)	% 绘制3行1列的第1个子图
16	set(gca,'xtick',[]);	% 去掉 x 轴刻度
17	yticks(-0.03:0.03:0.03);	% 标注 y 轴坐标
18	%%% 子图 (2)	
19	set(gca,'YTick',-2:0.5:2,'FontName','Times New Roman','FontSize',12,'FontWeight','bold');	% 纵坐标刻度设置
20	ylabel('X_1','FontSize',14,'FontName','Times New Roman','FontWeight','bold','FontAngle','italic');	% 纵坐标名称设置

21	set(gca,'LineWidth',1.5);	% 设置边框线宽
22	set(gca,'xtick',[]);	% 去掉 x 轴的刻度
23	%%% 子图 (2)	
24	subplot(2,1,2)	% 绘制 2 行 1 列的第 2 个子图
25	ylabel('X_3_2','FontSize', 14, 'FontName', 'Times New Roman', 'FontWeight', 'bold', 'FontAngle', 'italic');	% 纵坐标名称设置
26	set(gca, 'LineWidth', 1.5)	% 设置边框线宽
27	axis([0 3 -0.1 0.1]);	% 设置坐标刻度
28	set(gca,'YTick',-0.1:0.1:0.1,'FontName','Times New Roman','FontSize',12,'FontWeight','bold');	% 纵坐标刻度设置
29	xlabel('t','FontSize',14,'FontName','Times New Roman','FontWeight','bold','FontAngle','italic');	% 横坐标名称设置
30	ylabel('X_2','FontSize',14,'FontName','Times New Roman','FontWeight','bold','FontAngle','italic');	% 纵坐标名称设置
31	set(gca,'LineWidth',1.5);	% 设置边框线宽
32	set(gca,'xtick',[]);	% 去掉 x 轴的刻度

3.3.2 频域分析

当二自由度无阻尼振动系统受到路面位移激励 $q(x)$ 时，振动系统模型如图 3-13 所示。

系统稳态随机响应取决于路面不平度函数随机激励 $q(x)$ 和系统的频率响应特性函数 $H(\omega)$。系统频率响应函数 $H(\omega)_{x\sim q}$ 为系统的振动响应 x 的傅氏变换与激励 q 的傅氏变换之比，即

$$H(\omega)_{x\sim q} = \frac{X(\omega)}{Q(\omega)} \quad (3\text{-}49)$$

式中，$X(\omega)$ 为响应 $x(t)$ 的傅氏变换，$Q(\omega)$ 为激励 $q(t)$ 的傅氏变换。

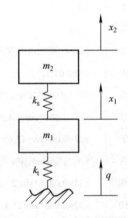

图 3-13　二自由度无阻尼振动系统路面位移激励模型

车身车轮二自由度振动系统微分方程如下：

$$\begin{cases} m_2 \ddot{x}_2 + k_s(x_2 - x_1) = 0 \\ m_1 \ddot{x}_1 + k_s(x_1 - x_2) + k_t(x_1 - q) = 0 \end{cases} \quad (3\text{-}50)$$

设输入为 $q = q^{i\omega t}$，则输出有 $x_1 = x_{10} e^{i\omega t + \varphi}$，$x_2 = x_{20} e^{i\omega t + \varphi}$ 带入式（3-50）可得：

$$\begin{cases} x_2(-\omega^2 m_2 + k_s) = x_1 k_s \\ x_1(-\omega^2 m_1 + k_s + k_t) = x_2 k_s + q k_t \end{cases} \quad (3\text{-}51)$$

由式（3-51）可得车身响应 x_2 对车轮响应 x_1 的频率响应函数为

$$H(\omega)_{x_2 \sim x_1} = \frac{x_2}{x_1} = \frac{k_s}{-\omega^2 m_2 + k_s} \quad (3\text{-}52)$$

由式（3-52）可知，双质量系统的车身响应 x_2 对车轮响应 x_1 的幅频特性为

$$\left|H(\omega)_{x_2 \sim x_1}\right| = \left|\frac{1}{1-\lambda^2}\right| \tag{3-53}$$

式中，λ 为频率比，$\lambda = \omega/\omega_s$。

由式（3-51）可得车轮响应 x_1 对路面激励 q 的频率响应函数为

$$H(\omega)_{x_1 \sim q} = \frac{x_1}{q} = \frac{(-\omega^2 m_2 + k_s)k_t}{(-\omega^2 m_2 + k_s)(-\omega^2 m_1 + k_s + k_t) - k_s^2} \tag{3-54}$$

由式（3-54）可知，车轮响应 x_1 对路面激励 q 的幅频特性为

$$\left|H(\omega)_{x_1 \sim q}\right| = \left|r_k \frac{1-\lambda^2}{(1-\lambda^2)\left(1+r_k-\frac{1}{r_m}\lambda^2\right)-1}\right| \tag{3-55}$$

式中，r_k 为刚度比，$r_k = k_t/k_s$；r_m 为质量比，$r_m = m_2/m_1$。

由式（3-52）和式（3-54）可得车身振动位移响应 x_2 对路面位移激励 q 的频率响应函数为

$$\begin{aligned}H(\omega)_{x_2 \sim q} &= \frac{x_2}{x_1}\frac{x_1}{q} = H(\omega)_{x_2 \sim x_1} H(\omega)_{x_1 \sim q} \\ &= \frac{k_s k_t}{(-\omega^2 m_2 + k_s)(-\omega^2 m_1 + k_s + k_t) - k_s^2}\end{aligned} \tag{3-56}$$

因此，车身振动位移响应对路面位移激励的幅频特性为

$$\left|H(\omega)_{x_2 \sim q}\right| = \left|H(\omega)_{x_2 \sim x_1}\right|\left|H(\omega)_{x_1 \sim q}\right| = \left|r_k \frac{1}{(1-\lambda^2)\left(1+r_k-\frac{1}{r_m}\lambda^2\right)-1}\right| \tag{3-57}$$

3.4 汽车二自由度有阻尼自由振动系统

3.3节介绍了汽车二自由度无阻尼受迫振动系统的响应，然而在实际中，汽车悬架系统必然存在一定的阻尼。由于阻尼的存在，汽车振动系统的运动方程、振动特性发生了很大的变化，汽车振动系统也更加接近实际情况。本节主要介绍具有黏性阻尼汽车二自由度自由振动方程建立及求解的情况。

【课堂小讨论】

　　随着台风"烟花"逼近，上海维持大风大雨的天气，雨势时强时弱。在上海中心大厦上，堪称"镇楼神器"的阻尼器开始出现摆动，给摩天大楼进行减振。上海中心大厦的阻尼器，全称为"电涡流摆设式调谐质量阻尼器"，它采用的电涡流技术以往用于磁悬浮列车等工程，此次是世界上首次用于风阻尼器，是中国首创。上海中心阻尼器上的装饰品是"上海慧眼"，灵感来源于《山海经》中的"烛龙之眼"，阻尼器位于大厦的125层。

3.4.1 振动方程

　　汽车振动系统只受到初始条件（如初始位移、初始速度）的激励而产生的振动称为自由振动。以图3-14所示的汽车二自由度有阻尼自由振动系统为研究对象，取车身的静平衡位置为坐标原点，车轮和车身振动位移沿弹簧形变方向垂直向上为正。当车身开始振动并且偏离静平衡位置 x_1、x_2 距离时，汽车有阻尼自由振动系统的微分方程可以写为

$$\begin{cases} m_1\ddot{x}_1 + c(\dot{x}_1 - \dot{x}_2) + k_s(x_1 - x_2) + k_t x_1 = 0 \\ m_2\ddot{x}_2 + c(\dot{x}_2 - \dot{x}_1) + k_s(x_2 - x_1) = 0 \end{cases} \tag{3-58}$$

式中，m_1 为非悬架质量（簧下质量，包括车轮、车轴等）；m_2 为悬架质量（簧上质量，包括车身等）；k_s、k_t 分别为悬架和轮胎刚度；c 为悬架阻尼系数。

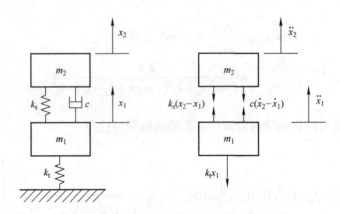

图3-14　汽车二自由度有阻尼自由振动系统

3.4.2 固有频率

　　由式（3-58）可知，m_1 和 m_2 的振动是相互耦合的。若车轮 m_1 不动（$x_1=0$），可得

$$m_2\ddot{x}_2 + c\dot{x}_2 + k_s x_2 = 0 \tag{3-59}$$

　　这相当于只有车身的单自由度有阻尼自由振动，其车身部分的固有圆频率（偏频）为 $\omega_0 = \sqrt{k_s/m_2}$，即 $k_s = m_2\omega_0^2$。

同样，若车身 m_2 不动（$x_2=0$），则相当于只有车轮的单自由度有阻尼自由振动：

$$m_1\ddot{x}_1 + c\dot{x}_1 + (k_s + k_t)x_1 = 0 \tag{3-60}$$

因此其车轮部分的固有圆频率 $\omega_t = \sqrt{(k_s + k_t)/m_1}$，即 $k_s + k_t = m_1\omega_t^2$。

3.4.3 有阻尼自由振动系统的求解

当二自由度阻尼系统做自由振动时，式（3-58）变成以下形式：

$$\boldsymbol{M\ddot{x}} + \boldsymbol{C\dot{x}} + \boldsymbol{Kx} = \boldsymbol{0} \tag{3-61}$$

式中，$\ddot{\boldsymbol{x}} = \begin{Bmatrix} \ddot{x}_1 \\ \ddot{x}_2 \end{Bmatrix}$；$\dot{\boldsymbol{x}} = \begin{Bmatrix} \dot{x}_1 \\ \dot{x}_2 \end{Bmatrix}$；$\boldsymbol{x} = \begin{Bmatrix} x_1 \\ x_2 \end{Bmatrix}$；$\boldsymbol{M} = \begin{bmatrix} M_{11} & M_{12} \\ M_{21} & M_{22} \end{bmatrix} = \begin{bmatrix} m_1 & 0 \\ 0 & m_2 \end{bmatrix}$；$\boldsymbol{C} = \begin{bmatrix} C_{11} & C_{12} \\ C_{21} & C_{22} \end{bmatrix} = \begin{bmatrix} c & -c \\ -c & c \end{bmatrix}$；$\boldsymbol{K} = \begin{bmatrix} K_{11} & K_{12} \\ K_{21} & K_{22} \end{bmatrix} = \begin{bmatrix} k_s + k_t & -k_s \\ -k_s & k_s \end{bmatrix}$。

该振动方程是一个二阶常系数齐次线性微分方程组，该微分方程的通解为

$$x_1 = \boldsymbol{X}e^{st} \tag{3-62}$$

将式（3-62）代入式（3-61），可得

$$\boldsymbol{M}s^2 + \boldsymbol{C}s + \boldsymbol{K} = \boldsymbol{F} \tag{3-63}$$

$\boldsymbol{X}$ 有非零解的条件是

$$\left|\boldsymbol{M}s^2 + \boldsymbol{C}s + \boldsymbol{K}\right| = \boldsymbol{F} \tag{3-64}$$

展开得

$$m_1m_2s^4 + (m_1c + m_2c)s^3 + [m_1k_s + m_2(k_s + k_t)]s^2 + ck_ts + k_sk_t = 0 \tag{3-65}$$

式（3-65）的系数全是正数，故解只能是负实数或具有负实部的复数，即存在三种可能：①全是负实数；②两对具有负实部的共轭复数；③两个负实数和一对具有负实部的共轭复数。

定义阻尼比 ξ 为衰减系数 n 和汽车振动系统固有圆频率 ω 的比值，即

$$\begin{cases} \xi_1 = \dfrac{n}{\omega_1} = \dfrac{n}{\omega_t} \\ \xi_2 = \dfrac{n}{\omega_2} = \dfrac{n}{\omega_o} \end{cases} \tag{3-66}$$

1. 小阻尼情况

如果是小阻尼，式（3-65）有两对具有负实部的共轭复根，系统做自由衰减振动。

$$\begin{cases} s_{i1} = \omega_i(-\xi_i + \mathrm{j}\sqrt{\xi_i^2-1}) \\ s_{i2} = \omega_i(-\xi_i - \mathrm{j}\sqrt{\xi_i^2-1}) \end{cases} (i=1,2) \tag{3-67}$$

式中，$\mathrm{j}=\sqrt{-1}$；$\omega_1=\omega_\mathrm{t}$；$\omega_2=\omega_\mathrm{o}$；$\omega_\mathrm{t}$、$\omega_\mathrm{o}$ 分别是汽车车身和车轮的固有频率。

将式（3-67）代入式（3-63），可得相应的振幅比为

$$\begin{aligned} r_{jk} &= \frac{X_{1,jk}}{X_{2,jk}} = \frac{M_{12}s_{jk}^2 + C_{12}s_{jk} + K_{12}}{M_{11}s_{jk}^2 + C_{11}s_{jk} + K_{11}} \\ &= \frac{M_{22}s_{jk}^2 + C_{22}s_{jk} + K_{22}}{M_{21}s_{jk}^2 + C_{21}s_{jk} + K_{21}} (j=1,2;k=1,2) \end{aligned} \tag{3-68}$$

因为 s_{jk} 是两对共轭复数，所以 r_{jk} 也是两对共轭复数，于是方程的通解为

$$\boldsymbol{x}_1 = \begin{pmatrix} x_{11} \\ x_{12} \end{pmatrix} = \sum_{j=1}^{2}\sum_{k=1}^{2}\begin{pmatrix} r_{jk} \\ 1 \end{pmatrix} X_{jk}\mathrm{e}^{s_{jk}t} \tag{3-69}$$

式中，四个任意常数由初始条件决定。

从欠阻尼情况下汽车自由振动方程的解可以得知，汽车振动系统在平衡位置附近作往复振动，其振动的位移时程曲线如图 3-15 所示。该振动的振幅随着时间不断衰减，且不再是一个周期性运动，通常这种振动称为衰减振动。

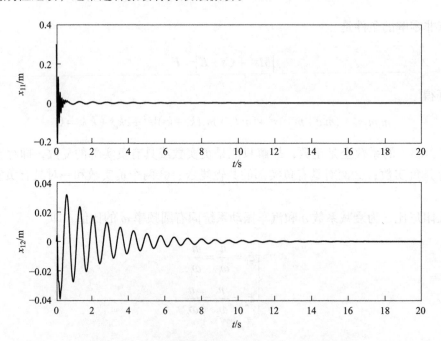

图 3-15　欠阻尼情况下汽车自由振动的位移时程曲线

曲线绘制程序如下：

1	clc	
2	clear	
3	m_2=500;m_1=50;k_s=47810;k_t=145000;c=720;	% 系统变量
4	syms s	% 定义频率方程参数
5	eqn=m_2*m_1*s^4+(m_2*c+m_1*c)*s^3+(m_1*k_s+m_2*(k_s+k_t))*s^2+c*k_t*s+k_t*k_s==0;	% 频率方程
6	s=solve(eqn,s);	% 求解频率方程
7	vpa(s);double(s);	% 处理频率方程的解
8	s_11=ans(1,1),s_12=ans(2,1),s_21=ans(3,1),s_22=ans(4,1);	% 频率方程的解
9	r_11=(c*s_11+k_s)/(m_1*s_11^2+c*s_11+k_s+k_t);	% 计算振幅比
10	r_12=(c*s_12+k_s)/(m_1*s_12^2+c*s_12+k_s+k_t);	
11	r_21=(c*s_21+k_s)/(m_1*s_21^2+c*s_21+k_s+k_t);	
12	r_22=(c*s_22+k_s)/(m_1*s_22^2+c*s_22+k_s+k_t);	
13	x_1=0.3;x_2=0;x_3=0;x_4=0;	% 初始条件
14	syms X_1 X_2 X_3 X_4	% 定义方程参数
15	[X_1,X_2,X_3,X_4]=solve([r_11*X_1+r_12*X_2+r_21*X_3+r_22*X_4==x_1,X_1+X_2+X_3+X_4==x_2, s_11*r_11*X_1+s_12*r_12*X_2+s_21*r_21*X_3+s_22*r_22*X_4==x_3,s_11*X_1+s_12*X_2+s_21*X_3+s_22*X_4==x_4],[X_1,X_2,X_3,X_4]);	% 求解四个常数
16	X_1=double(X_1),X_2=double(X_2),X_3=double(X_3),X_4=double(X_4);	% 处理方程的解
17	t=0:0.01:20;	% 定义 t 的取值范围
18	x_1=[r_11*X_1*exp(s_11*t)+r_12*X_2*exp(s_12*t)+r_21*X_3*exp(s_21*t)+r_22*X_4*exp(s_22*t); X_1*exp(s_11*t)+X_2*exp(s_12*t)+X_3*exp(s_21*t)+X_4*exp(s_22*t)];	% 计算振动的表达式
19	a=x_1(1,:);b=x_1(2,:);	% 将 x_11,x_12 提取处理
20	subplot(2,1,1)	% 绘制2行1列的第1个子图
21	plot(t,a,'b','linewidth',1.3);	% 绘制曲线，调整曲线颜色和线宽
22	hold on	% 保留曲线
23	xlabel('t','FontSize',15,'FontName','Times New Roman');	% 横坐标名称设置
24	ylabel('x_{11}','FontSize',15,'Rotation',90,'FontName','Times New Roman');	% 纵坐标名称设置
25	set(gca, 'LineWidth',1);	% 设置边框线宽
26	subplot(2,1,2);	% 绘制2行1列的第2个子图
27	plot(t,b,'k','linewidth',1.3);	% 绘制曲线，调整曲线颜色和线宽
28	hold on;	% 保留曲线
29	xlabel('t','FontSize',15,'FontName','Times New Roman');	% 横坐标名称设置
30	ylabel('x_{12}','FontSize',15,'Rotation',90,'FontName','Times New Roman');	% 纵坐标名称设置
31	set(gca, 'LineWidth',1);	% 设置边框线宽

2. 大阻尼情况

如果阻尼非常大，特征方程的根全是负实根，响应将不具有振动形式。

此时方程的解为

$$x_1 = \begin{pmatrix} x_{11} \\ x_{12} \end{pmatrix} = \sum_{j=1}^{4} \begin{pmatrix} r_j \\ 1 \end{pmatrix} X_j \mathrm{e}^{-s_j t} \tag{3-70}$$

式中，s_j 为负实根；X_j、r_j 为实常数。

3. 临界阻尼情形

临界阻尼时，特征方程的根是两个负实根和一对具有负实部的共轭复数，此时系统响应也不具有振动形式。

此时解为

$$x_1 = \begin{pmatrix} x_{11} \\ x_{12} \end{pmatrix} = \begin{pmatrix} r_1 \\ 1 \end{pmatrix} \mathrm{e}^{-nt} D_1 \cos\omega_\mathrm{d} t + \begin{pmatrix} r_1' \\ 1 \end{pmatrix} \mathrm{e}^{-nt} D_2 \sin\omega_\mathrm{d} t + \sum_{j=3}^{4} \begin{pmatrix} r_j \\ 1 \end{pmatrix} D_j \mathrm{e}^{-s_j t} \tag{3-71}$$

式中，ω_d 为悬架阻尼比，$\omega_\mathrm{d} = \omega_\mathrm{n}\sqrt{1-\xi^2}$。

临界阻尼情况下汽车自由振动的位移时程曲线如图 3-16 所示。

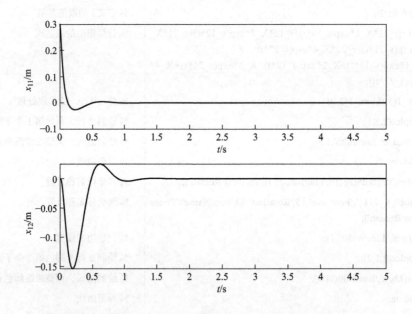

图 3-16 临界阻尼情况下汽车自由振动的位移时程曲线

曲线绘制程序如下：

1	clc	
2	clear	
3	m_2=500;m_1=50;k_s=47810;k_t=145000;c=6324.56; w_n=(k_s/m_2)^0.5;ksi=c/(2*m_2*w_n);w_d=w_n*((1-ksi^2)^0.5);	% 系统变量 % 计算有阻尼固有圆频率
4	syms s	% 定义频率方程参数
5	eqn=m_2*m_1*s^4+(m_2*c+m_1*c)*s^3+(m_1*k_s+m_2*(k_s+k_t))*s^2+c*k_t*s+k_t*k_s==0;	% 频率方程
6	s=solve(eqn,s);	% 求解频率方程
7	vpa(s);double(s);	% 处理频率方程的解
8	s_11=ans(1,1),s_12=ans(2,1),s_21=ans(3,1),s_22=ans(4,1);	% 频率方程的解
9	r_11=(c*s_11+k_s)/(m_1*s_11^2+c*s_11+k_s+k_t);	% 计算振幅比
10	r_12=(c*s_12+k_s)/(m_1*s_12^2+c*s_12+k_s+k_t);	
11	r_21=(c*s_21+k_s)/(m_1*s_21^2+c*s_21+k_s+k_t);	
12	r_22=(c*s_22+k_s)/(m_1*s_22^2+c*s_22+k_s+k_t);	
13	x_1=0.3;x_2=0;x_3=0;x_4=0;	% 初始条件
14	syms X_1 X_2 X_3 X_4	% 定义方程参数
15	[X_1,X_2,X_3,X_4]=solve([r_11*X_1+r_21*X_3+r_22*X_4==x_1,X_1+X_3+X_4==x_2, real(s_11)*r_11*X_1+w_d*r_12*X_2+s_21*r_21*X_3+s_22*r_22*X_4==x_3,real(s_11)*X_1+w_d*X_2+s_21*X_3+s_22*X_4==x_4],[X_1,X_2,X_3,X_4]);	% 求解四个常数
16	X_1=double(X_1),X_2=double(X_2),X_3=double(X_3),X_4=double(X_4);	% 处理方程的解
17	t=0:0.01:5;	% 定义 t 的取值范围
18	x_1=[r_11*X_1*exp(real(s_11)*t).*cos(w_d*t)+r_12*X_2*exp(real(s_12)*t).*sin(w_d*t)+r_21*X_3*exp(s_21*t)+r_22*X_4*exp(s_22*t); X_1*exp(real(s_11)*t).*cos(w_d*t)+X_2*exp(real(s_12)*t).*sin(w_d*t)+X_3*exp(s_21*t)+X_4*exp(s_22*t)];	% 计算振动的表达式
19	a=x_1(1,:);b=x_1(2,:);	% 将 x_11, x_12 提取处理
20	subplot(2,1,1)	% 绘制 2 行 1 列的第 1 个子图
21	plot(t,a,'b','linewidth',1.3);	% 绘制曲线，调整曲线颜色和线宽
22	hold on	% 保留曲线
23	xlabel('t','FontSize',15,'FontName','Times New Roman');	% 横坐标名称设置
24	ylabel('x_{11}','FontSize',15,'Rotation',90,'FontName','Times New Roman');	% 纵坐标名称设置
25	set(gca, 'LineWidth',1);	% 设置边框线宽
26	subplot(2,1,2);	% 绘制 2 行 1 列的第 2 个子图
27	plot(t,b,'k','linewidth',1.3);	% 绘制曲线，调整曲线颜色和线宽
28	hold on;	% 保留曲线
29	xlabel('t','FontSize',15,'FontName','Times New Roman');	% 横坐标名称设置
30	ylabel('x_{12}','FontSize',15,'Rotation',90,'FontName','Times New Roman');	% 纵坐标名称设置
31	set(gca, 'LineWidth',1);	% 设置边框线宽

[例3-3] 假设图3-14所示的汽车二自由度有阻尼振动系统，汽车车身质量 m_2 为500kg，车轮质量 m_1 为50kg，汽车悬架弹簧刚度 k_s 为37810N/m，轮胎刚度 k_t 为150000 N/m，阻尼 c 为1420N·s/m，$t=0$ 时，$x_{10}=0.3$m，$x_{20}=0$m，$\dot{x}_{10}=1.6$m/s，$\dot{x}_{20}=0$m/s。求汽车二自由度有阻尼自由振动的表达式，并利用 MATLAB/Simulink 绘制其位移时程曲线。

解：计算悬架阻尼比

$$\xi = \frac{c}{2\sqrt{k_s m_2}} = \frac{1420}{2 \times \sqrt{37810 \times 500}} = 0.16 < 1 \quad (3\text{-}72)$$

由此可见，该汽车有阻尼自由振动系统是一个欠阻尼系统，应采用欠阻尼情况下自由振动方程响应的解法。

系统频率方程为

$$m_1 m_2 s^4 + (m_1 c + m_2 c)s^3 + [m_1 k_s + m_2(k_s + k_t)]s^2 + c k_t s + k_s k_t = 0 \quad (3\text{-}73)$$

解得

$$\begin{cases} s_{11} = -0.9044 - 7.7593i \\ s_{12} = -0.9044 + 7.7593i \\ s_{21} = -14.7156 - 59.1694i \\ s_{21} = -14.7156 + 59.1694i \end{cases} \quad (3\text{-}74)$$

则相应的振幅比为

$$r_{jk} = \frac{X_{1,jk}}{X_{2,jk}} = \frac{M_{12} s_{jk}^2 + C_{12} s_{jk} + K_{12}}{M_{11} s_{jk}^2 + C_{11} s_{jk} + K_{11}} = \frac{M_{22} s_{jk}^2 + C_{22} s_{jk} + K_{22}}{M_{21} s_{jk}^2 + C_{21} s_{jk} + K_{21}}$$

$$= \frac{-c s_{jk} - k_s}{m_1 s_{jk}^2 + c s_{jk} + k_s + k_t} = \frac{m_2 s_{jk}^2 + c s_{jk} + k_s}{-c s_{jk} - k_s} \quad (3\text{-}75)$$

即

$$\begin{cases} r_{11} = 0.2017 - 0.0487i \\ r_{12} = 0.2017 + 0.0487i \\ r_{21} = -12.7409 - 16.7795i \\ r_{22} = -12.7409 + 16.7795i \end{cases} \quad (3\text{-}76)$$

根据初始条件 $t=0$ 时，$x_{10}=0.3$m，$x_{20}=0$m，$\dot{x}_{10}=1.6$m/s，$\dot{x}_{20}=0$m/s，可求出

$$\begin{cases} X_{11} = 0.0063 - 0.0433i \\ X_{12} = 0.0063 + 0.0433i \\ X_{21} = -0.0063 + 0.0042i \\ X_{22} = -0.0063 - 0.0042i \end{cases} \quad (3\text{-}77)$$

则
$$\{x_1\} = \begin{Bmatrix} x_{11} \\ x_{12} \end{Bmatrix} = \sum_{j=1}^{2}\sum_{k=1}^{2} \begin{Bmatrix} r_{jk} \\ 1 \end{Bmatrix} X_{jk} e^{s_{jk}t} \tag{3-78}$$

即

$$\begin{cases} x_{11} = (-0.0008 - 0.0090\mathrm{i})\mathrm{e}^{(-0.9044-7.7593i)t} \\ \qquad + (-0.0008 + 0.0090\mathrm{i})\mathrm{e}^{(-0.9044+7.7593i)t} \\ \qquad + (0.1508 + 0.0522\mathrm{i})\mathrm{e}^{(-14.7156-59.1694i)t} \\ \qquad + (0.1508 - 0.0522\mathrm{i})\mathrm{e}^{(-14.7156+59.1694i)t} \\ x_{12} = (0.0063 - 0.0433\mathrm{i})\mathrm{e}^{(-0.9044-7.7593i)t} \\ \qquad + (0.0063 + 0.0433\mathrm{i})\mathrm{e}^{(-0.9044+7.7593i)t} \\ \qquad + (-0.0063 + 0.0042\mathrm{i})\mathrm{e}^{(-14.7156-59.1694i)t} \\ \qquad + (-0.0063 - 0.0042\mathrm{i})\mathrm{e}^{(-14.7156+59.1694i)t} \end{cases} \tag{3-79}$$

考虑到前面建立的汽车二自由度有阻尼自由振动的微分方程，可以搭建如图 3-17 所示的 Simulink 模型。

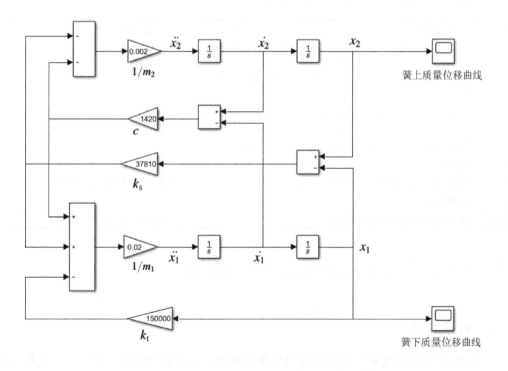

图 3-17　汽车二自由度有阻尼自由振动 Simulink 模型

根据图 3-17 的仿真模型，可得汽车二自由度振动系统的位移曲线如图 3-18 所示。

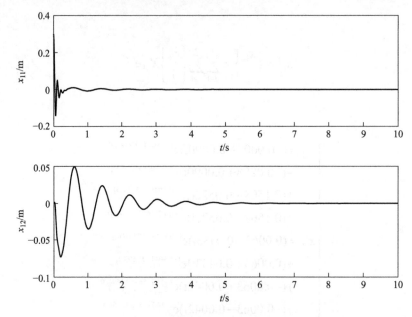

图 3-18 汽车二自由度有阻尼自由振动的位移时程曲线

利用前面已经求出的汽车有阻尼自由振动的表达式 [式（3-79）]，可以在 MATLAB 的命令行窗口中直接进行求解，计算方法如下：

1	t = 0:0.01:10;	% 定义 t 取值范围
2	a=(-0.0008-0.0090i)*exp((-0.9044-7.7593i)*t)+(-0.0008+0.0090i)*exp((-0.9044+7.593i)*t)+(0.1508+0.0522i)*exp((-14.7156-59.1694i)*t)+(0.1508-0.0522i)*exp((-14.7156+59.1694i)*t);	% 计算 x_11 自由振动的表达式
3	b=(0.0063-0.0433i)*exp((-0.9044-7.7593i)*t)+(0.0063+0.0433i)*exp((-0.9044+7.7593i)*t)+(-0.0063+0.0042i)*exp((-14.7156-5.1694i)*t)+(-0.0063-0.0042i)*exp((-14.7156+59.1694i)*t);	% 计算 x_12 自由振动的表达式
4	subplot(2,1,1)	
5	plot(t,a,'b','linewidth',1.3);hold on;	% 绘制 x_11 位移时程曲线
6	subplot(2,1,2)	
7	plot(t,b,'k','linewidth',1.3);hold on;	% 绘制 x_12 位移时程曲线

3.5 汽车二自由度有阻尼受迫振动系统

3.5.1 时域分析

以图 3-19 所示的汽车二自由度有阻尼受迫振动系统为研究对象，取车身和车轮的静平衡位置为坐标原点，车身和车轮振动位移沿弹簧形变方向铅直向上为正。假设汽车上作用一简谐激振力

$$f(t) = F\sin\omega t \tag{3-80}$$

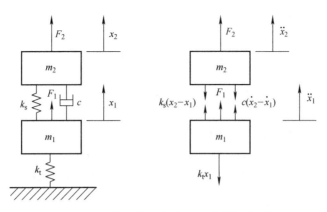

图 3-19 汽车二自由度有阻尼受迫振动系统

汽车二自由度有阻尼系统受迫振动的微分方程为

$$M\ddot{x} + C\dot{x} + Kx = F\sin\omega t \tag{3-81}$$

该方程是二阶常系数非齐次线性微分方程。该方程的全解由两部分组成

$$x(t) = x_1(t) + x_2(t) = \begin{Bmatrix} x_1'(t) \\ x_2'(t) \end{Bmatrix} \tag{3-82}$$

式中,$x_1(t)$ 是汽车二自由度有阻尼振动系统的自由振动解,$x_2(t)$ 是受迫振动的特解。

1. 受迫振动的特解

由于自由振动部分会逐渐衰减,即系统将会按照与激励相同的频率 ω 做稳态振动,因此可以假设有阻尼二自由度受迫振动系统的稳态解为

$$x_2(t) = \begin{Bmatrix} x_{21}(t) = B_1 \sin(\omega t - \varphi_1') \\ x_{22}(t) = B_2 \sin(\omega t - \varphi_2') \end{Bmatrix} \tag{3-83}$$

这是一个振幅为 B、圆频率与激振力的频率相同的简谐振动。由于阻尼的存在,该简谐振动相比激振力落后了一个相位角 φ,称为相位差。

将式(3-83)代入式(3-81),并利用 $\sin\omega t$ 和 $\cos\omega t$ 项系数相等的条件得到 4 个代数方程,可联立求解 B_1、B_2、φ_1'、φ_2' 这 4 个积分常数。

上述求解道理简单,但求解过程比较复杂。下面介绍求解受迫振动稳态解比较简便的一种方法——复数法。

当有外部激励作用域二自由度阻尼系统时,式(3-63)变为以下形式:

$$M\ddot{x} + C\dot{x} + Kx = f(t) = Fe^{i\omega t} \tag{3-84}$$

其稳态响应的复数形式为

$$x_2 = Be^{i\omega t} \tag{3-85}$$

将式（3-85）代入式（3-84），得

$$(-\omega^2 M + i\omega C + K)A = F \tag{3-86}$$

令 $D = -\omega^2 M + i\omega C + K$，且设 M 为对角型，则

$$\begin{aligned} D &= -\omega^2 M + i\omega C + K \\ &= \begin{bmatrix} K_{11} - \omega^2 M_{11} + iC_{11}\omega & K_{12} + iC_{12}\omega \\ K_{21} + iC_{21}\omega & K_{22} - \omega^2 M_{22} + iC_{22}\omega \end{bmatrix} \\ &= \begin{bmatrix} D_{11} & D_{12} \\ D_{21} & D_{22} \end{bmatrix} \end{aligned} \tag{3-87}$$

由此得到系统的复振幅向量为

$$B = HF \tag{3-88}$$

式中，

$$H = D^{-1} = \begin{bmatrix} D_{11} & D_{12} \\ D_{21} & D_{22} \end{bmatrix}^{-1} = \frac{1}{D_{11}D_{22} - D_{12}^2} \begin{bmatrix} D_{22} & -D_{12} \\ -D_{21} & D_{11} \end{bmatrix} \tag{3-89}$$

将式（3-89）代回式（3-88），可得

$$B = \frac{1}{D_{11}D_{22} - D_{12}^2} \begin{bmatrix} D_{22} & -D_{12} \\ -D_{21} & D_{11} \end{bmatrix} \begin{Bmatrix} F_1 \\ F_2 \end{Bmatrix} \tag{3-90}$$

或者

$$\begin{cases} B_1 = \dfrac{D_{22}F_1 - D_{12}F_2}{D_{11}D_{22} - D_{12}^2} \\ B_2 = \dfrac{D_{11}F_2 - D_{21}F_1}{D_{11}D_{22} - D_{12}^2} \end{cases} \tag{3-91}$$

注意，振幅变量均为复变量。若令

$$B_1 = C_1 + iD_1, \quad B_2 = C_2 + iD_2 \tag{3-92}$$

代入受迫振动响应式（3-85），有

$$\begin{cases} x_{21}(t) = B_1 e^{i\omega t} = (C_1 + iD_1)(\cos\omega t + i\sin\omega t) \\ \qquad = (C_1\cos\omega t - D_1\sin\omega t) + i(C_1\sin\omega t + D_1\cos\omega t) \\ \qquad = X_1\cos(\omega t + \varphi_1') + iY_1\sin(\omega t + \varphi_1') \\ x_{22}(t) = B_2 e^{i\omega t} = (C_2 + iD_2)(\cos\omega t + i\sin\omega t) \\ \qquad = (C_2\cos\omega t - D_2\sin\omega t) + i(C_2\sin\omega t + D_2\cos\omega t) \\ \qquad = X_2\cos(\omega t + \varphi_2') + iY_2\sin(\omega t + \varphi_2') \end{cases} \tag{3-93}$$

式中

$$\begin{cases} X_1 = Y_1 = \sqrt{C_1^2 + D_1^2}, \varphi_1' = \arctan\dfrac{D_1}{C_1} \\ X_2 = Y_2 = \sqrt{C_2^2 + D_2^2}, \varphi_2' = \arctan\dfrac{D_2}{C_2} \end{cases}$$

(3-94)

2. 振动总响应

汽车二自由度有阻尼受迫振动系统在简谐激振下的总响应是由自由振动和受迫振动复合而成的复杂振动。

$$\boldsymbol{x}(t) = \boldsymbol{x}_1(t) + \boldsymbol{x}_2(t) = \begin{bmatrix} x_{11}(t) \\ x_{12}(t) \end{bmatrix} + \begin{bmatrix} x_{21}(t) \\ x_{22}(t) \end{bmatrix}$$

(3-95)

汽车二自由度有阻尼受迫振动系统在简谐激振下的总响应也是两种不同频率成分的合成振动。与无阻尼受迫振动的总响应不同，由于阻尼的存在，系统的自由振动只在刚开始的一段时间内存在，之后便会被阻尼衰减掉，只剩下稳态振动的响应，汽车二自由度有阻尼受迫振动系统的总响应如图 3-20 所示。

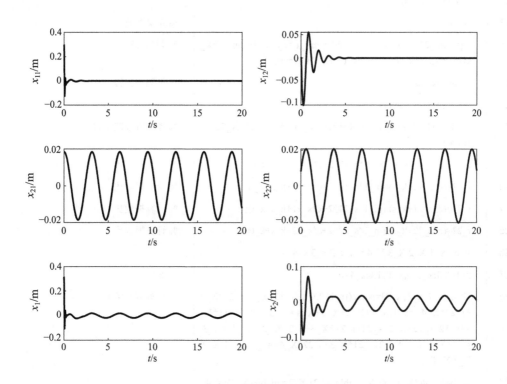

图 3-20 汽车二自由度有阻尼受迫振动系统的总响应

曲线绘制程序如下：

1	clc;clear;	
2	%% 受迫振动稳态解	
3	m_2=500;m_1=50;k_s=17810;k_t=100000;c=1440;w=2; F=1800;	% 定义系统变量
4	D_11=k_s+k_t-m_1*w^2+1i*c*w;	
5	D_12=-k_s-1i*c*w;	
6	D_22=k_s-m_2*w^2+1i*c*w;	
7	B_1=(D_22*F)/(D_11*D_22-D_12^2);	% 计算振幅 B_1
8	B_2=(-D_12*F)/(D_11*D_22-D_12^2);	% 计算振幅 B_2
9	C_1=real(B_1);D_1=imag(B_1);	
10	C_2=real(B_2);D_2=imag(B_2);	
11	Y_1=sqrt(C_1^2+D_1^2);psi_1=atan(D_1/C_1)*180/pi;	
12	Y_2=sqrt(C_2^2+D_1^2);psi_2=atan(D_2/C_2)*180/pi;	
13	t = 0:0.01:20;	% 定义 t 范围
14	x_21=Y_1*cos(w*t+psi_1)+1i*Y_1*sin(w*t+psi_1);	% 受迫振动解 x_21
15	x_22=Y_2*cos(w*t+psi_2)+1i*Y_2*sin(w*t+psi_2);	% 受迫振动解 x_22
16	%% 自由振动解	
17	syms s	% 定义参数
18	eqn=m_2*m_1*s^4+(m_2*c+m_1*c)*s^3+(m_1*k_s+m_2*(k_s+k_t))*s^2+c*k_t*s+k_t*k_s==0;	% 频率方程
19	s=solve(eqn,s);	% 解频率方程
20	vpa(s);ANS=double(s);	
21	s_11=ANS(1,1);s_12=ANS(2,1);s_21=ANS(3,1);s_22=ANS(4,1);	% 频率方程四个解
22	r_11=(c*s_11+k_s)/(m_1*s_11^2+c*s_11+k_s+k_t);	% 计算振幅比
23	r_12=(c*s_12+k_s)/(m_1*s_12^2+c*s_12+k_s+k_t);	% 计算振幅比
24	r_21=(c*s_21+k_s)/(m_1*s_21^2+c*s_21+k_s+k_t);	% 计算振幅比
25	r_22=(c*s_22+k_s)/(m_1*s_22^2+c*s_22+k_s+k_t);	% 计算振幅比
26	syms X_1 X_2 X_3 X_4 x_1 x_2 x_3 x_4	
27	x_1=0.3;x_2=0;x_3=1.6;x_4=0;	% 赋值
28	[X_1,X_2,X_3,X_4]=solve([r_11*X_1+r_12*X_2+r_21*X_3+r_22*X_4==x_1,X_1+X_2+X_3+X_4==x_2,s_11*r_11*X_1+s_12*r_12*X_2+s_21*r_21*X_3+s_22*r_22*X_4==x_3,s_11*X_1+s_12*X_2+s_21*X_3+s_22*X_4==x_4],[X_1,X_2,X_3,X_4]);	% 计算方程常数
29	X_1=double(X_1);X_2=double(X_2);X_3=double(X_3);X_4=double(X_4);	
30	x_1=[r_11*X_1*exp(s_11*t)+r_12*X_2*exp(s_12*t)+r_21*X_3*exp(s_21*t)+r_22*X_4*exp(s_22*t);	

31	X_1*exp(s_11*t)+X_2*exp(s_12*t)+X_3*exp(s_21*t)+X_4*exp(s_22*t)];	
32	x_11=x_1(1,:);x_12=x_1(2,:);	
33	%%% 振动总响应	
34	a=x_11+x_21;b=x_12+x_22;	% 总响应
35	%%% 出图	
36	set(gcf,'Position',[100,300,700,500],'PaperPositionMode','auto');	% 设置图框大小和位置
37	set(gcf,'ToolBar','none','ReSize','off ');	
38	set(gcf,'color','w');	% 背景颜色
39	subplot(3,2,1)	
40	plot(t,x_11,'k','linewidth',1.3);	% 绘制子图
41	xlabel('\itt\rm/s','FontSize',15,'FontName','Times New Roman');	% 标注横坐标
42	ylabel('\itx\rm_{11}/m','FontSize',15,'Rotation',90,'FontName','Times New Roman');	% 标注纵坐标
43	set(gca, 'LineWidth',1);	
44	subplot(3,2,2)	
45	plot(t,x_12,'b','linewidth',1.3);	% 绘制子图
46	xlabel('\itt\rm/s','FontSize',15,'FontName','Times New Roman');	% 标注横坐标
47	ylabel('\itx\rm_{12}/m','FontSize',15,'Rotation',90,'FontName','Times New Roman');	% 标注纵坐标
48	set(gca, 'LineWidth',1);	
49	subplot(3,2,3);	
50	plot(t,x_21,'k','linewidth',1.3);	% 绘制子图
51	xlabel('\itt\rm/s','FontSize',15,'FontName','Times New Roman');	% 标注横坐标
52	ylabel('\itx\rm_{21}/m','FontSize',15,'Rotation',90,'FontName','Times New Roman');	% 标注纵坐标
53	subplot(3,2,4);	
54	plot(t,x_22,'b','linewidth',1.3);	% 绘制子图
55	xlabel('\itt\rm/s','FontSize',15,'FontName','Times New Roman');	% 标注横坐标
56	ylabel('\itx\rm_{22}/m','FontSize',15,'Rotation',90,'FontName','Times New Roman');	% 标注纵坐标
57	subplot(3,2,5);	
58	plot(t,a,'k','linewidth',1.3);	% 绘制子图
59	xlabel('\itt\rm/s','FontSize',15,'FontName','Times New Roman');	% 标注横坐标
60	ylabel('\itx\rm_{1}/m','FontSize',15,'Rotation',90,'FontName','Times New Roman');	% 标注纵坐标

61	subplot(3,2,6);	
62	plot(t,b,'b','linewidth',1.3);	% 绘制子图
63	xlabel('\itt\rm/s','FontSize',15,'FontName','Times New Roman');	% 标注横坐标
64	ylabel('\itx\rm_{2}/m','FontSize',15,'Rotation',90,'FontName','Times New Roman');	% 标注纵坐标

3.5.2 频域分析

图 3-21 所示为汽车车身车轮二自由度振动系统的模型。该模型可以较好地反应汽车二自由度系统的振动特性。

对于图 3-21 所示的汽车车身车轮的二自由度振动系统，其动力学微分方程为

$$\begin{cases} m_1\ddot{x}_1 + c(\dot{x}_1 - \dot{x}_2) + k_s(x_1 - x_2) + k_t x_1 = k_t q \\ m_2\ddot{x}_2 + c(\dot{x}_2 - \dot{x}_1) + k_s(x_2 - x_1) = 0 \end{cases} \quad (3\text{-}96)$$

式中，q 为路面的不平输入。

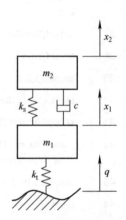

图 3-21 汽车车身车轮二自由度振动系统模型

设输入为 $q = q_0 e^{i\omega t}$，则输出有 $x_1 = x_{10} e^{i\omega t + \varphi}$，$x_2 = x_{20} e^{i\omega t + \varphi}$，代入式（3-96），可得

$$\begin{cases} x_2(-\omega^2 m_2 + i\omega c + k_s) = x_1(i\omega c + k_s) \\ x_1(-\omega^2 m_1 + i\omega c + k_s + k_t) = x_2(i\omega c + k_s) + q k_t \end{cases} \quad (3\text{-}97)$$

由式（3-97），可得 $x_2 \sim x_1$、$x_1 \sim q$ 及 $x_2 \sim q$ 的频率响应函数为

$$\frac{x_2}{x_1} = \frac{A_1}{A_2} \quad (3\text{-}98)$$

$$\frac{x_1}{q} = \frac{A_2 k_t}{A_3 A_2 - A_1^2} \quad (3\text{-}99)$$

$$\frac{x_2}{q} = \frac{x_2 x_1}{x_1 q} = \frac{A_1 k_t}{A_3 A_2 - A_1^2} \quad (3\text{-}100)$$

式中，$A_1 = i\omega c + k_s$；$A_2 = -\omega^2 m_2 + i\omega c + k_s$；$A_3 = -\omega^2 m_1 + i\omega c + k_s + k_t$。

则车身响应 x_2 对车轮响应 x_1 的幅频特性和车轮响应 x_1 对路面激励 q 的幅频特性为

$$|H(\omega)_{x_2 \sim x_1}| = \sqrt{\frac{1 + (2\xi\lambda)^2}{(1-\lambda^2)^2 + (2\xi\lambda)^2}} \quad (3\text{-}101)$$

$$\left|H(\omega)_{x_1\sim q}\right| = \gamma\sqrt{\frac{(1-\lambda^2)^2 + (2\xi\lambda)^2}{\Delta}} \tag{3-102}$$

式中，$\Delta = [(1-\lambda^2)(1+\gamma-\lambda^2/\mu)-1]^2 + (2\xi\lambda)^2[\gamma-(1/\mu+1)\lambda^2]^2$；$\lambda$ 为频率比，$\lambda = \omega/\omega_0$；$\gamma$ 为刚度比，$\gamma = k_t/k_s$；μ 为质量比，$\mu = m_2/m_1$；ξ 为悬架阻尼比，$\xi = c/2\sqrt{k_s m_2}$。

车身振动位移响应 x_2 对路面激励位移 q 的幅频特性为两个环节幅频特性的乘积，即

$$\begin{aligned}\left|H(\omega)_{x_2\sim q}\right| &= \left|H(\omega)_{x_2\sim x_1}\right|\left|H(\omega)_{x_1\sim q}\right| \\ &= \sqrt{\frac{1+(2\xi\lambda)^2}{(1-\lambda^2)^2+(2\xi\lambda)^2}} \cdot \gamma\sqrt{\frac{(1-\lambda^2)^2+(2\xi\lambda)^2}{\Delta}}\end{aligned} \tag{3-103}$$

即

$$\left|H(\omega)_{x_2\sim q}\right| = \gamma\sqrt{\frac{1+(2\xi\lambda)^2}{\Delta}} \tag{3-104}$$

图 3-22 表示车轮及车身的幅频特性 $\left|H(\omega)_{x_1\sim q}\right|$ 和 $\left|H(\omega)_{x_2\sim q}\right|$。从图 3-22 可以看出，对于车身车轮二自由度振动系统而言，在 $f = f_0 = \omega_0/2\pi$ 和 $f = f_t = \omega_t/2\pi$ 的附近有两个共振峰，当激励频率接近系统的两个共振频率时会发生共振。另外，从车身的幅频特性可知，路面输入 q 在 $f \geq \sqrt{2}f_0$ 时悬架衰减，在 $f \geq f_t$ 时进一步被轮胎衰减。

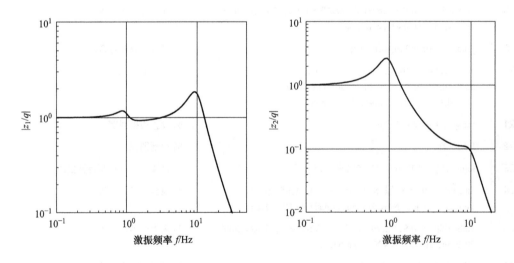

图 3-22 车轮和车身的幅频特性

从图 3-22 可以看出，对于车身车轮二自由度振动系统，当激振频率接近系统的两阶固有频率时，都会发生共振。车身位移 x_2 对 q 的幅频特性和车轮位移 x_1 对 q 的幅频特性都有低频、高频两个共振峰。

曲线绘制程序如下：

1	clc	
2	clear	
3	f=0:0.01:100;	% 激振频率
4	w=2*pi.*f;	
5	rk=9;	% 刚度比
6	g=10;	
7	rm=10;	% 质量比
8	ys=0.25;	% 阻尼比
9	f01=1;	% 固有频率
10	p01=2*pi.*f01;	
11	na1=w./p01;	% 频率比
12	za1=((1-na1.^2).*(1+rk-na1.^2./rm)-1).^2+4*ys.^2.*na1.^2.*(rk-(1+1/rm).*na1.^2).^2;	%∆
13	y1=rk.*sqrt(((1-na1.^2).^2+4.*ys.^2.*na1.^2)./za1);	% 车身的幅频特性
14	y2=rk.*sqrt((1+4.*ys.^2.*na1.^2)./za1);	% 车轮的幅频特性
15	figure	% 绘制图一
16	loglog(f,y1,'r','linewidth',1.5);hold on;	% 绘制车身的幅频特性曲线
17	xlabel('\fontname{ 黑体 }\fontsize{13} 激振频率 \fontname{Times New Roman}\fontsize{13}\itf/Hz');	% 横坐标名称设置
18	ylabel('$\|z_2/\q\|$','Interpreter','latex','FontSize',15,'Rotation',90,'FontName','Times New Roman');	% 纵坐标名称设置
19	ylim([0.1 10]);xlim([0.1 50]);	% 设置横纵坐标范围

20	plot([1,1],[0.1,10],'k','linewidth',1);hold on;
	plot([10,10],[0.1,10],'k','linewidth',1);hold on;
	plot([0.1,50],[1,1],'k','linewidth',1);hold on;
		% 绘制辅助线条

21	set(gca,'LineWidth',1);	% 设置边框线宽
22	figure(2)	% 绘制图二
23	loglog(f,y2,'r','linewidth',1.5);hold on;	% 设置车轮的幅频特性曲线
24	xlabel('\fontname{ 黑体 }\fontsize{13} 激振频率 \fontname{Times New Roman}\fontsize{13}\itf/Hz');	% 横坐标名称设置
25	ylabel('$\|z_1/\q\|$','Interpreter','latex','FontSize',15,'Rotation',90,'FontName','Times New Roman');	% 纵坐标名称设置
26	ylim([0.01 10]);xlim([0.1 20]);	% 设置横纵坐标范围

27	plot([1,1],[0.00001,10],'k','linewidth',1);hold on;
	plot([10,10],[0.00001,10],'k','linewidth',1);hold on;
	plot([0.1,50],[1,1],'k','linewidth',1);hold on;
	plot([0.1,50],[0.1,0.1],'k','linewidth',1);hold on;
		% 绘制辅助线条

28	set(gca,'LineWidth',1);	% 设置边框线宽

[**例 3-4**] 假设图 3-19 所示的汽车二自由度有阻尼振动系统，汽车车身质量 m_2 为 500kg，车轮质量 k_s 为 50kg；汽车悬架弹簧刚度 k_s 为 17810N·m^{-1}，轮胎刚度 k_t 为 100000N·m^{-1}，阻尼 c 为 1440N·s·m^{-1}，车轮始终受到一个 $F = F_0 e^{i2t}$ 的持续激振力，$t = 0$ 时，$x_{10} = 0.3\,\text{m}$，$x_{20} = 0\,\text{m}$，$\dot{x}_{10} = 1.6\,\text{m/s}$，$\dot{x}_{20} = 0\,\text{m/s}$，$F_0 = 1800\text{N}$，求：

1）汽车二自由度有阻尼受迫振动的稳态表达式，并利用 MATLAB 绘制其位移时程曲线。
2）利用 MATLAB 计算振动总响应的位移时程曲线。

解：1）系统的振动方程为

$$\boldsymbol{M}\ddot{\boldsymbol{x}} + \boldsymbol{C}\dot{\boldsymbol{x}} + \boldsymbol{K}\boldsymbol{x} = \boldsymbol{F}e^{i2t} \tag{3-105}$$

式中

$$\boldsymbol{F} = \begin{pmatrix} F_0 \\ 0 \end{pmatrix}; \quad \boldsymbol{M} = \begin{pmatrix} m_1 & 0 \\ 0 & m_2 \end{pmatrix}; \quad \boldsymbol{C} = \begin{pmatrix} c & -c \\ -c & c \end{pmatrix}; \quad \boldsymbol{K} = \begin{pmatrix} k_s + k_t & -k_s \\ -k_s & k_s \end{pmatrix}。$$

计算系统稳态响应

$$\begin{aligned}
\boldsymbol{D} &= -\omega^2 \boldsymbol{M} + i\omega \boldsymbol{C} + \boldsymbol{K} \\
&= \begin{pmatrix} K_{11} - \omega^2 M_{11} + iC_{11}\omega & K_{12} + iC_{12}\omega \\ K_{21} + iC_{21}\omega & K_{22} - \omega^2 M_{22} + iC_{22}\omega \end{pmatrix} \\
&= \begin{pmatrix} D_{11} & D_{12} \\ D_{21} & D_{22} \end{pmatrix} = \begin{pmatrix} 117610 + 2880i & -17810 - 2880i \\ -17810 - 2880i & 15810 + 2880i \end{pmatrix}
\end{aligned} \tag{3-106}$$

$$\begin{cases} B_1 = \dfrac{D_{22}F_1 - D_{12}F_2}{D_{11}D_{22} - D_{12}^2} = 0.0185 - 0.0001i = C_1 + iD_1 \\ B_2 = \dfrac{D_{11}F_2 - D_{21}F_1}{D_{11}D_{22} - D_{12}^2} = 0.0207 - 0.0004i = C_2 + iD_2 \end{cases} \tag{3-107}$$

令

$$\begin{cases} X_1 = Y_1 = \sqrt{C_1^2 + D_1^2} = 0.0185,\ \varphi_1' = \arctan\dfrac{D_1}{C_1} = -0.0005\,\text{rad} \\ X_2 = Y_2 = \sqrt{C_2^2 + D_2^2} = 0.0207,\ \varphi_2' = \arctan\dfrac{D_2}{C_2} = -0.0203\,\text{rad} \end{cases} \tag{3-108}$$

则汽车二自由度有阻尼振动系统稳态振动的响应为

$$\begin{cases} x_{21}(t) = X_1 \cos(\omega t + \varphi_1') + iY_1 \sin(\omega t + \varphi_1') \\ \quad\quad\ = 0.0185\cos(2t - 0.0005) + i0.0185\sin(2t - 0.0005) \\ x_{22}(t) = X_2 \cos(\omega t + \varphi_2') + iY_2 \sin(\omega t + \varphi_2') \\ \quad\quad\ = 0.0207\cos(2t - 0.0203) + i0.0207\sin(2t - 0.0203) \end{cases} \tag{3-109}$$

即

$$\boldsymbol{x}_2(t) = \begin{Bmatrix} x_{21}(t) \\ x_{22}(t) \end{Bmatrix} \quad (3\text{-}110)$$

利用汽车单质量有阻尼振动系统稳态响应，在 MATLAB 的命令行窗口中直接进行求解。计算方法如下：

1	t = 0:0.01:20;	%定义 t 取值范围
2	x_21=0.0185*cos(2*t-0.0005)+i*0.0185*sin(2*t-0.0005);	%计算受迫振动的表达式
3	x_22=0.0207*cos(2*t-0.0203)+i*0.0207*sin(2*t-0.0203);	
4	subplot(2,1,1)	
5	plot(t,x_21,'b','LineWidth',2);	%绘制 x_21 位移时程曲线
6	xlabel('t','FontSize',15,'FontName','Times New Roman');	%横坐标名称设置
7	ylabel('x_{21}','FontSize',15,'Rotation',90,'FontName','Times New Roman');	%纵坐标名称设置
8	hold on;	%保留曲线
9	subplot(2,1,2)	
10	plot(t,x_22,'k','LineWidth',2);	%绘制 x_22 位移时程曲线
11	xlabel('t','FontSize',15,'FontName','Times New Roman');	%横坐标名称设置
12	ylabel('x_{22}','FontSize',15,'Rotation',90,'FontName','Times New Roman');	%纵坐标名称设置
13	hold on;	%保留曲线

得到受迫振动的位移时程曲线如图 3-23 所示。

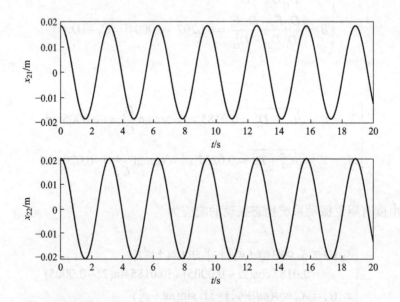

图 3-23 汽车二自由度有阻尼受迫振动的位移时程曲线

2）计算汽车二自由度有阻尼受迫振动的总响应

系统频率方程为

$$m_1 m_2 s^4 + (m_1 c + m_2 c)s^3 + (m_1 k_s + m_2(k_s + k_t))s^2 + c k_t s + k_s k_t = 0 \qquad (3\text{-}111)$$

解得

$$\begin{cases} s_{11} = -1.0536 - 5.4666\mathrm{i} \\ s_{12} = -1.0536 + 5.4666\mathrm{i} \\ s_{21} = -14.7864 - 45.6056\mathrm{i} \\ s_{21} = -14.7864 + 45.6056\mathrm{i} \end{cases} \qquad (3\text{-}112)$$

则相应的振幅比为

$$r_{jk} = \frac{X_{1,jk}}{X_{2,jk}} = \frac{M_{12}s_{jk}^2 + C_{12}s_{jk} + K_{12}}{M_{11}s_{jk}^2 + C_{11}s_{jk} + K_{11}} = \frac{M_{22}s_{jk}^2 + C_{22}s_{jk} + K_{22}}{M_{21}s_{jk}^2 + C_{21}s_{jk} + K_{21}}$$

$$= \frac{-cs_{jk} - k_s}{m_1 s_{jk}^2 + cs_{jk} + k_s + k_t} = \frac{m_2 s_{jk}^2 + cs_{jk} + k_s}{-cs_{jk} - k_s} \qquad (3\text{-}113)$$

即

$$\begin{cases} r_{11} = 0.1456 - 0.0593\mathrm{i} \\ r_{12} = 0.1456 + 0.0593\mathrm{i} \\ r_{21} = -8.4902 - 14.6739\mathrm{i} \\ r_{22} = -8.4902 + 14.6739\mathrm{i} \end{cases} \qquad (3\text{-}114)$$

根据初始条件 $t = 0$ 时，$x_{10} = 0.3\,\mathrm{m}$，$x_{20} = 0\,\mathrm{m}$，$\dot{x}_{10} = 1.6\,\mathrm{m/s}$，$\dot{x}_{20} = 0\,\mathrm{m/s}$，可求出

$$\begin{cases} X_{11} = 0.0080 - 0.0684\mathrm{i} \\ X_{12} = 0.0080 + 0.0684\mathrm{i} \\ X_{21} = -0.0080 + 0.0058\mathrm{i} \\ X_{22} = -0.0080 - 0.0058\mathrm{i} \end{cases} \qquad (3\text{-}115)$$

则

$$\boldsymbol{x}_1 = \begin{pmatrix} x_{11} \\ x_{12} \end{pmatrix} = \sum_{j=1}^{2} \sum_{k=1}^{2} \begin{pmatrix} r_{jk} \\ 1 \end{pmatrix} X_{jk} \mathrm{e}^{s_{jk} t} \qquad (3\text{-}116)$$

汽车二自由度有阻尼受迫振动的总响应为

$$\boldsymbol{x}(t) = \boldsymbol{x}_1(t) + \boldsymbol{x}_2(t) = \begin{pmatrix} x_{11}(t) \\ x_{12}(t) \end{pmatrix} + \begin{pmatrix} x_{21}(t) \\ x_{22}(t) \end{pmatrix} = \begin{pmatrix} x_1'(t) \\ x_2'(t) \end{pmatrix} \qquad (3\text{-}117)$$

根据汽车单质量有阻尼受迫振动的微分方程，在 Simulink 中搭建如图 3-24 所示的仿真模型。

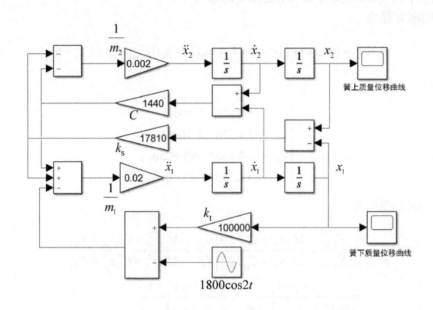

图 3-24　汽车二自由度有阻尼受迫振动 Simulink 模型

得到汽车二自由度有阻尼受迫振动总响应的位移时程曲线如图 3-25 所示。

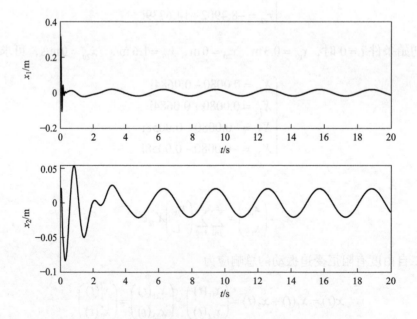

图 3-25　汽车二自由度有阻尼受迫振动总响应的位移时程曲线

3.6 汽车二自由度振动系统优化控制

【课堂小讨论】

> 在汽车工业中，半主动悬架系统是一种能够通过调节阻尼力来改变车辆悬架特性的技术。这种悬架系统可以提供更好的乘坐舒适性和行驶稳定性能，同时还能够根据路况和驾驶条件实时调整悬架刚度或阻尼力。奔驰公司在 1999 年推出的 ABC（Active Body Control）半主动悬架系统，就通过使用可调阻尼器和液压活塞来改变车辆的悬架特性，当车辆处于正常行驶状态时，系统可以根据车速、横向加速度和纵向加速度等参数进行实时调整，提供更好的悬架响应和稳定性。
>
> ABC 半主动悬架系统通过感知车辆的姿态变化和路面状况，调节每个悬架单元的液压力来改变悬架的刚度。当车辆遇到不平路面时，系统能够减小阻尼力，提供更好的减振效果，从而提高乘坐舒适性。而当车辆需要更好的稳定性能时，系统能够增加阻尼力，提供更好的支撑力和驾驶稳定性。奔驰的 ABC 系统是一个成功的半主动悬架系统案例，它在提供乘坐舒适性和操控性能方面取得了很大的进展。该系统的引入使得车辆悬架系统的调节范围更广，能够更好地适应不同的驾驶条件和路况，提升了整车的性能和驾驶体验。

通过对先进的悬架系统施加一定的控制规则或策略，可使车辆悬架系统按照特定的要求改变其振动特性，以改善所关心的一个或几个振动响应量，从而达到提高车辆行驶性能的目的。这种控制规则或策略就是振动控制算法。根据所采用减振器特性的不同，先进悬架系统可分为基于执行器的主动悬架和基于可调阻尼器的半主动悬架，同时也有相应的主动控制算法和半主动控制算法。

二自由度主动控制悬架简化模型如图 3-26 所示。

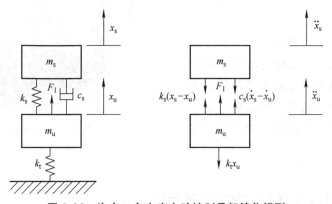

图 3-26　汽车二自由度主动控制悬架简化模型

其中簧载质量 m_s 是车身、乘客、车架、内部部件的总质量，它可以根据乘客和货物的负载而变化，它由弹簧 k_s 和阻尼器 c_s 组成的悬架系统支撑。轮胎、轮毂、制动器和悬架连杆组合在一起的质量称为非簧载质量 m_u，由轮胎支撑。轮胎抽象为线性弹簧和线性阻尼器的组合，系数分别为 k_t 和 c_t，执行器与弹簧和阻尼器平行连接在簧载质量和非簧载质量之间，执行器产生控制力 u，作用在非簧载质量上的垂直道路扰动用 z 表示，簧载和非簧载质量相对于其静态位置的垂直位移分别用 x_s 和 x_u 表示。

图 3-26 所示的二自由度主动控制悬架简化模型由弹性元件、阻尼器和执行器组成。执行器的作用在于改进系统中能源的消耗和给系统供给能量。该装置的控制目标是实现优质隔振的同时不需对系统做出较大的改变。因此，只需使执行器产生一个正比于绝对速度负值的主动力，即可实现该控制目标。

3.7　工程案例：汽车二自由度系统振动特性及主动控制仿真

在第 2 章中对单自由度系统进行了描述并对其振动特性进行了分析，但汽车单自由度系统并不能反映汽车振动的真实情况，无法完全描述汽车的真实舒适性。在汽车振动中还必须考虑道路友好性问题，即要考虑车轮 - 车身的振动传递问题。汽车车轮与路面所产生的振动问题，会给公路带来损坏。车轮载荷过大，会导致汽车轮胎磨损和脱离。因此，本节对汽车二自由度系统进行振动特性分析并通过主动控制缓解汽车的振动。

【课堂小讨论】

雷克萨斯 GS 系列车型（图 3-27）引入主动悬架振动控制技术，以提供更舒适的驾驶体验，并且搭载可变阻尼减振器，能借由遍布全车的传感器实现减振器的主动调节，对加速、制动或过弯时产生的侧倾都拥有极优异的抑制表现。可变阻尼减振器具有"标准"与"运动"共两种悬架模式，可以根据驾驶人需求或路况来选择。在运动模式下，会向空气弹簧气室加压，使悬架变"硬"，让驾驶人体验最真实的路感。当车辆在不平坦的道路上行驶时，主动悬架系统会根据传感器提供的数据调整悬架系统的参数。例如，当车辆经过颠簸路段时，系统会增加悬架系统的阻尼，以减少车身的上下颠簸。当车辆行驶在较为平稳的道路上时，系统会减小阻尼和刚度，提供更为舒适的驾驶体验。

图 3-27　雷克萨斯 GS

3.7.1　汽车二自由度垂向动力学建模与仿真

1）以汽车悬架为研究对象，构建车辆质量 - 弹簧 - 阻尼二自由度振动系统的动力学方程。

2）在 MATLAB/Simulink 中搭建汽车二自由度振动的仿真模型，分别调整阻尼、外部激振力，观察该二自由度振动系统的响应曲线变化。

建立汽车二自由度有阻尼受迫振动系统，如图 3-28 所示。

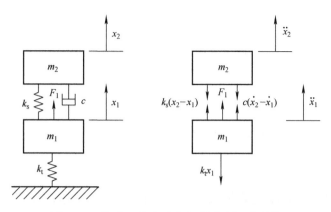

图 3-28 汽车二自由度有阻尼受迫振动系统

如图 3-28 所示，该振动模型的动力学方程为

$$\begin{cases} m_1\ddot{x}_1 + c(\dot{x}_1 - \dot{x}_2) + k_s(x_1 - x_2) + k_t x_1 = F_1 \\ m_2\ddot{x}_2 + c(\dot{x}_2 - \dot{x}_1) + k_s(x_2 - x_1) = 0 \end{cases} \qquad (3\text{-}118)$$

将上述微分方程表示为矩阵形式如下：

$$\boldsymbol{M}\ddot{\boldsymbol{x}} + \boldsymbol{C}\dot{\boldsymbol{x}} + \boldsymbol{K}\boldsymbol{x} = \boldsymbol{F} \qquad (3\text{-}119)$$

式中，$\boldsymbol{M} = \begin{bmatrix} m_1 & 0 \\ 0 & m_2 \end{bmatrix}$；$\boldsymbol{C} = \begin{bmatrix} c & -c \\ -c & c \end{bmatrix}$；$\boldsymbol{K} = \begin{bmatrix} k_s + k_t & -k_s \\ -k_s & k_s \end{bmatrix}$；$\boldsymbol{F} = \begin{Bmatrix} F_1 \\ 0 \end{Bmatrix}$；$\boldsymbol{x} = \begin{pmatrix} x_1 \\ x_2 \end{pmatrix}$。

根据式（3-119）建立汽车二自由度有阻尼受迫振动系统仿真模型，如图 3-29 所示。

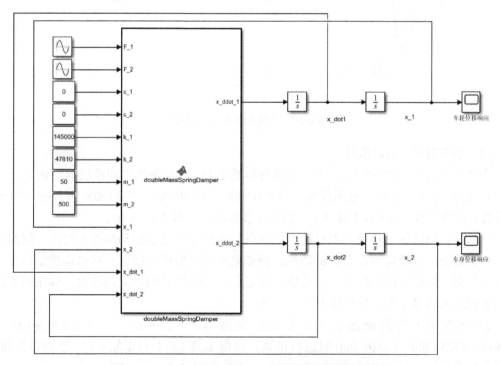

图 3-29 汽车二自由度有阻尼受迫振动系统仿真模型

Function 函数代码如下：

```
1  function [x_ddot_1,x_ddot_2] = doubleMassSpringDamper(F_1,F_2,c_1,c_2,k_1,k_2,m_1,m_2,x_1,x_2,x_dot_1,x_dot_2)
2  %#codegen
3
4  %    This function was generated by the Symbolic Math Toolbox version 8.6.
5  %    19-Nov-2020 15:46:02
6
7  x_ddot_1 = -(-F_1+c_1.*x_dot_1+k_1.*x_1+c_2.*(x_dot_1-x_dot_2)+k_2.*(x_1-x_2))./m_1;
8  if nargout > 1
9      x_ddot_2 = (F_2+c_2.*(x_dot_1-x_dot_2)+k_2.*(x_1-x_2))./m_2;
10 end
```

运行图 3-29 的 Simulink 仿真模型，可得车轮与车身位移响应如图 3-30 所示。

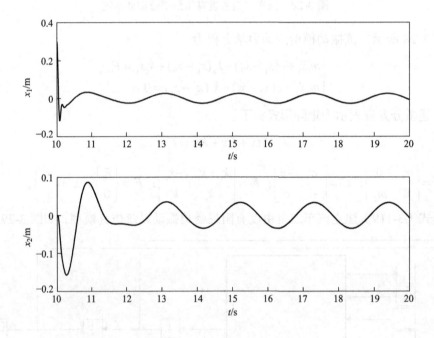

图 3-30　车轮与车身位移响应

（1）悬架阻尼 c 为定值时

当悬架阻尼 c = 2000N·s/m 时，调节外界激振力，观察振动响应曲线的变化。

1）激振力 F 为常数。分别在激振力 F=1500N、F=3000N、F=4500N 和 F=6000N 时进行仿真，可得车身（x_1）和车轮（x_2）垂向位移曲线，如图 3-31 所示。

汽车二自由度振动模型的振动响应曲线由瞬态振动和稳态振动两部分组成。**瞬态振动**为一个衰减振动，随着激振力 F 的增加，瞬态振动的幅值逐渐增加；**在稳态振动阶段**，系统趋于平衡，振动位移响应为一个定值，该定值随着外界 F 的增大而增大，即振动响应曲线随 F 的增大而呈现出一种整体上移的趋势。

2）激振力 F 为简谐激振力。分别在激振力 F = 2500sin1.5t、F = 2500sin3t、F = 2500sin5.4923t 和 F = 2500sin8t 时进行仿真，可得车身（x_1）和车轮（x_2）垂向位移曲线，如图 3-32 所示。

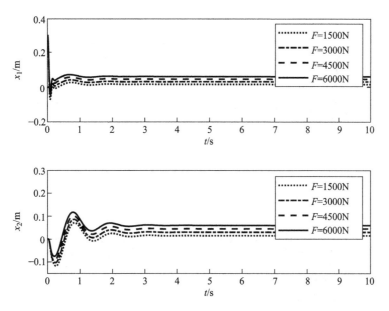

图 3-31 不同常数激振力下车轮与车身垂向位移曲线

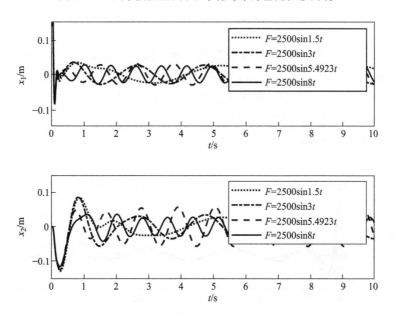

图 3-32 不同简谐激振力下车轮与车身垂向位移曲线

汽车二自由度振动模型的瞬态振动仍为一个衰减振动，稳态振动的频率随着激振力 F 频率的增加而增加。随着 F 的频率逐渐接近共振频率，稳态振动的幅值接近最大值，在 $\omega = 5.4923$ 附近达到最大值。

（2）激振力 F 为定值时

当外界激振力为定值时，调节悬架阻尼，观察振动响应曲线的变化。

1）激振力 F 为 2000N 时，分别在阻尼 $c = 2000\text{N}\cdot\text{s/m}$、$c = 4000\text{N}\cdot\text{s/m}$、$c = 6000\text{N}\cdot\text{s/m}$ 和 $c = 8000\text{N}\cdot\text{s/m}$ 时进行仿真，可得车身（x_1）和车轮（x_2）垂向位移曲线，

如图 3-33 所示。

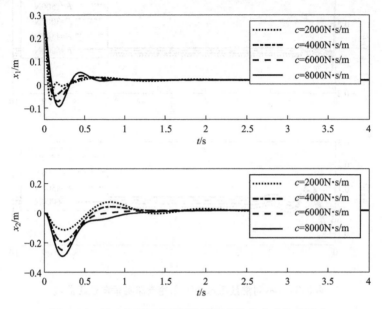

图 3-33 $F=2000N$ 时不同阻尼下车轮与车身位移响应

当 $c=0$ 时，振动系统为无阻尼受迫振动系统，振动响应是一个周期振动；当 $c \neq 0$ 时，振动系统为有阻尼受迫振动系统，振动响应由瞬态振动和稳态振动两部分组成。随着 c 的增大，稳态振动的幅值不变，瞬态振动的衰减速度逐渐加快。

2) 当简谐激振力 F 为 $2000\sin6t$ 时，分别在阻尼 $c=2000N·s/m$、$c=4000N·s/m$、$c=6000N·s/m$ 和 $c=8000N·s/m$ 时进行仿真，可得车身（x_1）和车轮（x_2）垂向位移曲线，如图 3-34 所示。

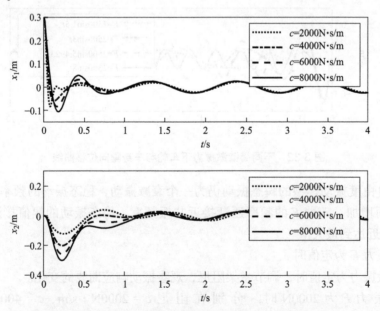

图 3-34 $F=2000\sin6t$ 时不同阻尼下车轮与车身位移响应

当激振力 F 为简谐激励时,汽车二自由度振动系统的稳态振动是一个振动频率与激振力频率相同的简谐振动;当 $c=0$ 时,振动系统为无阻尼受迫振动系统,振动响应是一个由两种简谐振动合成的周期振动;当 $c\neq0$ 时,振动系统为有阻尼受迫振动系统。随着 c 的增大,稳态振动的幅值和频率保持不变,瞬态振动的衰减速度逐渐加快。

3.7.2 汽车二自由度垂向动力学控制与仿真

1)以汽车主动悬架为研究对象,构建车辆质量-弹簧-阻尼二自由度振动系统的动力学方程。

2)在 MATLAB/Simulink 中搭建汽车二自由度振动的仿真模型,分别调整阻尼、外部激振力,观察该二自由度振动系统的响应曲线变化。

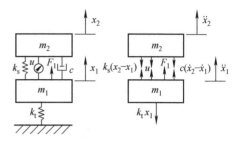

图 3-35 汽车二自由度有阻尼振动系统

汽车二自由度有阻尼振动系统如图 3-35 所示。

如图 3-35 所示,汽车二自由度有阻尼振动系统模型的动力学方程为

$$\begin{cases} m_1\ddot{x}_1 + c(\dot{x}_1 - \dot{x}_2) + k_s(x_1 - x_2) + k_t x_1 = F_1 + u \\ m_2\ddot{x}_2 + c(\dot{x}_2 - \dot{x}_1) + k_s(x_2 - x_1) = -u \end{cases} \quad (3\text{-}120)$$

对上述微分方程移项处理后可得形式如下:

$$\begin{cases} \ddot{x}_1 = -\dfrac{k_s + k_t}{m_1}x_1 - \dfrac{c}{m_1}\dot{x}_1 + \dfrac{k_s}{m_1}x_2 + \dfrac{c}{m_1}\dot{x}_2 + \dfrac{F_1}{m_1} + \dfrac{u}{m_1} \\ \ddot{x}_2 = \dfrac{k_s}{m_2}x_1 + \dfrac{c}{m_2}\dot{x}_1 - \dfrac{k_s}{m_2}x_2 - \dfrac{c}{m_2}\dot{x}_2 - \dfrac{u}{m_2} \end{cases} \quad (3\text{-}121)$$

式中,m_1 为汽车车轮质量(kg);m_2 为汽车车身质量(kg);k_s 为汽车悬架弹簧刚度(N/m);k_t 为汽车轮胎弹簧刚度(N/m);c 为汽车悬架阻尼系数(N·s/m);x_1 为车轮相对于静平衡位置的时变位移(m);x_2 为车身相对于静平衡位置的时变位移(m)。

取 $\boldsymbol{X}=\begin{bmatrix}x_1 & x_1 & x_2 & x_3\end{bmatrix}^{\mathrm{T}}=\boldsymbol{Y}$,建立状态方程如下:

$$\begin{cases} \dot{\boldsymbol{X}} = \boldsymbol{AX} + \boldsymbol{BU} + \boldsymbol{EW} \\ \boldsymbol{Y} = \boldsymbol{CX} + \boldsymbol{DU} \end{cases} \quad (3\text{-}122)$$

式中,$\boldsymbol{U}=[u]$,$\boldsymbol{W}=[F_1]$;$\boldsymbol{A}=\begin{bmatrix} 0 & 1 & 0 & 0 \\ -\dfrac{k_s+k_t}{m_1} & -\dfrac{c}{m_1} & \dfrac{k_s}{m_1} & \dfrac{c}{m_1} \\ 0 & 0 & 0 & 1 \\ \dfrac{k_s}{m_2} & \dfrac{c}{m_2} & -\dfrac{k_s}{m_2} & -\dfrac{c}{m_2} \end{bmatrix}$;$\boldsymbol{B}=\begin{bmatrix} 0 \\ \dfrac{1}{m_1} \\ 0 \\ -\dfrac{1}{m_2} \end{bmatrix}$;$\boldsymbol{E}=\begin{bmatrix} 0 \\ \dfrac{1}{m_1} \\ 0 \\ 0 \end{bmatrix}$;

$\boldsymbol{C}=\begin{bmatrix} 1 & 0 & 0 & 0 \\ 0 & 1 & 0 & 0 \\ 0 & 0 & 1 & 0 \\ 0 & 0 & 0 & 1 \end{bmatrix}$;$\boldsymbol{D}=\begin{bmatrix} 0 & 0 \\ 0 & 0 \\ 0 & 0 \\ 0 & 0 \end{bmatrix}$。

根据式（3-122）搭建汽车二自由度有阻尼受迫振动系统仿真模型，如图 3-36 所示。

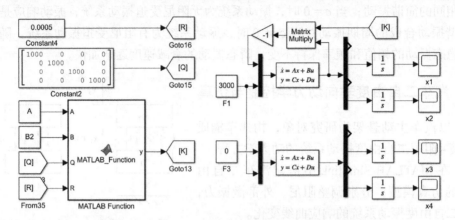

图 3-36　汽车二自由度有阻尼受迫振动系统仿真模型

Function 函数如下：

```
1    function y= MATLAB_Function(A,B,Q,R)
2    y = zeros(1,4);
3    coder.extrinsic('lqr');
4    [K,P]=lqr(A,B,Q,R);
5    y = K;
```

汽车二自由度有阻尼受迫振动系统车轮与车身位移响应如图 3-37 所示。

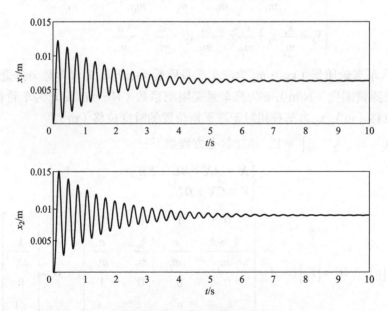

图 3-37　车轮与车身位移响应

（1）悬架阻尼 c 为定值时

当 $c = 2000\text{N}\cdot\text{s/m}$ 时，调节外界激振力，观察振动响应曲线的变化。

1）当激振力 F 为常数时，不同常数激振力下车轮与车身位移响应如图 3-38 所示。

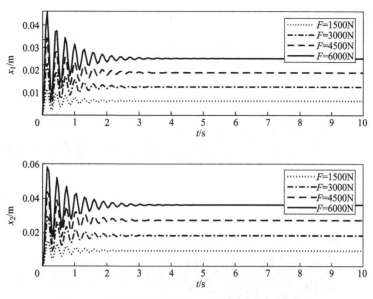

图 3-38 不同常数激振力下车轮与车身位移响应

如图 3-38 所示,汽车二自由度振动模型的振动响应曲线由瞬态振动和稳态振动两部分组成,瞬态振动为衰减振动。当激振力 F 为常数时,随着 F 的增加,瞬态振动的幅值逐渐增加;在稳态振动阶段,系统趋于平衡,振动位移响应为一个定值。该定值随着外界激振力 F 的增大而增大,即振动响应曲线随 F 的增大而呈现出一种整体上移的趋势。

2)当激振力 F 为简谐激振力时,不同简谐激振力下车轮与车身位移响应如图 3-39 所示。

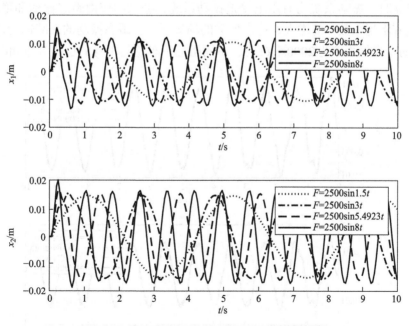

图 3-39 不同简谐激振力下车轮与车身位移响应

如图 3-39 所示,汽车二自由度振动模型的瞬态振动仍为一个衰减振动,稳态振动的频率随着 F 频率的增加而增加。随着 F 的频率逐渐接近共振频率,稳态振动的幅值逐渐接近最大值。

（2）当激振力 F 为定值时

当外界激振力为定值时，调节悬架阻尼，观察振动响应曲线的变化。

1）当激振力常数 $F=2000\mathrm{N}$ 时，不同阻尼下车轮与车身的位移响应如图3-40所示。

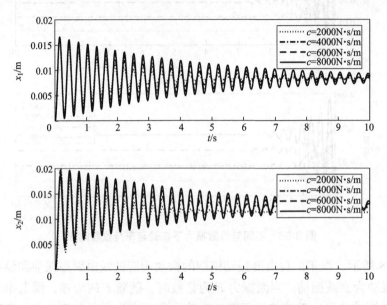

图3-40 $F=2000\mathrm{N}$ 时不同阻尼下车轮与车身位移响应

如图3-40所示，当 $c=0$ 时，振动系统为无阻尼受迫振动系统，振动响应是一个周期振动；当 $c\neq 0$ 时，振动系统为有阻尼受迫振动系统，振动响应由瞬态振动和稳态振动两部分组成；随着阻尼系数 c 的增大，稳态振动的幅值不变，瞬态振动的衰减速度逐渐加快。

2）当简谐激振力 F 为 $2000\sin 6t$ 时，不同阻尼下车轮与车身的位移响应如图3-41所示。

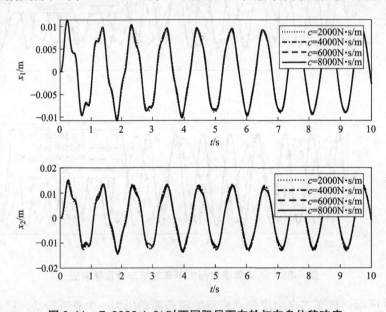

图3-41 $F=2000\sin 6t$ 时不同阻尼下车轮与车身位移响应

如图 3-41 所示,当激振力 F 为简谐激励时,汽车二自由度振动系统的稳态振动是一个振动频率与激振力频率相同的简谐振动;当阻尼系数 $c=0$ 时,振动系统为无阻尼受迫振动系统,振动响应是由两种简谐振动合成的周期振动;当 $c \neq 0$ 时,振动系统为有阻尼受迫振动系统。随着阻尼系数 c 的增大,稳态振动的幅值和频率保持不变,瞬态振动的衰减速度逐渐加快。

3.7.3 汽车二自由度侧向动力学建模与仿真

1)以汽车二自由度动力学模型为研究对象,构建车辆系统动力学方程。

2)在 MATLAB/Simulink 中搭建汽车二自由度动力学仿真模型,在仿真时间 0s 时给前轮一个阶跃信号,使前轮转角从 0° 转到 10°,并保持不变。分别调整车辆纵向车速,观察该二自由度动力学系统的响应曲线变化。

汽车运动分析如图 3-42 所示。

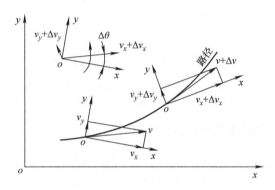

图 3-42 汽车运动分析

注:OXY 为大地坐标系,oxy 为车辆坐标系

车辆沿 ox 轴上速度分量的变化为

$$\begin{aligned}\Delta v_{ox} &= (v_x + \Delta v_x)\cos\Delta\theta - v_x - (v_y + \Delta v_y)\sin\Delta\theta \\ &= v_x\cos\Delta\theta + \Delta v_x\cos\Delta\theta - v_x - v_y\sin\Delta\theta - \Delta v_y\sin\Delta\theta\end{aligned} \quad (3\text{-}123)$$

考虑到 $\Delta\theta$ 很小并忽略二阶微量,式(3-123)可化简为

$$\Delta v_{ox} = \Delta v_x - v_y\Delta\theta \quad (3\text{-}124)$$

对式(3-124)除以 Δt 并取极限,便得到汽车质心绝对加速度在车辆坐标系 ox 轴上的分量:

$$a_x = \frac{dv_x}{dt} = \lim_{\Delta t \to 0}\frac{\Delta v_x - v_y\Delta\theta}{\Delta t} = \dot{v}_x - v_y r \quad (3\text{-}125)$$

同理,车辆沿 oy 轴上速度分量的变化为

$$\begin{aligned}\Delta v_{oy} &= (v_x + \Delta v_x)\sin\Delta\theta - v_y - (v_y + \Delta v_y)\cos\Delta\theta \\ &= v_x\sin\Delta\theta + \Delta v_x\sin\Delta\theta - v_y - v_y\cos\Delta\theta - \Delta v_y\cos\Delta\theta\end{aligned} \quad (3\text{-}126)$$

考虑到 $\Delta\theta$ 很小并忽略二阶微量，式（3-126）化简为

$$\Delta v_{oy} = v_x \Delta\theta + \Delta v_y \tag{3-127}$$

对式（3-127）除以 Δt 并取极限，便得到汽车质心绝对加速度在车辆坐标系 oy 轴上的分量：

$$a_y = \frac{\mathrm{d}v_y}{\mathrm{d}t} = \lim_{\Delta t \to 0} \frac{v_x \Delta\theta + \Delta v_y}{\Delta t} = v_x r + \dot{v}_y \tag{3-128}$$

汽车二自由度动力学模型如图 3-43 所示。

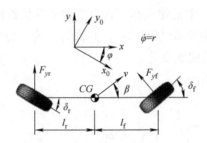

图 3-43　汽车二自由度动力学模型

CG — 车辆质心　β — 质心侧偏角　l_f — 车辆质心到前轴的距离　l_r — 车辆质心到后轴的距离　δ_f — 车辆前轮转向角　v — 车辆纵向行驶速度　F_{yf} — 前轮侧向力　F_{yr} — 后轮侧向力　r — 横摆率　φ — 横摆角

如图 3-43 所示，二自由度模型动力学方程为

$$\begin{cases} ma_y = F_{yf} \cos\delta_f + F_{yr} \cos\delta_r \\ I_z \dot{r} = l_f F_{yf} \cos\delta_f - l_r F_{yr} \cos\delta_r \end{cases} \tag{3-129}$$

将式（3-128）代入式（3-129）得

$$\begin{cases} m(\dot{v}_y + v_x r) = F_{yf} \cos\delta_f + F_{yr} \cos\delta_r \\ I_z \dot{r} = l_f F_{yf} \cos\delta_f - l_r F_{yr} \cos\delta_r \end{cases} \tag{3-130}$$

提出 v_x 并化简可得新动力学方程

$$\begin{cases} mv_x(\dot{\beta} + r) = F_{yf} \cos\delta_f + F_{yr} \cos\delta_r \\ I_z \dot{r} = l_f F_{yf} \cos\delta_f - l_r F_{yr} \cos\delta_r \end{cases} \tag{3-131}$$

式中，$\beta = \dfrac{v_y}{v_x}$。

假设轮胎侧偏角较小，轮胎侧向力与轮胎侧滑角之间的关系为

$$\begin{cases} F_{yf} = k_f \left(\beta + \dfrac{l_f r}{v_x} - \delta_f \right) \\ F_{yr} = k_r \left(\beta - \dfrac{l_r r}{v_x} - \delta_r \right) \end{cases} \tag{3-132}$$

将式（3-132）代入式（3-131）可得

$$\begin{cases} mv_x(\dot{\beta}+r) = k_f\left(\beta+\dfrac{l_f r}{v_x}-\delta_f\right) + k_r\left(\beta-\dfrac{l_r r}{v_x}-\delta_r\right) \\ I_z\dot{r} = l_f k_f\left(\beta+\dfrac{l_f r}{v_x}-\delta_f\right) - l_r k_r\left(\beta-\dfrac{l_r r}{v_x}-\delta_r\right) \end{cases} \quad (3\text{-}133)$$

整理式（3-133）并化简为

$$\begin{cases} \dot{\beta} = \dfrac{k_f+k_r}{mv_x}\beta + \left(\dfrac{k_f l_f - k_r l_r}{mv_x v_x}-1\right)r + \dfrac{-k_f}{mv_x}\delta_f + \dfrac{-k_r}{mv_x}\delta_r \\ \dot{r} = \dfrac{l_f k_f - l_r k_r}{I_z}\beta + \left(\dfrac{k_f l_f^2 + k_r l_r^2}{I_z v_x}\right)r + \dfrac{-l_f k_f}{I_z}\delta_f + \dfrac{l_r k_r}{I_z}\delta_r \end{cases} \quad (3\text{-}134)$$

整理为状态方程：

$$\begin{bmatrix}\dot{\beta}\\ \dot{r}\end{bmatrix} = \begin{bmatrix}a_{11} & a_{12}\\ a_{21} & a_{22}\end{bmatrix}\begin{bmatrix}\beta\\ r\end{bmatrix} + \begin{bmatrix}b_{11} & b_{12}\\ b_{21} & b_{22}\end{bmatrix}\begin{bmatrix}\delta_f\\ \delta_r\end{bmatrix} \quad (3\text{-}135)$$

式中，$a_{11}=\dfrac{k_f+k_r}{mv_x}$；$a_{12}=\dfrac{k_f l_f - k_r l_r}{mv_x v_x}-1$；$a_{21}=\dfrac{l_f k_f - l_r k_r}{I_z}$；$a_{22}=\dfrac{k_f l_f^2 + k_r l_r^2}{I_z v_x}$；$b_{11}=\dfrac{-k_f}{mv_x}$；$b_{12}=\dfrac{-k_r}{mv_x}$；$b_{21}=\dfrac{-l_f k_f}{I_z}$；$b_{22}=\dfrac{l_r k_r}{I_z}$。

整理为状态空间方程：

$$\begin{cases}\dot{\boldsymbol{x}} = \boldsymbol{A}\boldsymbol{x} + \boldsymbol{B}\boldsymbol{u}\\ \boldsymbol{y} = \boldsymbol{C}\boldsymbol{x}\end{cases} \quad (3\text{-}136)$$

式中，$\boldsymbol{x}=[\beta,r]^T$；$\boldsymbol{A}=\begin{bmatrix}a_{11} & a_{12}\\ a_{21} & a_{22}\end{bmatrix}$；$\boldsymbol{B}=\begin{bmatrix}b_{11} & b_{12}\\ b_{21} & b_{22}\end{bmatrix}$；$\boldsymbol{u}=[\delta_f,\delta_r]^T$；$\boldsymbol{C}=\begin{bmatrix}1 & 0\\ 0 & 1\end{bmatrix}$。

对状态方程进行拉普拉斯变换得

$$\begin{bmatrix}s-a_{11} & -a_{12}\\ -a_{21} & s-a_{22}\end{bmatrix}\begin{bmatrix}\beta(s)\\ r(s)\end{bmatrix} = \begin{bmatrix}b_{11} & b_{12}\\ b_{21} & b_{22}\end{bmatrix}\begin{bmatrix}\delta_f(s)\\ \delta_r(s)\end{bmatrix} \quad (3\text{-}137)$$

可得汽车质心侧偏角的传递函数为

$$G_\beta(s) = \dfrac{b_{11}s + a_{12}b_{21} - a_{22}b_{11}}{s^2-(a_{11}+a_{22})s+a_{11}a_{22}-a_{12}a_{21}}\delta_f(s) + \dfrac{b_{12}s + a_{12}b_{22} - a_{22}b_{12}}{s^2-(a_{11}+a_{22})s+a_{11}a_{22}-a_{12}a_{21}}\delta_r(s) \quad (3\text{-}138)$$

汽车横摆角速度的传递函数为

$$G_r(s) = \dfrac{b_{21}s + a_{21}b_{11} - a_{11}b_{21}}{s^2-(a_{11}+a_{22})s+a_{11}a_{22}-a_{12}a_{21}}\delta_f(s) + \dfrac{b_{22}s + a_{21}b_{12} - a_{11}b_{22}}{s^2-(a_{11}+a_{22})s+a_{11}a_{22}-a_{12}a_{21}}\delta_r(s) \quad (3\text{-}139)$$

转向系统若采用前轮转向角比例控制，控制目标是稳态质心侧偏角为零，则后轮转向角为

$$\delta_r = G\delta_f$$
$$\delta_r(s) = G\delta_f(s)$$
（3-140）

式中，G 为前后轮转向角之比。

将后轮转向角带入汽车质心侧偏角的传递函数为

$$\frac{G_\beta(s)}{\delta_f(s)} = \frac{(b_{11}+Gb_{12})s + a_{12}(b_{21}+Gb_{22}) - a_{22}(b_{11}+Gb_{12})}{s^2 - (a_{11}+a_{22})s + a_{11}a_{22} - a_{12}a_{21}}$$
（3-141）

将后轮转向角带入汽车横摆角速度的传递函数为

$$\frac{G_r(s)}{\delta_f(s)} = \frac{(b_{21}+Gb_{22})s + a_{21}(b_{11}+Gb_{12}) - a_{11}(b_{21}+Gb_{22})}{s^2 - (a_{11}+a_{22})s + a_{11}a_{22} - a_{12}a_{21}}$$
（3-142）

汽车稳态行驶时，横摆角速度为定值，微分项为零。通过将状态方程微分项置零可得：

$$\begin{bmatrix}\beta\\r\end{bmatrix} = -\begin{bmatrix}a_{11}&a_{12}\\a_{21}&a_{22}\end{bmatrix}^{-1}\begin{bmatrix}b_{11}+b_{12}G\\b_{21}+b_{22}G\end{bmatrix}\delta_f$$
（3-143）

则稳态质心侧偏角为

$$\beta = \frac{\begin{vmatrix}b_{11}+Gb_{12}&a_{12}\\b_{21}+Gb_{22}&a_{22}\end{vmatrix}}{\begin{vmatrix}a_{11}&a_{12}\\a_{21}&a_{22}\end{vmatrix}}\delta_f$$
（3-144）

为使稳态侧偏角始终为零，应有

$$\begin{vmatrix}b_{11}+Gb_{12}&a_{12}\\b_{21}+Gb_{22}&a_{22}\end{vmatrix} = 0$$
（3-145）

化简式（3-145）得前后轮转向角之比 G 为

$$G = \frac{a_{12}b_{21} - a_{22}b_{11}}{a_{22}b_{12} - a_{12}b_{22}} = \frac{mv_x^2 l_f k_f + (l_f+l_r)l_r k_f k_r}{mv_x^2 l_r k_r - (l_f+l_r)l_f k_f k_r}$$
（3-146）

若根据式（3-146）设定前后轮转向角之比，就可以保证汽车稳态行驶时的质心侧偏角为零，它随汽车的行驶速度变化而变化。低速时 G 值为负，前、后各轮转动方向相反，这可以减小转弯半径，提高汽车的操纵灵活性；高速时 G 值为正，前、后各轮转动方向相同。研究表明，在这样的 G 值下，侧向加速度响应时间缩短，其增益大幅度减小。该系统也称为车速感应型四轮转向系统。

质心侧偏角 β 响应曲线如图 3-44 所示。

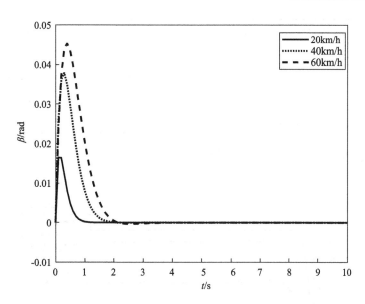

图 3-44 质心侧偏角 β 响应曲线

如图 3-44 所示，在经过一定时间后，汽车质心侧偏角趋于 0°。并且随着速度增大，趋于 0 所需要的时间变长。

质心侧偏角曲线绘制程序如下：

1	clc	
2	clear	
3	figure(1);	新建图窗
4	hold on;	图窗保持
5	m=2050; Iz=5600; lf=1.5; lr=1.8; L=lf+lr; kf= -38900; kr= -39200;	汽车参数赋值
6	u=[20/3.6 40/3.6 60/3.6];t=0:0.1:10;	设置速度范围和响应时间
7	for i=1:3	设置循环
8	a11=(kf+kr)/m/u(i);a12=(lf*kf-lr*kr-m*u(i)^2)/m/u(i)^2;	计算空间方程系数
9	a21=(lf*kf-lr*kr)/Iz;a22=(lf^2*kf+lr^2*kr)/Iz/u(i);	计算空间方程系数
10	b11=-kf/m/u(i);b21=-lf*kf/Iz;b12=-kr/m/u(i);b22=lr*kr/Iz;	计算空间方程系数
11	G=(m*lf*kf*u(i)^2+lr*L*kf*kr)/(m*lr*kr*u(i)^2-lf*L*kf*kr);	计算前后轮转向角之比
12	b1=b11+G*b12;b2=a12.*(b21+G*b22)-a22.*(b11+G*b12);	计算传递函数各项系数
	b3=-a11-a22;b4=a11.*a22-a12.*a21;	计算传递函数各项系数
13	num=[b1,b2];	传递函数分子多项式系数
14	den=[1,b3,b4];	传递函数分母多项式系数
15	Go=step(num,den,t);	计算传递函数
16	Go1=Go*pi./18;	计算质心侧偏角响应
17	gss='- :--';	定义线型

18	plot(t,Go1,[gss(2*i-1) gss(2*i)] ,'linewidth',2)	绘制质心侧偏角响应曲线
19	end	循环结束
20	xlabel(' 时间 /s')	x 轴标注
21	ylabel(' 质心侧偏角 /rad')	y 轴标注
22	legend('20km/h','40km/h','60km/h')	图例标注

横摆角速度 r 响应曲线如图 3-45 所示。

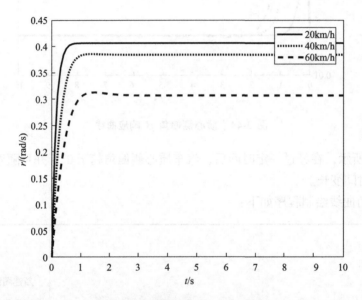

图 3-45　横摆角速度 r 响应曲线

如图 3-45 所示，速度越高，最大横摆角速度越小，而且达到稳态值所用的时间越长。这是因为高速时，前、后转向角之比为正值，前、后转向轮转动方向相同，使横摆角速度减小；低速时，前、后转向角之比为负值，前、后转向轮转动方向相反，使横摆角速度增大。

横摆角速度曲线绘制程序如下：

1	clc	
2	clear	
3	figure(1);	新建图窗
4	hold on;	图窗保持
5	m=2050; Iz=5600; lf=1.5; lr=1.8;L=lf+lr; kf=−38900; kr=−39200;	汽车参数赋值
6	u=[20/3.6 40/3.6 60/3.6];t=0:0.1:10;	% 设置速度范围和时间步长
7	for i=1:3	设置循环

8	a11=(kf+kr)/m/u(i);a12=(kf*lf-kr*lr)/m/u(i)/u(i)-1;	计算空间方程系数
9	a21=(kf*lf-kr*lr)/Iz;a22=(kf*lf*lf+kr*lr*lr)/Iz/u(i);	计算空间方程系数
	b11=-kf/m/u(i);b21=-lf*kf./Iz;b12=-kr./m/u(i);b22=lr*kr./Iz;	计算空间方程系数
10	G=(m*lf*kf*u(i)^2+lr*L*kf*kr)/(m*lr*kr*u(i)^2-lf*L*kf*kr);	计算前后轮转向角之比
11	b1=b21+G*b22;b2= a21*(b11+G*b12)-a11*(b21+G*b22);	计算传递函数各项系数
12	b3=-a11-a22;b4=a11*a22-a12*a21;	计算传递函数各项系数
13	num=[b1,b2];	传递函数分子多项式系数
14	den=[1,b3,b4];	传递函数分母多项式系数
15	Go=step(num,den,t);	计算传递函数
16	Go1=Go*pi./18;	计算横摆角速度响应
17	gss='- :--';	定义线型
18	plot(t,Go1,[gss(2*i-1) gss(2*i)],'linewidth',2)	绘制横摆角速度响应曲线
19	end	循环结束
20	xlabel(' 时间 /s')	x 轴标注
21	ylabel(' 横摆角速度 /(rad/s)')	y 轴标注
22	legend('20km/h','40km/h','60km/h')	图例标注

利用 MATLAB/Simulink 搭建汽车二自由度动力学仿真模型, 如图 3-46 所示。

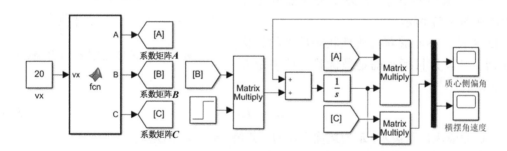

图 3-46 汽车二自由度动力学 Simulink 仿真模型

Function 函数如下:

```
1  function [A,B,C]= fcn(vx)
2    m=2050;Iz=5600;lf=1.5;lr=1.8;kf=-38900;kr=-39200;
3    A=[(kf+kr)/m/vx, (kf*lf-kr*lr)/m/vx/vx-1;
4       (kf*lf-kr*lr)/Iz, (kf*lf*lf+kr*lr*lr)/Iz/vx];
5    B=[-kf/m/vx;-kf*lf/Iz];
6    C=[1,0;0,1];
```

阶跃信号赋值如下:

```
Step
Output a step.

Main    Signal Attributes
Step time:
0.01
Initial value:
0
Final value:
pi/18
Sample time:
0
☑ Interpret vector parameters as 1-D
☑ Enable zero-crossing detection
```

3.7.4 汽车二自由度侧向动力学控制与仿真

车辆稳定性控制系统能够有效提高车辆横摆稳定性，其中附加横摆力矩算法是控制系统的核心，利用直接偏航力矩控制系统控制侧向动力学模型的方法也得到了广泛的研究和应用。

在本节中，将利用 LQR 控制器建立基于直接偏航力矩控制思想的模型控制系统。

1. 控制器设计

线性二次型调节器（LQR）控制器的工作流程图如图 3-47 所示。

LQR 是一种能够获得线性状态反馈的最优控制器。其设计目标是确定最优状态反馈矩阵 K，使得

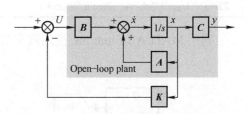

图 3-47 LQR 控制器的工作流程图

$$U = -Kx \quad (3-147)$$

式中，U 为最优控制输入；K 为最优反馈增益矩阵；x 为向量误差。

考虑附加转矩的汽车二自由度动力学模型如图 3-48 所示。

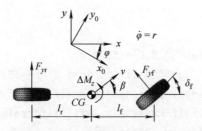

图 3-48 考虑附加转矩的汽车二自由度动力学模型（参数含义与 3.7.3 节一致）

ΔM_z —附加横摆转矩

汽车二自由度无附加转矩的动力学方程为

$$\begin{bmatrix} \dot{\beta} \\ \dot{r} \end{bmatrix} = \begin{bmatrix} a_{11} & a_{12} \\ a_{21} & a_{22} \end{bmatrix} \begin{bmatrix} \beta \\ r \end{bmatrix} + \begin{bmatrix} b_{11} \\ b_{21} \end{bmatrix} \delta_f \tag{3-148}$$

式中，$a_{11} = \dfrac{k_f + k_r}{mv_x}$；$a_{12} = \dfrac{k_f l_f - k_r l_r}{mv_x^2} - 1$；$a_{21} = \dfrac{k_f l_f - k_r l_r}{I_z}$；$a_{22} = \dfrac{k_f l_f^2 + k_r l_r^2}{I_z v_x}$；$b_{11} = -\dfrac{k_f}{mv_x}$；$b_{21} = -\dfrac{k_f l_f}{I_z}$。

车辆达到稳定状态时的理想状态（$\dot{\beta} = 0, \dot{r} = 0$）为

$$\begin{bmatrix} 0 \\ 0 \end{bmatrix} = \begin{bmatrix} a_{11} & a_{12} \\ a_{21} & a_{22} \end{bmatrix} \begin{bmatrix} \beta \\ r \end{bmatrix} + \begin{bmatrix} b_{11} \\ b_{21} \end{bmatrix} \delta_f \tag{3-149}$$

根据式（3-149），消除 r 可以得到 β 的参考轨迹 β_d：

$$\beta_d = \left(\dfrac{l_r}{v_x^2} + \dfrac{m l_f}{k_r (l_f + l_r)} \right) \dfrac{v_x^2}{(l_f + l_r)(1 + k_{us} v_x^2)} \delta_f \tag{3-150}$$

式中，$k_{us} = \dfrac{m}{L^2} \left(\dfrac{l_f}{k_r} - \dfrac{l_r}{k_f} \right)$。

同理，消除 β 可以得到 r 的参考轨迹 r_d

$$r_d = \dfrac{v_x}{(l_f + l_r)(1 + k_{us} v_x^2)} \delta_f \tag{3-151}$$

汽车二自由度有附加转矩的动力学方程为

$$\begin{bmatrix} \dot{\beta} \\ \dot{r} \end{bmatrix} = \begin{bmatrix} a_{11} & a_{12} \\ a_{21} & a_{22} \end{bmatrix} \begin{bmatrix} \beta \\ r \end{bmatrix} + \begin{bmatrix} b_{11} \\ b_{21} \end{bmatrix} \delta_f + \begin{bmatrix} c_{11} \\ c_{21} \end{bmatrix} \Delta M_z \tag{3-152}$$

式中，$c_{11} = 0$；$c_{21} = -\dfrac{1}{I_z}$。

式（3-152）减去式（3-149），可得

$$\begin{bmatrix} \Delta \dot{\beta} \\ \Delta \dot{r} \end{bmatrix} = \begin{bmatrix} a_{11} & a_{12} \\ a_{21} & a_{22} \end{bmatrix} \begin{bmatrix} \Delta \beta \\ \Delta r \end{bmatrix} + \begin{bmatrix} c_{11} \\ c_{21} \end{bmatrix} \Delta M_z \tag{3-153}$$

令 $\boldsymbol{x} = \begin{bmatrix} \Delta \beta & \Delta r \end{bmatrix}^T$，$u = \Delta M_z$，则

$$\dot{\boldsymbol{x}} = \begin{bmatrix} a_{11} & a_{12} \\ a_{21} & a_{22} \end{bmatrix} \boldsymbol{x} + \begin{bmatrix} c_{11} \\ c_{21} \end{bmatrix} u \tag{3-154}$$

根据 LQR 控制原理，可以得到最优反馈增益矩阵为

$$\boldsymbol{K} = \boldsymbol{R}^{-1} \boldsymbol{B}^T \boldsymbol{P} \tag{3-155}$$

式中，$\boldsymbol{P}$ 为正定常数矩阵；$\boldsymbol{R}$ 为 $\boldsymbol{u}$ 的加权矩阵。满足如下 Ricarte 矩阵代数方程

$$\boldsymbol{P}\boldsymbol{A} + \boldsymbol{A}^T \boldsymbol{P} - \boldsymbol{P}\boldsymbol{B}\boldsymbol{R}^{-1}\boldsymbol{B}^T \boldsymbol{P} + \boldsymbol{Q} = \boldsymbol{0} \tag{3-156}$$

式中，$\boldsymbol{Q}$ 为 $\boldsymbol{x}$ 的加权矩阵。

车辆动力学模型的最优控制输入为

$$U = -Kx = -K\begin{bmatrix}\Delta\beta \\ \Delta r\end{bmatrix} \quad (3\text{-}157)$$

此外，设置输入曲线函数为

$$\delta_\mathrm{f} = \begin{cases} 0.05\sin[(0.5t-10)\pi/3], & 8 \leqslant t \leqslant 32 \\ -0.09\sin[(0.5t-20)\pi/10], & 40 \leqslant t \leqslant 100 \\ 0, & \text{其他} \end{cases} \quad (3\text{-}158)$$

2. Simulink 建模

Simulink 模型输入参数定义程序如下：

1	clc; clear;	% 清除历史数据
2	m=2050;I_z=5600;L_f=1.5;L_r=1.8;L=L_f+L_r;K_f=-38900;K_r=-39200;v_x=25;kus=0.035;	% 参数定义

输入和参考曲线建模如图 3-49 所示。

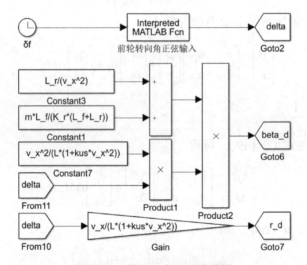

图 3-49　输入和参考曲线建模

其中，Interpreted MATLAB Fcn 模块输入为

$$0.05*\sin(\pi*(0.5*u-10)/3).*(8<=u\&32>=u)$$
$$+(-0.09*\sin(\pi*(0.5*u-20)/10).*(40<=u\&100>=u))$$

无附加横摆力矩模型通过 Simulink 建模如图 3-50 所示。
有附加横摆力矩模型通过 Simulink 建模如图 3-51 所示。
LQR 控制器模型通过 Simulink 建模如图 3-52 所示。

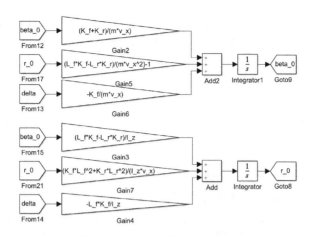

图 3-50 无附加横摆力矩模型

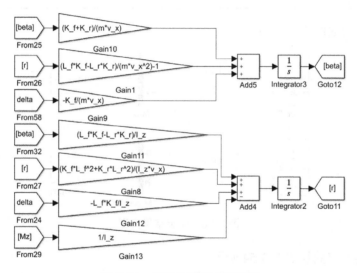

图 3-51 有附加横摆力矩模型

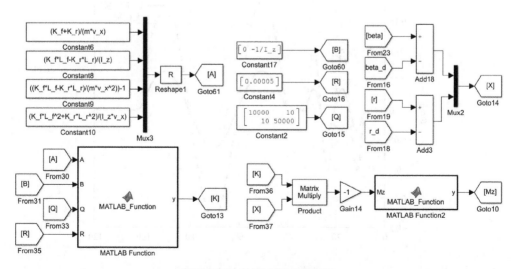

图 3-52 LQR 控制器模型

其中 Reshape1 模块的 Output dimensionality 选项选择 Customize，Output dimensions 选项定义为 [2,2] 的矩阵。MATLAB Function 模块输入程序如下：

1	function y= MATLAB_Function(A,B,Q,R)	% 函数头
2	y = zeros(1,2);	% 定义数组大小
3	coder.extrinsic('lqr');	% 标注外部函数
4	[K,P]=lqr(A,B,Q,R);	% 调用 lqr 函数
5	y = K;	% 输出

MATLAB Function2 模块输入程序如下：

1	function y= MATLAB_Function(Mz)	% 函数头
2	y = Mz(1,1);	% 输出

输出结果建模如图 3-53 所示。

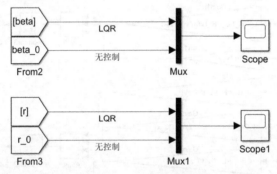

图 3-53　输出结果模型

质心侧偏角输出曲线如图 3-54 所示。

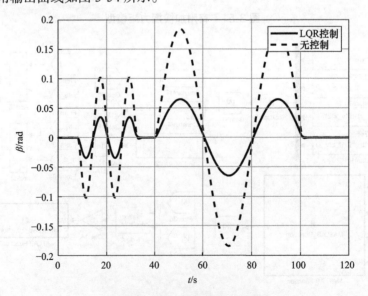

图 3-54　质心侧偏角输出曲线

由图 3-54 可以看到，使用 LQR 控制器后，0.06～0.01rad 对应的侧滑角幅值和 0.11～0.02rad 对应的侧滑角幅值被大幅度减小，同时，控制后的质心侧偏角的响应比控制前更为平缓。

横摆角速度输出曲线如图 3-55 所示。

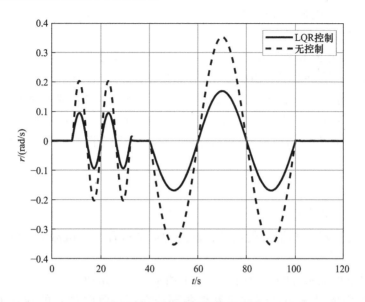

图 3-55　横摆角速度输出曲线

如图 3-55 所示，使用 LQR 控制器后，横摆角速度在 12s 时的幅值从 0.05rad/s 降至 0.02rad/s，在 50s 时的幅值从 0.85rad/s 降至 0.4rad/s。同时，控制后的横摆角速度的响应比控制前更为平缓。

3.8　本章习题

一、判断题

1. 在多自由系统中，各个自由度彼此相互联系，某一自由度的运动往往导致其他自由度随动。　　　　　　　　　　　　　　　　　　　　　　　　　　　　（　　）

2. 在多自由度振动系统中，通常把振动微分方程写成矩阵形式。　　　（　　）

3. 二自由度振动系统的质量矩阵、阻尼矩阵和刚度矩阵都是二阶方阵，但方阵的阶数与自由度个数不一定相等。　　　　　　　　　　　　　　　　　　　　（　　）

4. 在各个离散质量上建立的坐标系为描述系统的物理坐标系，在物理坐标系下的系统的质量矩阵、阻尼矩阵和刚度矩阵为系统的物理参数。　　　　　　　　　（　　）

5. 振动系统的性质不能由质量矩阵、刚度矩阵及阻尼矩阵来完全确定。　（　　）

6. 二自由度振动系统的质量矩阵、刚度矩阵均是对称矩阵，但阻尼矩阵可能为非对称矩阵。　　　　　　　　　　　　　　　　　　　　　　　　　　　　　（　　）

7. 二自由度振动系统的质量矩阵、阻尼矩阵和刚度矩阵均是正定矩阵。（　　）
8. 如果振动系统的质量矩阵是非对角矩阵，则该振动系统存在刚性耦合。（　　）
9. 如果运动微分方程的阻尼矩阵是非对角矩阵，则该振动系统存在惯性耦合。（　　）
10. 如果运动微分方程的刚度矩阵为非对角矩阵，则方程存在弹性耦合。（　　）
11. 通常意义上方程是否存在耦合和存在什么种类的耦合取决于系统本身，而不是取决于所选取的描述系统的广义坐标。（　　）
12. 系统的质量矩阵和刚度矩阵的具体形式与所选取的描述系统振动的广义坐标有关，选取合适的广义坐标能够使二自由度振动系统的运动微分方程解耦。（　　）
13. 要使多自由度振动系统的方程解耦，就需要寻找合适的描述系统振动的广义坐标系，使得系统的质量矩阵、阻尼矩阵和刚度矩阵在这个广义坐标系下为对角矩阵。（　　）
14. 二自由度系统存在两种频率的固有振动，因此有两个固有频率、两个振型。（　　）

二、填空题

1. 简谐振动的三要素是（　　）、（　　）、（　　）。
2. 机械振动是一种特殊形式的运动，在这种运动过程中，机械系统将围绕（　　）做（　　）运动。
3. 简谐激励下振动系统的响应由（　　）和（　　）组成。
4. 系统的自由度是表明能够描述系统各部分在任一瞬时位置的独立（　　）的最小数目。
5. 机械式钟表是（　　）摆的例子。
6. 做简谐运动的系统叫作（　　）振子。
7. 无阻尼系统的自由振动反映了（　　）能和（　　）能不断转换。
8. 共振表明系统（　　）频率与外部激励频率是一致的。
9. 如果系统的振动取决于外部激励，则称为（　　）振动。
10. 如果系统的振动仅取决于初始扰动，则称为（　　）振动。
11. 两简谐运动达到某一相似位置时对应的角度差称为（　　）。
12. 没有（　　）损失的振动称为非衰减振动。
13. 当系统的两个固有频率接近时，系统自由振动的振幅会出现周期性的（　　）现象。

三、简答题

1. 简述振动系统的实际阻尼、临界阻尼、阻尼比的联系与区别。
2. 机械振动系统的固有频率与哪些因素有关？并说明它们之间的关系。
3. 二自由度无阻尼系统的固有振动有哪些特点？
4. 多自由度系统振动的振型指的是什么？
5. 简述两个自由度系统的固有频率、振型（振幅比）和共振的物理意义。
6. 简述确定性振动和随机振动的区别。

7. 简述线性系统在振动过程中动能和势能之间的关系。
8. 简述线性多自由度系统动力响应分析方法。

四、解答题

1. 如题图 3-1 所示的系统，若运动的初始条件：$t=0$，$x_{10}=5$mm，$x_{20}=\dot{x}_{10}=\dot{x}_{20}=0$，试求解系统对初始条件的响应。

2. 试求如题图 3-2 所示系统的固有频率和主振型，已知 $m_1=2m_2=2m$。

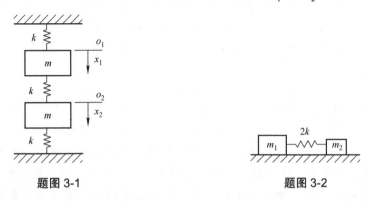

题图 3-1　　　　　　　　　　　题图 3-2

3. 题图 3-3 所示电车由两节质量均为 2.28×10^4kg 的车厢组成，中间连接器的刚度系数为 2.86×10^6N/m。求电车振动的固有频率和振型。

4. 试求题图 3-4 所示两自由度系统的固有频率和主振型。已知各弹簧的刚度系数 $k_1=k_2=k_3=k$，物体的质量 $m_1=m$，$m_2=2m$。

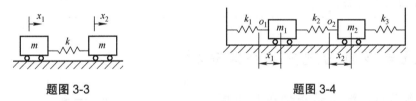

题图 3-3　　　　　　　　　　　题图 3-4

5. 在题图 3-4 所示系统中，已知 $m_1=m_2=m$，$k_1=k_3=k$，$k_2=4k$，求该系统对以下两组初始条件的响应：① $t=0$，$x_{10}=1$cm，$x_{20}=\dot{x}_{10}=\dot{x}_{20}=0$；② $t=0$，$x_{10}=1$cm，$x_{20}=-1$cm，$\dot{x}_{10}=\dot{x}_{20}=0$。

第4章 汽车多自由度振动系统

汽车是一个复杂的多自由度系统,若一辆汽车平顺性设计不佳,人坐在车上会感觉到不舒适,甚至晕车呕吐等。若一辆长途货车的座椅减振性能不佳,则驾驶人长期驾驶还会形成"职业病"。因此,本章将对汽车多自由度振动系统进行建模和分析。

【课堂小讨论】

> 汽车平顺性主要是根据乘员主观感觉的舒适性来评价,对于载货汽车还包括保持货物完好的性能。测试汽车平顺性时分别进行脉冲输入和随机输入试验,使用IN-V3060S型智能检测仪采集各类载客汽车在不同车速下行驶时车内各乘客所处关键位置的三向振动加速度响应,通过DASP汽车平顺性模块快速计算得到最大加速度响应值及总加权加速度均方根值,并绘制出与行车速度的关系曲线,通过曲线分布规则有效地评价汽车在一定行驶速度下的平顺性。试验选用M类载客汽车,在座椅靠背处、座垫上方以及脚支撑板处布置三轴向加速度传感器,采用真人加载,真实有效地反映汽车行驶过程中车辆对人体的振动影响,采集汽车在脉冲输入(凸块路面)下10~60km/h和随机输入(一般路面)下40~70km/h各测点的振动加速度响应,得到用于评价汽车平顺性的基本数据。

4.1 汽车多自由度振动系统建模

整体而言,汽车是一个多自由度的振动系统,汽车悬架系统的关键组件——阻尼减振器,对汽车振动性能的改善起到了至关重要的作用。

在静平衡位置(弹簧力与阻尼力的合力抵消了车身的重力),将汽车车身和座椅分别简化为两个质量块,其重量各由一个单独的阻尼减振器支撑,如图4-1所示。

假设汽车前后悬架结构相同并且左右对称,汽车四个车轮受到同样的外界激励,取1/4汽车作为研究对象,如果将

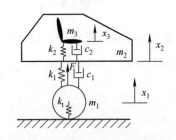

图4-1 汽车多自由度振动系统

m_1—汽车车轮质量(kg) m_2—汽车车身质量(kg) m_3—汽车座椅质量(kg) k_1—汽车悬架弹簧刚度(N/m) k_2—汽车座椅弹簧刚度(N/m) k_t—汽车轮胎弹簧刚度(N/m) c_1—汽车悬架阻尼系数(N·s/m) c_2—汽车座椅阻尼系数(N·s/m) F—外界施加的力(N) x_1—车轮相对于静平衡位置的时变位移(m) x_2—车身相对于静平衡位置的时变位移(m) x_3—座椅相对于静平衡位置的时变位移(m)

汽车抽象为三个单独质量块（座椅、车身、车轮）的上下往复振动系统，则可以建立图 4-2 所示的动力学模型。

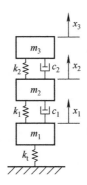

图 4-2　汽车三自由度振动动力学模型

取车身静平衡位置为坐标原点，分析其受力可得到图 4-3 所示的受力图。

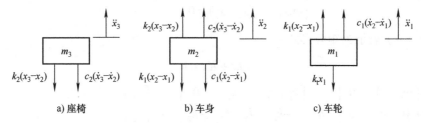

图 4-3　座椅、车身和车轮受力图

根据牛顿第二定律，可以得到该振动模型的动力学方程为

$$\begin{cases} m_1\ddot{x}_1 = F_{k1} + F_{c1} - F_{kt} = k_1(x_2 - x_1) + c_1(\dot{x}_2 - \dot{x}_1) - k_t x_1 \\ m_2\ddot{x}_2 = F_{k2} + F_{c2} - F_{k1} - F_{c1} \\ \quad\quad = k_2(x_3 - x_2) + c_2(\dot{x}_3 - \dot{x}_2) - k_1(x_2 - x_1) - c_1(\dot{x}_2 - \dot{x}_1) \\ m_3\ddot{x}_3 = -F_{k2} - F_{c2} = -k_2(x_3 - x_2) - c_2(\dot{x}_3 - \dot{x}_2) \end{cases} \quad (4\text{-}1)$$

或者

$$\begin{cases} m_1\ddot{x}_1 + k_1(x_1 - x_2) + c_1(\dot{x}_1 - \dot{x}_2) + k_t x_1 = 0 \\ m_2\ddot{x}_2 + k_2(x_2 - x_3) + c_2(\dot{x}_2 - \dot{x}_3) + k_1(x_2 - x_1) + c_1(\dot{x}_2 - \dot{x}_1) = 0 \\ m_3\ddot{x}_3 + k_2(x_3 - x_2) + c_2(\dot{x}_3 - \dot{x}_2) = 0 \end{cases} \quad (4\text{-}2)$$

可以看出，该方程是一个二阶非齐次线性微分方程组。

4.2 固有频率与主振型

汽车多自由度无阻尼振动系统如图 4-4 所示。

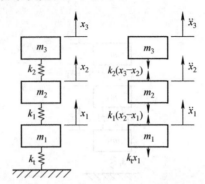

图 4-4 汽车多自由度无阻尼振动系统

如图 4-4 所示，根据牛顿第二定律，可建立汽车三自由度无阻尼振动的微分方程为

$$\begin{cases} m_1\ddot{x}_1 + k_1(x_1 - x_2) + k_t x_1 = 0 \\ m_2\ddot{x}_2 + k_2(x_2 - x_3) + k_1(x_2 - x_1) = 0 \\ m_3\ddot{x}_3 + k_2(x_3 - x_2) = 0 \end{cases} \tag{4-3}$$

将式（4-3）表示为矩阵形式：

$$M\ddot{x} + Kx = 0 \tag{4-4}$$

其中，$M = \begin{bmatrix} m_1 & 0 & 0 \\ 0 & m_2 & 0 \\ 0 & 0 & m_3 \end{bmatrix}$，$K = \begin{bmatrix} k_1 + k_t & -k_1 & 0 \\ -k_1 & k_1 + k_2 & -k_2 \\ 0 & -k_2 & k_2 \end{bmatrix}$，$x = \begin{bmatrix} x_1 \\ x_2 \\ x_3 \end{bmatrix}$

4.2.1 频率方程

设三自由度系统运动微分方程（4-4）的解为

$$x_i = A_i \sin(\omega t + \varphi), \ i = 1, 2, 3 \tag{4-5}$$

假设系统的各坐标做同步谐振动，则式（4-5）又可表示为

$$x = A \sin(\omega t + p) \tag{4-6}$$

式中，$A = \begin{pmatrix} A_1 \\ A_2 \\ A_3 \end{pmatrix} = (A_1 \ A_2 \ A_3)^T$。

将式（4-6）代入式（4-4），并消去 $\sin(\omega t + p)$，可得到

$$KA - \omega^2 MA = 0 \tag{4-7}$$

或

$$KA = \omega^2 MA \tag{4-8}$$

$$(\boldsymbol{K} - \omega^2 \boldsymbol{M})\boldsymbol{A} = 0 \quad (4\text{-}9)$$

令

$$\boldsymbol{B} = \boldsymbol{K} - \omega^2 \boldsymbol{M} \quad (4\text{-}10)$$

式（4-10）称为特征矩阵。

由式（4-9）可以看出，要使 $\boldsymbol{A}$ 有不全为零的解，必须使其系数行列式等于零。于是得到该系统的频率方程（或特征方程）为

$$|\boldsymbol{K} - \omega^2 \boldsymbol{M}| = 0 \quad (4\text{-}11)$$

式（4-11）是关于 ω^2 的 3 次多项式，由它可以求出 3 个固有圆频率（或称特征值）。因此，3 自由度振动系统具有 3 个固有圆频率，下面对其取值情况进行讨论。在式（4-8）的两端，前乘 $\boldsymbol{A}$ 的转置 $\boldsymbol{A}^\mathrm{T}$，可得到

$$\boldsymbol{A}^\mathrm{T} \boldsymbol{K} \boldsymbol{A} = \omega^2 \boldsymbol{A}^\mathrm{T} \boldsymbol{M} \boldsymbol{A} \quad (4\text{-}12)$$

由于系统的质量矩阵 $\boldsymbol{M}$ 是正定的，刚度矩阵 $\boldsymbol{K}$ 是正定的或半正定的，因此有

$$\boldsymbol{A}^\mathrm{T} \boldsymbol{M} \boldsymbol{A} > 0, \boldsymbol{A}^\mathrm{T} \boldsymbol{K} \boldsymbol{A} \geq 0 \quad (4\text{-}13)$$

于是，由式（4-12）得到

$$\omega^2 = \frac{\boldsymbol{A}^\mathrm{T} \boldsymbol{K} \boldsymbol{A}}{\boldsymbol{A}^\mathrm{T} \boldsymbol{M} \boldsymbol{A}} \geq 0 \quad (4\text{-}14)$$

因此，频率方程（4-11）中所有的固有圆频率值都是实数，并且是正数或为零，进而可求出系统的固有频率。刚度矩阵为正定的，称为正定系统；刚度矩阵为半正定的，称为半正定系统。对应于正定系统的固有频率值是为正，对应于半正定系统的固有频率值是正数或为零。

一般振动系统的 3 个固有频率的值互不相等（也有特殊情况）。将各个固有圆频率按照由小到大的顺序排列为

$$0 \leq \omega_1 \leq \omega_2 \leq \omega_3 \quad (4\text{-}15)$$

式中，最低阶固有频率 $f_1 = \frac{1}{2\pi} \omega_1$ 称为第一阶固有频率或称基频，然后依次称为第二阶、第三阶固有频率。

[例 4-1] 图 4-5 所示为一个三自由度系统，$k_\mathrm{t} = 3k$，$k_1 = 2k$，$k_2 = k$，$m_1 = 2m$，$m_2 = 1.5m$，$m_3 = m$，求系统的固有圆频率。

质量块 m_1、m_2 和 m_3 的垂直位移 $x_1(t)$、$x_2(t)$ 和 $x_3(t)$ 是广义坐标。根据式（4-4），系统的质量矩阵和刚度矩阵可以写成

$$\boldsymbol{M} = \begin{bmatrix} 2m & & \\ & 1.5m & \\ & & m \end{bmatrix}, \boldsymbol{K} = \begin{bmatrix} 5k & -2k & 0 \\ -2k & 3k & -k \\ 0 & -k & k \end{bmatrix} \quad (4\text{-}16)$$

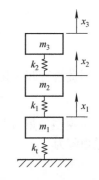

图 4-5 三自由度系统

将 M、K 代入式（4-11）可得

$$\Delta(\omega^2) = \begin{vmatrix} 5k-2m\omega^2 & -2k & 0 \\ -2k & 3k-1.5m\omega^2 & -k \\ 0 & -k & k-m\omega^2 \end{vmatrix} = 0 \qquad (4\text{-}17)$$

展开式（4-17），可得

$$\omega^6 - 1.5\left(\frac{k}{m}\right)\omega^4 + 7.5\left(\frac{k}{m}\right)^2\omega^2 - 2\left(\frac{k}{m}\right)^3 = 0 \qquad (4\text{-}18)$$

式（4-18）的特征值可用 MATLAB 编程求得：

$$\omega_1^2 = 0.351465\frac{k}{m},\ \omega_2^2 = 1.606599\frac{k}{m},\ \omega_3^2 = 3.541936\frac{k}{m} \qquad (4\text{-}19)$$

固有圆频率为

$$\omega_1 = 0.592845\sqrt{\frac{k}{m}},\ \omega_2 = 1.267517\sqrt{\frac{k}{m}},\ \omega_3 = 1.882003\sqrt{\frac{k}{m}} \qquad (4\text{-}20)$$

4.2.2 主振型

将各个固有圆频率（特征值）代入式（4-9），可分别求得相对应 A。例如，对应于 ω_i 可以求得 $A^{(i)}$，它满足

$$(K - \omega_i^2 M)A^{(i)} = 0 \qquad (4\text{-}21)$$

式中，$A^{(i)}$ 为对应于 ω_i 的特征矢量，它表示系统在以 ω_i 的频率做自由振动时，各振幅 A_1^i、A_2^i 和 A_3^i 的相对大小，称为系统的第 i 阶主振型，也称固有振型或主模态。

由于式（4-21）是线性代数中的特征值问题，它相当于是 A_1^i、A_2^i 和 A_3^i 的齐次线性代数方程组。一般来说，其中只有 2 个是线性无关的，因此求解主振型矢量时，通常是取其中某个元素的值为 1，进而确定其他元素，该过程称为归一化。

对于任何一个 3 自由度振动系统，总可以找到 3 个固有频率和与之对应的 3 阶主振型。

$$A^{(1)} = \begin{pmatrix} A_1^{(1)} \\ A_2^{(1)} \\ A_3^{(1)} \end{pmatrix},\ A^{(2)} = \begin{pmatrix} A_1^{(2)} \\ A_2^{(2)} \\ A_3^{(2)} \end{pmatrix},\ A^{(3)} = \begin{pmatrix} A_1^{(3)} \\ A_2^{(3)} \\ A_3^{(3)} \end{pmatrix} \qquad (4\text{-}22)$$

对此进行归一化，令 $A_3^{(i)} = 1$，于是可得第 i 阶主振型矢量为

$$A^{(i)} = (A_1^{(i)}\ \ A_2^{(i)}\ \ A_3^{(i)})^{\mathrm{T}} \qquad (4\text{-}23)$$

主振型矢量 $A^{(i)}$ 也可以利用特征矩阵的伴随矩阵来求得。由特征矩阵 $B = K - \omega^2 M$ 可得其逆矩阵为

$$B^{-1} = \frac{1}{|B|}\mathrm{adj}B \qquad (4\text{-}24)$$

式（4-24）左右两边前乘$|B|B$，则可得到

$$|B|I = B\text{adj}B \tag{4-25}$$

式中，I为单位矩阵。将固有圆频率ω_i代入式（4-25），则有

$$|B|_i I = B_i\text{adj}B_i \tag{4-26}$$

因为$|B|_i = 0$，于是有

$$B_i\text{adj}B_i = 0 \tag{4-27}$$

式中，B_i和$\text{adj}B_i$是将ω_i之值代入之后的矩阵。现将式（4-26）和式（4-21）进行比较，可以得到主振型矢量$A^{(i)}$与特征矩阵的伴随矩阵$\text{adj}B_i$中的任何非零式列成比例，因此伴随矩阵$\text{adj}B_i$的每一列就是主振型矢量$A^{(i)}$或者差一常数因子。

[**例4-2**] 求图4-5所示系统的主振型。

系统的固有圆频率为

$$\omega_1 = 0.592845\sqrt{\frac{k}{m}}, \ \omega_2 = 1.267517\sqrt{\frac{k}{m}}, \ \omega_3 = 1.882003\sqrt{\frac{k}{m}} \tag{4-28}$$

将固有频率代入式（4-9），得

$$(5k - 2m\omega^2)A_1 - 2kA_2 = 0 \tag{4-29}$$

$$-2kA_1 + (3k - 1.5m\omega^2)A_2 - kA_3 = 0 \tag{4-30}$$

令$A_3 = 1$，将ω_1、ω_2、ω_3代入式（4-30）得

$$\begin{cases} A_1^{(1)} = 0.301850, \ A_1^{(2)} = -0.678977, \ A_1^{(3)} = 2.439628 \\ A_2^{(1)} = 0.648535, \ A_2^{(2)} = -0.606599, \ A_2^{(3)} = -2.541936 \end{cases} \tag{4-31}$$

则主振型为

$$A^{(1)} = \begin{Bmatrix} 0.301850 \\ 0.648535 \\ 1 \end{Bmatrix}, A^{(2)} = \begin{Bmatrix} -0.678977 \\ -0.606599 \\ 1 \end{Bmatrix}, A^{(3)} = \begin{Bmatrix} 2.439628 \\ -2.541936 \\ 1 \end{Bmatrix} \tag{4-32}$$

[**例4-3**] 求解图4-6所示系统的振动方程、固有频率和主振型。系统参数为：$m_1 = m_2 = m_3 = m$，$k_1 = k_4 = 2k$，$k_2 = k_3 = k$。

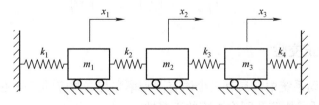

图4-6 振动系统

根据式（4-4），系统的质量矩阵和刚度矩阵可以写成

$$\boldsymbol{m} = \begin{bmatrix} m & & \\ & m & \\ & & m \end{bmatrix}, \boldsymbol{k} = \begin{bmatrix} 3k & -k & 0 \\ -k & 2k & -k \\ 0 & -k & 3k \end{bmatrix} \quad (4\text{-}33)$$

将 $\boldsymbol{m}$、$\boldsymbol{k}$ 代入式（4-11），得

$$\Delta(\omega^2) = \begin{vmatrix} 3k - m\omega^2 & -k & 0 \\ -k & 2k - m\omega^2 & -k \\ 0 & -k & 3k - m\omega^2 \end{vmatrix} = 0 \quad (4\text{-}34)$$

展开式（4-34）可得：

$$\begin{aligned}
&(3k - m\omega^2)^2(2k - m\omega^2) - 2k^2(3k - m\omega^2) \\
&= (3k - m\omega^2)\left[4k^2 - 5km\omega^2 + (m\omega^2)^2\right] \\
&= (3k - m\omega^2)(4k - m\omega^2)(k - m\omega^2)
\end{aligned} \quad (4\text{-}35)$$

通过因式分解可得：

$$\omega_1^2 = \frac{k}{m}, \ \omega_2^2 = \frac{3k}{m}, \ \omega_3^2 = \frac{4k}{m} \quad (4\text{-}36)$$

系统的固有频率为

$$\omega_1 = \sqrt{\frac{k}{m}}, \ \omega_2 = \sqrt{\frac{3k}{m}}, \ \omega_3 = 2\sqrt{\frac{k}{m}} \quad (4\text{-}37)$$

根据式（4-9），可得

$$(3k - m\omega^2)A_1 - kA_2 = 0, \ -kA_1 + (2k - m\omega^2)A_2 - kA_3 = 0 \quad (4\text{-}38)$$

将 ω_1、ω_2 和 ω_3 代入式（4-38）并令 $A_3 = 1$ 可得：

$$\begin{cases} A_1^{(1)} = 1, A_1^{(2)} = -1, A_1^{(3)} = 1 \\ A_2^{(1)} = 2, A_2^{(2)} = 0, A_2^{(3)} = -1 \end{cases} \quad (4\text{-}39)$$

则系统的主振型为

$$\boldsymbol{A}^{(1)} = \begin{Bmatrix} 1 \\ 2 \\ 1 \end{Bmatrix}, \boldsymbol{A}^{(2)} = \begin{Bmatrix} -1 \\ 0 \\ 1 \end{Bmatrix}, \boldsymbol{A}^{(3)} = \begin{Bmatrix} 1 \\ -1 \\ 1 \end{Bmatrix} \quad (4\text{-}40)$$

4.2.3 主振型的正交性

在三自由度振动系统中，具有三个固有圆频率和与之对应的三阶主振型，且这些主振型之间存在着关于质量矩阵和刚度矩阵的正交性。

设 $\boldsymbol{A}^{(i)}$、$\boldsymbol{A}^{(j)}$ 分别是对应于固有圆频率 ω_i、ω_j 的主振型，由式（4-8）得到

$$KA^{(i)} = \omega_i^2 MA^{(i)} \tag{4-41}$$

$$KA^{(j)} = \omega_j^2 MA^{(j)} \tag{4-42}$$

将式（4-41）两边转置，然后右乘 $A^{(j)}$，由于 K、M 都是对称矩阵，可得到

$$(A^{(i)})^T KA^{(j)} = \omega_i^2 (A^{(i)})^T MA^{(j)} \tag{4-43}$$

将式（4-42）两边左乘 $(A^{(i)})^T$，得

$$(A^{(i)})^T KA^{(j)} = \omega_j^2 (A^{(i)})^T MA^{(j)} \tag{4-44}$$

式（4-43）与式（4-44）相减后得

$$(\omega_i^2 - \omega_j^2)(A^{(i)})^T MA^{(j)} = 0 \tag{4-45}$$

当 $i \neq j$ 时，有 $\omega_i \neq \omega_j$，则由式（4-45）得

$$(A^{(i)})^T MA^{(j)} = 0, \quad i \neq j \tag{4-46}$$

将式（4-46）代入式（4-43）得

$$(A^{(i)})^T KA^{(j)} = 0, \quad i \neq j \tag{4-47}$$

当 $i = j$ 时，式（4-45）总能成立，令

$$(A^{(i)})^T MA^{(i)} = M_i, \quad i = 1, 2, 3 \tag{4-48}$$

$$(A^{(i)})^T KA^{(i)} = K_i, \quad i = 1, 2, 3 \tag{4-49}$$

由式（4-43），令 $j = i$，可得

$$\omega_i^2 = \frac{(A^{(i)})^T KA^{(i)}}{(A^{(i)})^T MA^{(i)}} = \frac{K_i}{M_i}, \quad i = 1, 2, 3 \tag{4-50}$$

因此，K_i 称为第 i 阶主刚度或第 i 阶模态刚度；M_i 称为第 i 阶主质量或第 i 阶模态质量。

4.2.4 主振型矩阵与正则振型矩阵

以各阶主振型矢量为例，按顺序排列成一个 3×3 阶方阵，称此方阵为主振型矩阵或模态矩阵，即

$$A_P = (A^{(1)} \quad A^{(2)} \quad A^{(3)}) = \begin{pmatrix} A_1^{(1)} & A_1^{(2)} & A_1^{(3)} \\ A_2^{(1)} & A_2^{(2)} & A_2^{(3)} \\ A_3^{(1)} & A_3^{(2)} & A_3^{(3)} \end{pmatrix} \tag{4-51}$$

根据主振型的正交性，可以导出主振型矩阵的两个性质，即

$$\begin{cases} A_P^T MA_P = M_P \\ A_P^T KA_P = K_P \end{cases} \tag{4-52}$$

式中，M_P 和 K_P 分别是主质量矩阵和主刚度矩阵。

$$M_P = \begin{pmatrix} M_1 & & \\ & M_2 & \\ & & M_3 \end{pmatrix}, K_P = \begin{pmatrix} K_1 & & \\ & K_2 & \\ & & K_3 \end{pmatrix} \tag{4-53}$$

由式（4-52）可知，主振型矩阵 A_P 具有如下性质：当 M、K 为非对角阵时，如果分别前乘主振型矩阵的转置矩阵 A_P^T，后乘以主振型矩阵 A_P，则使质量矩阵 M 和刚度矩阵 K 转变成对角矩阵 M_P、K_P。

主振型 $A^{(i)}$ 表示系统做主振动时各坐标幅值的比。在前面的计算中，一般采用将其第一个元素为 1 从而进行归一化。这种归一化的方法对于缩小计算数字和绘出振型很方便。为了便于计算系统响应，这里介绍另一种归一化的方法——质量归一化，即使 M_P 由对角阵变换为单位阵。将主振型矩阵的各列除以其对应主质量的平方根，即

$$A_N^{(i)} = \frac{1}{\sqrt{M_i}} A_P^{(i)} \tag{4-54}$$

这样得到的振型称为正则振型，$A_N^{(i)}$ 称为第 i 阶正则振型。

正则振型的正交关系是

$$(A_N^{(i)})^T M A_N^{(j)} = \begin{cases} 1, i = j \\ 0, i \neq j \end{cases} \tag{4-55}$$

$$(A_N^{(i)})^T K A_N^{(j)} = \begin{cases} \omega_i^2, i = j \\ 0, i \neq j \end{cases} \tag{4-56}$$

式中，ω_i^2 为第 i 阶固有圆频率。

以各阶正则振型为例，依次排列成一个 3×3 阶方阵，称此方阵为正则振型方阵，即

$$A_N = \begin{pmatrix} A_N^{(1)} & A_N^{(2)} & A_N^{(3)} \end{pmatrix} = \begin{pmatrix} A_{N1}^{(1)} & A_{N1}^{(2)} & A_{N1}^{(3)} \\ A_{N2}^{(1)} & A_{N2}^{(2)} & A_{N2}^{(3)} \\ A_{N3}^{(1)} & A_{N3}^{(2)} & A_{N3}^{(3)} \end{pmatrix} \tag{4-57}$$

由正交性可导出正则矩阵 A_N 的两个性质

$$\begin{cases} A_N^T M A_N = I = \begin{pmatrix} 1 & & \\ & 1 & \\ & & 1 \end{pmatrix} \\ A_N^T K A_N = \omega^2 = \begin{pmatrix} \omega_1^2 & & \\ & \omega_2^2 & \\ & & \omega_3^2 \end{pmatrix} \end{cases} \tag{4-58}$$

式中，ω^2 为谱矩阵。

[例 4-4] 求图 4-6 所示系统的主质量矩阵、主刚度矩阵、归一化模态矩阵和归一化刚度矩阵。

通过例 4-3 可得：

$$\boldsymbol{A}^{(1)} = \begin{Bmatrix} 1 \\ 2 \\ 1 \end{Bmatrix}, \boldsymbol{A}^{(2)} = \begin{Bmatrix} -1 \\ 0 \\ 1 \end{Bmatrix}, \boldsymbol{A}^{(3)} = \begin{Bmatrix} 1 \\ -1 \\ 1 \end{Bmatrix} \tag{4-59}$$

主振型矩阵为

$$\boldsymbol{A}_\mathrm{P} = [\boldsymbol{A}^{(1)} \quad \boldsymbol{A}^{(2)} \quad \boldsymbol{A}^{(3)}] = \begin{bmatrix} 1 & -1 & 1 \\ 2 & 0 & -1 \\ 1 & 1 & 1 \end{bmatrix} \tag{4-60}$$

主质量矩阵为

$$\boldsymbol{M}_\mathrm{P} = \boldsymbol{A}_\mathrm{P}^\mathrm{T} \boldsymbol{M} \boldsymbol{A}_\mathrm{P} = \begin{bmatrix} 1 & 2 & 1 \\ -1 & 0 & 1 \\ 1 & -1 & 1 \end{bmatrix} \begin{bmatrix} m & & \\ & m & \\ & & m \end{bmatrix} \begin{bmatrix} 1 & -1 & 1 \\ 2 & 0 & -1 \\ 1 & 1 & 1 \end{bmatrix} = \begin{bmatrix} 6m & & \\ & 2m & \\ & & 3m \end{bmatrix} \tag{4-61}$$

主刚度矩阵为

$$\boldsymbol{K}_\mathrm{P} = \boldsymbol{A}_\mathrm{P}^\mathrm{T} \boldsymbol{K} \boldsymbol{A}_\mathrm{P} = \begin{bmatrix} 1 & 2 & 1 \\ -1 & 0 & 1 \\ 1 & -1 & 1 \end{bmatrix} \begin{bmatrix} 3k & -k & 0 \\ -k & 2m & -k \\ 0 & -k & 3k \end{bmatrix} \begin{bmatrix} 1 & -1 & 1 \\ 2 & 0 & -1 \\ 1 & 1 & 1 \end{bmatrix} = \begin{bmatrix} 6k & & \\ & 6k & \\ & & 12k \end{bmatrix} \tag{4-62}$$

归一化因子为

$$\alpha_1 = \frac{1}{\sqrt{M_1}} = \frac{1}{\sqrt{6m}}, \alpha_2 = \frac{1}{\sqrt{M_2}} = \frac{1}{\sqrt{2m}}, \alpha_3 = \frac{1}{\sqrt{M_3}} = \frac{1}{\sqrt{3m}} \tag{4-63}$$

归一化模态矩阵为

$$\boldsymbol{A}_\mathrm{N} = \boldsymbol{A}_\mathrm{P} \begin{bmatrix} \alpha_1 & & \\ & \alpha_2 & \\ & & \alpha_3 \end{bmatrix} = \frac{1}{\sqrt{6m}} \begin{bmatrix} 1 & -\sqrt{3} & \sqrt{2} \\ 2 & 0 & -\sqrt{2} \\ 1 & \sqrt{3} & \sqrt{2} \end{bmatrix} \tag{4-64}$$

归一化刚度矩阵为

$$\boldsymbol{K}_\mathrm{N} = \begin{bmatrix} \omega_1^2 & & \\ & \omega_2^2 & \\ & & \omega_3^2 \end{bmatrix} = \frac{k}{m} \begin{bmatrix} 1 & & \\ & 3 & \\ & & 4 \end{bmatrix} \tag{4-65}$$

[例 4-5] 求图 4-7 所示系统的主质量矩阵、主刚度矩阵、归一化模态矩阵和归一化刚度矩阵。参数为：$I_1 = I_2 = I_3 = I$，$k_1 = k_2 = k$。

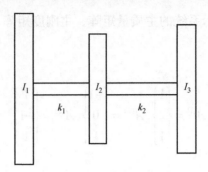

图 4-7 三盘扭转振动系统

根据式（4-4），系统的质量矩阵和刚度矩阵可以写成

$$\boldsymbol{m} = \begin{bmatrix} I & & \\ & I & \\ & & I \end{bmatrix}, \boldsymbol{k} = \begin{bmatrix} k & -k & 0 \\ -k & 2k & -k \\ 0 & -k & k \end{bmatrix} \tag{4-66}$$

将 $\boldsymbol{m}$、$\boldsymbol{k}$ 代入式（4-11）可得

$$\Delta(\omega^2) = \begin{vmatrix} k-I\omega^2 & -k & 0 \\ -k & 2k-I\omega^2 & -k \\ 0 & -k & k-I\omega^2 \end{vmatrix} = 0 \tag{4-67}$$

展开式（4-67）

$$-I\omega^2(k-I\omega^2)(3k-I\omega^2) = 0 \tag{4-68}$$

特征值为

$$\omega_1^2 = 0, \omega_2^2 = \frac{k}{I}, \omega_3^2 = \frac{3k}{I} \tag{4-69}$$

根据式（4-9）并令 $A_3 = 1$，系统模态为

$$\boldsymbol{A}^{(1)} = \begin{Bmatrix} 1 \\ 1 \\ 1 \end{Bmatrix}, \boldsymbol{A}^{(2)} = \begin{Bmatrix} -1 \\ 0 \\ 1 \end{Bmatrix}, \boldsymbol{A}^{(3)} = \begin{Bmatrix} 1 \\ -2 \\ 1 \end{Bmatrix} \tag{4-70}$$

主振型为

$$\boldsymbol{A}_\mathrm{P} = (\boldsymbol{A}^{(1)} \quad \boldsymbol{A}^{(2)} \quad \boldsymbol{A}^{(3)}) = \begin{pmatrix} 1 & -1 & 1 \\ 1 & 0 & -2 \\ 1 & 1 & 1 \end{pmatrix} \tag{4-71}$$

主质量矩阵为

$$\boldsymbol{M}_\mathrm{P} = \boldsymbol{A}_\mathrm{P}^\mathrm{T} \boldsymbol{M} \boldsymbol{A}_\mathrm{P} = \begin{bmatrix} 1 & 1 & 1 \\ -1 & 0 & 1 \\ 1 & -2 & 1 \end{bmatrix} \begin{bmatrix} I & & \\ & I & \\ & & I \end{bmatrix} \begin{bmatrix} 1 & -1 & 1 \\ 1 & 0 & -2 \\ 1 & 1 & 1 \end{bmatrix} = \begin{bmatrix} 3I & & \\ & 2I & \\ & & 6I \end{bmatrix} \tag{4-72}$$

主刚度矩阵为

$$\boldsymbol{K}_\mathrm{P} = \boldsymbol{A}_\mathrm{P}^\mathrm{T} \boldsymbol{K} \boldsymbol{A}_\mathrm{P} = \begin{bmatrix} 1 & 1 & 1 \\ -1 & 0 & 1 \\ 1 & -2 & 1 \end{bmatrix} \begin{bmatrix} k & -k & 0 \\ -k & 2k & -k \\ 0 & -k & k \end{bmatrix} \begin{bmatrix} 1 & -1 & 1 \\ 1 & 0 & -2 \\ 1 & 1 & 1 \end{bmatrix} = \begin{bmatrix} 0 & & \\ & 2k & \\ & & 18k \end{bmatrix} \quad (4\text{-}73)$$

归一化模态矩阵为

$$\boldsymbol{A}_\mathrm{N} = \frac{1}{\sqrt{6I}} \begin{bmatrix} \sqrt{2} & -\sqrt{3} & 1 \\ \sqrt{2} & 0 & -2 \\ \sqrt{2} & \sqrt{3} & 1 \end{bmatrix} \quad (4\text{-}74)$$

归一化刚度矩阵为

$$\boldsymbol{K}_\mathrm{N} = \begin{bmatrix} \omega_1^2 & & \\ & \omega_2^2 & \\ & & \omega_3^2 \end{bmatrix} = \frac{k}{I} \begin{bmatrix} 0 & & \\ & 1 & \\ & & 3 \end{bmatrix} \quad (4\text{-}75)$$

4.2.5 主坐标和正则坐标

一般情况下，具有有限个自由度振动系统的质量矩阵和刚度矩阵都不是对角阵。因此，系统的运动微分方程中既有动力耦合又有静力耦合。对于三自由度无阻尼振动系统，有可能选择这样一组特殊坐标，使方程中不出现耦合项，即质量矩阵 $\boldsymbol{M}$ 和刚度矩阵 $\boldsymbol{K}$ 都是对角阵，这样每个方程都可以视为单自由度问题，这组坐标称为主坐标或模态坐标。

由前面的讨论可知，主振型矩阵 $\boldsymbol{A}_\mathrm{P}$ 与正则振型矩阵 $\boldsymbol{A}_\mathrm{N}$，均可使系统的质量矩阵和刚度矩阵转换成为对角阵。因此，可利用主振型矩阵或正则振型矩阵进行坐标变换，以寻求主坐标或正则坐标。

1. 主坐标

首先用主振型矩阵 $\boldsymbol{A}_\mathrm{P}$ 进行坐标变换，即

$$\boldsymbol{x} = \boldsymbol{A}_\mathrm{P} \boldsymbol{x}_\mathrm{P} \quad (4\text{-}76)$$

式中，$\boldsymbol{x}_\mathrm{P}$ 是主坐标矢量，相应地，有

$$\ddot{\boldsymbol{x}} = \boldsymbol{A}_\mathrm{P} \ddot{\boldsymbol{x}}_\mathrm{P} \quad (4\text{-}77)$$

这组坐标变换的物理意义，可由式（4-77）的展开式看出

$$\boldsymbol{x} = \boldsymbol{A}_\mathrm{P} \boldsymbol{x}_\mathrm{P} = (\boldsymbol{A}^{(1)} \quad \boldsymbol{A}^{(2)} \quad \boldsymbol{A}^{(3)}) \begin{pmatrix} x_{\mathrm{P}1} \\ x_{\mathrm{P}2} \\ x_{\mathrm{P}3} \end{pmatrix} \quad (4\text{-}78)$$

即

$$\begin{Bmatrix} x_1 \\ x_2 \\ x_3 \end{Bmatrix} = \boldsymbol{A}^{(1)} x_{P1} + \boldsymbol{A}^{(2)} x_{P2} + \boldsymbol{A}^{(3)} x_{P3} \qquad (4\text{-}79)$$

或

$$x_i = A_i^{(1)} x_{P1} + A_i^{(2)} x_{P2} + A_i^{(3)} x_{P3}, \quad i = 1,2,3 \qquad (4\text{-}80)$$

即原物理坐标值，都可以看成是由 3 个主振型按一定的比例组合而成。

将式（4-76）和式（4-77）代入运动微分方程（4-4），可得

$$\boldsymbol{M}\boldsymbol{A}_P \ddot{\boldsymbol{x}}_P + \boldsymbol{K}\boldsymbol{A}_P \boldsymbol{x}_P = 0 \qquad (4\text{-}81)$$

将式（4-81）前乘主振型矩阵的转置矩阵 $\boldsymbol{A}_P^T$，可得

$$\boldsymbol{A}_P^T \boldsymbol{M} \boldsymbol{A}_P \ddot{\boldsymbol{x}}_P + \boldsymbol{A}_P^T \boldsymbol{K} \boldsymbol{A}_P \boldsymbol{x}_P = 0 \qquad (4\text{-}82)$$

由主振型矩阵的两个性质，即式（4-52），可得

$$\boldsymbol{M}_P \ddot{\boldsymbol{x}}_P + \boldsymbol{K}_P \boldsymbol{x}_P = 0 \qquad (4\text{-}83)$$

由于主质量矩阵 $\boldsymbol{M}_P$ 和主刚度矩阵 $\boldsymbol{K}_P$ 都是对角阵，因此式（4-83）中无耦合，且为相互独立的三自由度运动微分方程，即

$$M_i \ddot{x}_{Pi} + K_i x_{Pi} = 0, \quad i = 1,2,3 \qquad (4\text{-}84)$$

式中，M_i 是第 i 阶主质量或模态质量；K_i 是主刚度或模态刚度。

由物理坐标到模态坐标的转换，是式（4-4）解耦的数学过程。从物理意义上讲，是从力的平衡方程变为能量平衡方程的过程。在物理坐标系中，质量矩阵和刚度矩阵一般是非对角阵，使运动方程不能解耦。而在模态坐标系中，第 i 个模态坐标代表在位移向量中第 i 阶主振型（模态振型）所做的贡献。任何一阶主振型的存在，都并不依赖于其他主振型是否同时存在，这就是模态坐标得以解耦的原因。因此，位移响应向量是各阶模态贡献叠加的结果，而不是模态耦合的结果，各阶模态之间是不耦合的。

2. 主坐标正则坐标

用正则坐标矩阵 $\boldsymbol{A}_N$ 进行坐标变换，设

$$\boldsymbol{x} = \boldsymbol{A}_N \boldsymbol{x}_N \qquad (4\text{-}85)$$

$\boldsymbol{x}_N$ 是正则坐标矢量。将式（4-85）代入式（4-4），得

$$\boldsymbol{M} \boldsymbol{A}_N \ddot{\boldsymbol{x}}_N + \boldsymbol{K} \boldsymbol{A}_N \boldsymbol{x}_N = 0 \qquad (4\text{-}86)$$

将该式前乘 $\boldsymbol{A}_N^T$，得

$$\boldsymbol{A}_N^T \boldsymbol{M} \boldsymbol{A}_N \ddot{\boldsymbol{x}}_N + \boldsymbol{A}_N^T \boldsymbol{K} \boldsymbol{A}_N \boldsymbol{x}_N = 0 \qquad (4\text{-}87)$$

由正则矩阵的两个性质，即式（4-58），得

$$\ddot{x}_N + \omega^2 x_N = 0 \tag{4-88}$$

或

$$\ddot{x}_{Ni} + \omega_i^2 x_{Ni} = 0, \ i = 1, 2, 3 \tag{4-89}$$

4.3 汽车多自由度无阻尼自由振动系统

【课堂小讨论】

比亚迪"云辇-C"（图4-8）可以通过路面的实时感知，及时调整车辆的电控减振系统，改变悬架特性，以达到抑制左右侧倾、抑制前后俯仰、抑制垂向振动的目的，能够有效减小坐姿位移、降低侧翻风险、避免车辆受困。"云辇-C"以高频小阻尼提升车辆的平顺性，在60km/h的连续振动路面下，隔振率高达96%。在100km/h紧急制动时，车身俯仰角速度减小约36.7%，在100km/h的双移线工况下，侧倾角速度减小约39.7%，有效提升了操控的稳定性，让驾驶人的信心倍增。例如高速行驶时，云辇系统会让底盘变得更"硬"，使车辆获得更小的转弯侧倾及更好的操控体验；当车辆经过坏路、颠簸路段时，云辇系统会将底盘变得更"软"，以获得最佳的舒适度；当车辆急加速或急制动时，云辇系统还能减轻车辆的仰头/点头程度。"云辇-C"系统拥有结构简单、成本低的优势，因此该系统被搭载到比亚迪的中端车型上。

图4-8 比亚迪"云辇-C"

通过深入研究汽车多自由度无阻尼自由振动特性，有助于改进汽车动力学性能、安全性和舒适性，同时也有助于推动汽车工程领域的创新和发展，以适应不断变化的市场需求和环境标准。本书以三自由度无阻尼系统为例研究汽车自由振动特性。

已知三自由度无阻尼系统的自由振动运动微分方程为

$$M\ddot{x} + Kx = 0 \tag{4-90}$$

当 $t = 0$ 时,系统的初始位移与初始速度为

$$\begin{cases} x(0) = x_0 = (x_1(0), x_2(0), x_3(0))^T \\ \dot{x}(0) = \dot{x}_0 = (\dot{x}_1(0), \dot{x}_2(0), \dot{x}_3(0))^T \end{cases} \tag{4-91}$$

求系统对初始条件的响应。

求解的方法是:先利用主坐标变换或正则坐标变换,将系统的方程式转换成三个独立的单自由度形式的运动微分方程;然后利用单自由度系统求解自由振动的理论,求得用主坐标或正则坐标表示的响应;最后再反变换至原物理坐标,求出三自由度无阻尼系统对初始条件的响应。

将正则坐标变换的表达式

$$x = A_N x_N \tag{4-92}$$

代入式(4-4)中,便得到用正则坐标表示的运动微分方程如(4-88)的形式,即

$$\ddot{x}_N + \omega^2 x_N = 0 \tag{4-93}$$

由单自由度系统自由振动的理论,可得到式(4-93)对初始条件的响应为

$$x_{Ni} = x_{Ni}(0)\cos\omega_i t + \frac{\dot{x}_{Ni}(0)}{\omega_i}\sin\omega_i t, \ i = 1,2,3 \tag{4-94}$$

现在的问题是如何将 x_0 和 $\dot{x}_0$ 变换成用正则坐标表示的初始条件,即 $x_N(0)$ 和 $\dot{x}_N(0)$。由式(4-85)可得到

$$x_N = A_N^{-1} x \tag{4-95}$$

又由于 $A_N^T M A_N = I$,因此有

$$A_N^{-1} = A_N^T M \tag{4-96}$$

将式(4-96)代入式(4-95),得

$$x_N = A_N^T M x \tag{4-97}$$

由计算初始状态为

$$\begin{cases} x_N(0) = A_N^T M x_0 \\ \dot{x}_N(0) = A_N^T M \dot{x}_0 \end{cases} \tag{4-98}$$

将式(4-98)代入式(4-94)中,便得到用正则坐标表示的系统对初始条件的响应,然后结合式(4-85)可得到

$$x = A_N x_N = (A_N^{(1)} \quad A_N^{(2)} \quad A_N^{(3)}) \begin{pmatrix} x_{N1} \\ x_{N2} \\ x_{N3} \end{pmatrix} \quad (4\text{-}99)$$

$$= A_N^{(1)} x_{N1} + A_N^{(2)} x_{N2} + A_N^{(3)} x_{N3}$$

式（4-99）表明，系统的响应是由各阶振型叠加得到的，因而本方法又称为振型叠加法。

对于半正定系统，有固有圆频率 $\omega_i = 0$。系统具有刚体运动振型，因此，有 $\ddot{x}_{Ni} = 0$，对式（4-99）积分两次得到

$$x_{Ni} = x_{Ni}(0) + \dot{x}_{Ni}(0)t \quad (4\text{-}100)$$

[例 4-6] 如图 4-4 所示的汽车多自由度无阻尼振动系统，假设座椅质量 m_3 为 70kg，汽车车身质量 m_2 为 350kg，车轮质量 m_1 为 45kg，汽车悬架弹簧刚度 k_1 为 18000N/m，汽车座椅弹簧刚度 k_2 为 25000N/m，轮胎刚度 k_t 为 200000N/m，当 $t=0$ 时，$x_{10}=0.3$m，$x_{20}=0$m，$x_{30}=0$m，$\dot{x}_{10}=1.6$m/s，$\dot{x}_{20}=0$m/s，$\dot{x}_{30}=0$m/s，求：

1）汽车三自由度无阻尼自由振动的响应，并利用 MATLAB 绘制其位移时程曲线。
2）利用 Simulink 搭建模型，并绘制其位移时程曲线。

解： 系统的微分方程可以根据图 4-4 的受力示意图写为

$$\begin{cases} m_1 \ddot{x}_1 + k_1(x_1 - x_2) + k_t x_1 = 0 \\ m_2 \ddot{x}_2 + k_2(x_2 - x_3) + k_1(x_2 - x_1) = 0 \\ m_3 \ddot{x}_3 + k_2(x_3 - x_2) = 0 \end{cases} \quad (4\text{-}101)$$

写成矩阵形式为

$$\begin{bmatrix} m_1 & 0 & 0 \\ 0 & m_2 & 0 \\ 0 & 0 & m_3 \end{bmatrix} \begin{bmatrix} \ddot{x}_1 \\ \ddot{x}_2 \\ \ddot{x}_3 \end{bmatrix} + \begin{bmatrix} k_1 + k_t & -k_1 & 0 \\ -k_1 & k_1 + k_2 & -k_2 \\ 0 & -k_2 & k_2 \end{bmatrix} \begin{bmatrix} x_1 \\ x_2 \\ x_3 \end{bmatrix} = 0 \quad (4\text{-}102)$$

可以写出其特征矩阵为

$$B = K - \omega^2 M = \begin{bmatrix} k_1 + k_t - \omega^2 m_1 & -k_1 & 0 \\ -k_1 & k_1 + k_2 - \omega^2 m_2 & -k_2 \\ 0 & -k_2 & k_2 - \omega^2 m_3 \end{bmatrix} \quad (4\text{-}103)$$

由频率方程 $|K - \omega^2 M| = 0$，解出三个固有圆频率为

$$\omega_1 = 6.2060, \quad \omega_2 = 20.9076, \quad \omega_3 = 69.6333 \quad (4\text{-}104)$$

特征矩阵 B 的伴随矩阵的第一列为

$$\mathrm{adj}\boldsymbol{B} = \begin{bmatrix} k_1k_2 - k_1m_3\omega^2 - k_2m_2\omega^2 - k_2m_3\omega^2 + m_2m_3\omega^4 & \vdots & \vdots \\ k_1(-m_3\omega^2 + k_2) & & \\ k_1k_2 & & \end{bmatrix} \quad (4\text{-}105)$$

将各个固有圆频率代入，可以求出各阶主振型为

$$\begin{cases} \boldsymbol{A}^{(1)} = \begin{bmatrix} 3.34\times10^7 & 4.01\times10^8 & 4.5\times10^8 \end{bmatrix}^\mathrm{T} \\ \boldsymbol{A}^{(2)} = \begin{bmatrix} -9.15\times10^6 & -1.01\times10^8 & 4.5\times10^8 \end{bmatrix}^\mathrm{T} \\ \boldsymbol{A}^{(3)} = \begin{bmatrix} 5.19\times10^{11} & -5.66\times10^9 & 4.5\times10^8 \end{bmatrix}^\mathrm{T} \end{cases} \quad (4\text{-}106)$$

主阵型矩阵为

$$\boldsymbol{A}_\mathrm{P} = \begin{bmatrix} 3.34\times10^7 & -9.15\times10^6 & 5.19\times10^{11} \\ 4.01\times10^8 & -1.01\times10^8 & -5.66\times10^9 \\ 4.5\times10^8 & 4.5\times10^8 & 4.5\times10^8 \end{bmatrix} \quad (4\text{-}107)$$

可以求出主质量矩阵为

$$\boldsymbol{M}_\mathrm{P} = \boldsymbol{A}_\mathrm{P}^\mathrm{T}\boldsymbol{M}\boldsymbol{A}_\mathrm{P} = \begin{bmatrix} 7.06\times10^{19} & -20480 & 622592 \\ 22528 & 1.77\times10^{19} & -30474240 \\ 622592 & -30507008 & 1.22\times10^{25} \end{bmatrix} \quad (4\text{-}108)$$

根据式（4-54），求出正则振型矩阵为

$$\boldsymbol{A}_\mathrm{N} = \begin{bmatrix} 0.004 & -0.0022 & 0.1490 \\ 0.0478 & -0.0239 & -0.0016 \\ 0.0535 & 0.1069 & 1.29\times10^{-4} \end{bmatrix} \quad (4\text{-}109)$$

由式（4-96）得

$$\begin{aligned} \boldsymbol{A}_\mathrm{N}^{-1} = \boldsymbol{A}_\mathrm{N}^\mathrm{T}\boldsymbol{M} &= \begin{bmatrix} 0.004 & -0.0022 & 0.1490 \\ 0.0478 & -0.0239 & -0.0016 \\ 0.0535 & 0.1069 & 1.29\times10^{-4} \end{bmatrix}^\mathrm{T} \begin{bmatrix} 45 & 0 & 0 \\ 0 & 350 & 0 \\ 0 & 0 & 70 \end{bmatrix} \\ &= \begin{bmatrix} 0.180 & 16.730 & 3.745 \\ -0.099 & -8.365 & 7.483 \\ 6.705 & -0.560 & 0.009 \end{bmatrix} \end{aligned} \quad (4\text{-}110)$$

再由式（4-98），得到

$$\boldsymbol{x}_\mathrm{N}(0) = \boldsymbol{A}_\mathrm{N}^\mathrm{T}\boldsymbol{M}\boldsymbol{x}_0 = \begin{bmatrix} 0.0540 & -0.0297 & 2.0115 \end{bmatrix}^\mathrm{T} \quad (4\text{-}111)$$

$$\dot{\boldsymbol{x}}_\mathrm{N}(0) = \boldsymbol{A}_\mathrm{N}^\mathrm{T}\boldsymbol{M}\dot{\boldsymbol{x}}_0 = \begin{bmatrix} 0.2880 & -0.1584 & 10.7280 \end{bmatrix}^\mathrm{T} \quad (4\text{-}112)$$

根据式（4-94）可得

$$\begin{cases} x_{N1} = 0.0540\cos 6.2060t + 0.0464\sin 6.2060t \\ x_{N2} = -0.0297\cos 20.9076t - 0.0076\sin 20.9076t \\ x_{N3} = 2.0115\cos 69.6333t + 0.1539\sin 69.6333t \end{cases} \quad (4\text{-}113)$$

由式（4-99），可求出系统响应为

$$\boldsymbol{x} = \boldsymbol{A}_N \boldsymbol{x}_N = (\boldsymbol{A}_N^{(1)} \quad \boldsymbol{A}_N^{(2)} \quad \boldsymbol{A}_N^{(3)}) \begin{pmatrix} x_{N1} \\ x_{N2} \\ x_{N3} \end{pmatrix} \quad (4\text{-}114)$$

由于三自由度振动系统求解比较困难，可以利用 MATLAB 编程实现上述公式的计算，具体代码如下：

1	clc	
2	clear	
3	k_t = 200000;	% 参数设置
4	k_1 = 18000;	
5	k_2 = 25000;	
6	m_1 = 45;	
7	m_2 = 350;	
8	m_3 = 70;	
9	K = [k_1+k_t -k_1 0;-k_1 k_1+k_2 -k_2;0 -k_2 k_2];	% 刚度矩阵
10	M = [m_1 0 0;0 m_2 0; 0 0 m_3];	% 质量矩阵
11	syms w	
12	B = K-w^2*M;	% 特征矩阵
13	adjB = inv(B)*det(B);	% 求伴随矩阵
14	A = adjB(:,1);	
15	[eig_vec,eig_val] = eig(inv(M)*K);	% 计算矩阵特征值和特征向量
16	omeg = sort(sqrt(diag(eig_val)));	% 求固有圆频率
17	w = omeg(1);	
18	A_1 = eval(subs(A,w));	% 求各阶主振型
19	w = omeg(2);	
20	A_2 = eval(subs(A,w));	% 求各阶主振型
21	w = omeg(3);	
22	A_3 = eval(subs(A,w));	% 求各阶主振型
23	A_p = [A_1,A_2,A_3];	% 主阵型矩阵
24	M_p = A_p'*M*A_p;	% 主质量矩阵

25	for i = 1:3	
26	A_N(:,i) = A_p(:,i)/sqrt(M_p(i,i));	% 求正则振型矩阵
27	end	
28	A_N_1 = A_N'*M;	
29	x_N_0 = A_N'*M*[0.3 0 0]';	% x_N(0)
30	x_N_dot_0 = A_N'*M*[1.6 0 0]';	% x_N(0)_dot
31	syms t	
32	for i = 1:3	
33	x_N(i,1) = x_N_0(i)*cos(omeg(i)*t)+(x_N_dot_0(i)/omeg(i))*sin(omeg(i)*t)	
34	end	
35	x = A_N*x_N	
36	t = 0:0.1:20	
37	X = eval(subs(x))	
38	subplot(3,1,1)	
39	set(gca,'Position',[0.12 0.72 0.8 0.24]);	
40	plot(t,X(3,:),'r','linewidth',1.5);hold on	
41	xlabel('t','FontSize',15,'FontName','Times New Roman');	
42	ylabel('x_3','FontSize',15,'Rotation',90,'FontName','Times New Roman');	
43	set(gca,'LineWidth',1.5);	
44	set(gca,'FontSize',12,'FontName','Times new roman','FontWeight','bold');	
45	subplot(3,1,2)	
46	set(gca,'Position',[0.12 0.42 0.8 0.24]);	
47	plot(t,X(2,:),'b','linewidth',1.5);hold on	
48	xlabel('t','FontSize',15,'FontName','Times New Roman');	
49	ylabel('x_2','FontSize',15,'Rotation',90,'FontName','Times New Roman');	
50	set(gca,'LineWidth',1.5);	
51	set(gca,'FontSize',12,'FontName','Times new roman','FontWeight','bold');	
52	subplot(3,1,3)	
53	set(gca,'Position',[0.12 0.12 0.8 0.24]);% 图的位置	
54	plot(t,X(1,:),'k','linewidth',1.5);hold on	
55	xlabel('t','FontSize',15,'FontName','Times New Roman');	
56	ylabel('x_1','FontSize',15,'Rotation',90,'FontName','Times New Roman');	
57	set(gca,'LineWidth',1.5);	
58	set(gca,'FontSize',12,'FontName','Times new roman','FontWeight','bold');

自由振动的位移时程曲线如图 4-9 所示。

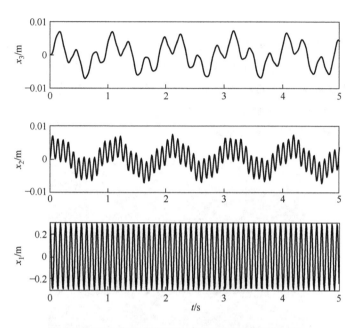

图 4-9 三自由度无阻尼自由振动的位移时程曲线

此外，利用的汽车三自由度无阻尼自由振动的微分方程，在 Simulink 中搭建图 4-10 所示的仿真模型，也可以得到相同的位移时程曲线。

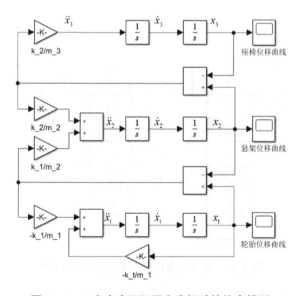

图 4-10 三自由度无阻尼自由振动的仿真模型

4.4 汽车多自由度有阻尼受迫振动系统

【课堂小讨论】

蔚来汽车首开先河，全系车型标配空气悬架。过去空气悬架系统主要配置在如捷豹路虎、沃尔沃、奔驰等高端汽车品牌的部分车型中。随着国内自主车企不断推出高档品牌，空气悬架成为高端品牌增配的主要产品之一，比如蔚来汽车。蔚来汽车目前已经量产的 EC6、ES6、ES8 轿车均配置空气悬架系统，同时其首款高端电动轿车蔚来 ET7（图 4-11）也标配了空气悬架系统。

图 4-11 蔚来 ET7

以图 4-12 所示的汽车三自由度有阻尼受迫振动系统为研究对象，取座椅、车身和车轮的静平衡位置为坐标原点，车身和车轮振动位移沿弹簧形变方向铅直向上为正。假设汽车上作用一简谐激振力

$$f(t) = F\sin\omega t \tag{4-115}$$

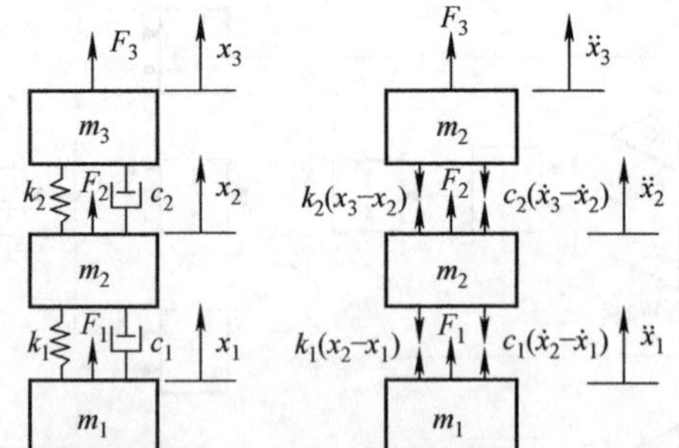

图 4-12 汽车三自由度有阻尼受迫振动系统

汽车二自由度有阻尼系统受迫振动的微分方程为

$$\begin{cases} m_1\ddot{x}_1 + k_1(x_1-x_2) + c_1(\dot{x}_1-\dot{x}_2) + k_t x_1 = F_1 \\ m_2\ddot{x}_2 + k_2(x_2-x_3) + c_2(\dot{x}_2-\dot{x}_3) + k_1(x_2-x_1) + c_1(\dot{x}_2-\dot{x}_1) = F_2 \\ m_3\ddot{x}_3 + k_2(x_3-x_2) + c_2(\dot{x}_3-\dot{x}_2) = F_3 \end{cases} \quad (4\text{-}116)$$

将式（4-116）表示为矩阵形式：

$$\boldsymbol{M}\ddot{\boldsymbol{x}} + \boldsymbol{C}\dot{\boldsymbol{x}} + \boldsymbol{K}\boldsymbol{x} = \boldsymbol{f}(t) \quad (4\text{-}117)$$

当多自由度振动系统中的阻尼矩阵是比例阻尼时，利用正则坐标变换可对方程（4-117）解耦。即

$$\ddot{\boldsymbol{x}}_N + \boldsymbol{C}_N \dot{\boldsymbol{x}}_N + \boldsymbol{\omega}^2 \boldsymbol{x}_N = \boldsymbol{q}_N \quad (4\text{-}118)$$

式中

$$\begin{cases} \boldsymbol{q}_N = \boldsymbol{A}_N^T[\boldsymbol{f}(t)] = \boldsymbol{Q}_N \sin\omega t \\ \boldsymbol{Q}_N = \boldsymbol{A}_N^T \boldsymbol{F} \\ C_{Ni} = 2\zeta_i \omega_i \end{cases} \quad (4\text{-}119)$$

则式（4-118）可写成

$$\ddot{x}_{Ni} + 2\zeta_i \omega_i \dot{x}_N + \omega_i^2 x_{Ni} = Q_{Ni}\sin\omega t, \ i=1,2,3 \quad (4\text{-}120)$$

由单自由度受迫振动理论，可得到式（4-120）的稳态响应为

$$x_{Ni} = B_{Ni}\sin(\omega t - \varphi_i), \ i=1,2,3 \quad (4\text{-}121)$$

式中

$$B_{Ni} = \frac{\dfrac{Q_{Ni}}{\omega_i^2}}{\sqrt{(1-\lambda_i^2)^2 + (2\zeta_i\lambda_i)^2}} \quad (4\text{-}122)$$

$$\tan\varphi_i = \frac{2\zeta_i\lambda_i}{1-\lambda_i^2}, \ \lambda_i = \frac{\omega}{\omega_i}, \ i=1,2,3 \quad (4\text{-}123)$$

再由正则坐标变换关系式

$$\boldsymbol{x} = \boldsymbol{A}_N \boldsymbol{x}_N \quad (4\text{-}124)$$

得到系统的稳态响应为

$$\boldsymbol{x} = \boldsymbol{A}_N^{(1)} x_{N1} + \boldsymbol{A}_N^{(2)} x_{N2} + \boldsymbol{A}_N^{(3)} x_{N3} \quad (4\text{-}125)$$

这种方法称为求有阻尼振动系统响应的振型叠加法。利用主坐标变换或正则坐标变换使方程解耦的分析方法，称为正规模态法或实模态分析法。

[**例 4-7**] 如图 4-12 所示的汽车三自由度有阻尼振动系统，假设座椅质量 m_3 为 70kg，汽车车身质量 m_2 为 350kg，车轮质量 m_1 为 45kg，汽车悬架弹簧刚度 k_1 为 18000N/m，汽车座椅弹簧刚度 k_2 为 25000N/m，轮胎刚度 k_t 为 200000N/m，悬架阻尼 c_1 为 1500N·s/m，座椅阻尼 c_2 为 156N·s/m，车轮始终受到一个 $F=F_0\sin 2t$ 的持续激振力，$t=0$ 时，$x_{10}=0.3$m，$x_{20}=0$m，$x_{30}=0$m，$\dot{x}_{10}=1.6$m/s，$\dot{x}_{20}=0$m/s，$\dot{x}_{30}=0$m/s，$F_0=1800$N。求：

1）汽车三自由度有阻尼受迫振动的稳态表达式，并利用 MATLAB 绘制其位移时程曲线。

2）利用 MATLAB/Simulink 绘制其位移时程曲线。

解：1）由简化模型列写无阻尼受迫振动方程为

$$M\ddot{x} + Kx = f \tag{4-126}$$

式中，

$$M = \begin{bmatrix} m_1 & 0 & 0 \\ 0 & m_2 & 0 \\ 0 & 0 & m_3 \end{bmatrix}, \quad K = \begin{bmatrix} k_1 + k_t & -k_1 & 0 \\ -k_1 & k_1 + k_2 & -k_2 \\ 0 & -k_2 & k_2 \end{bmatrix}, \quad f = \begin{bmatrix} F_0 \\ 0 \\ 0 \end{bmatrix} \sin 2t$$

由频率方程 $|K - \omega^2 M| = 0$ 可得：

$$\omega_1 = 6.2060, \quad \omega_2 = 20.9076, \quad \omega_3 = 69.6333 \tag{4-127}$$

$$f_1 = \frac{1}{2\pi}\omega_1 = 0.9877, \quad f_2 = \frac{1}{2\pi}\omega_2 = 3.3275, \quad f_3 = \frac{1}{2\pi}\omega_3 = 11.0825 \tag{4-128}$$

由特征矩阵 $B = K - \omega^2 M$ 的伴随矩阵的第一列，可得：

$$\mathrm{adj}\,B = \begin{bmatrix} k_1 k_2 - k_1 m_3 \omega^2 - k_2 m_2 \omega^2 - k_2 m_3 \omega^2 + m_2 m_3 \omega^4 & \vdots & \vdots \\ k_1(-m_3 \omega^2 + k_2) & & \\ k_1 k_2 & & \end{bmatrix} \tag{4-129}$$

将各个固有圆频率代入，可以求出各阶主振型为

$$\begin{cases} A^{(1)} = \begin{bmatrix} 3.34 \times 10^7 & 4.01 \times 10^8 & 4.5 \times 10^8 \end{bmatrix}^\mathrm{T} \\ A^{(2)} = \begin{bmatrix} -9.15 \times 10^6 & -1.01 \times 10^8 & 4.5 \times 10^8 \end{bmatrix}^\mathrm{T} \\ A^{(3)} = \begin{bmatrix} 5.19 \times 10^{11} & -5.66 \times 10^9 & 4.5 \times 10^8 \end{bmatrix}^\mathrm{T} \end{cases} \tag{4-130}$$

主阵型矩阵为

$$A_\mathrm{p} = \begin{bmatrix} 3.34 \times 10^7 & -9.15 \times 10^6 & 5.19 \times 10^{11} \\ 4.01 \times 10^8 & -1.01 \times 10^8 & -5.66 \times 10^9 \\ 4.5 \times 10^8 & 4.5 \times 10^8 & 4.5 \times 10^8 \end{bmatrix} \tag{4-131}$$

可以求出主质量矩阵为

$$M_\mathrm{p} = A_\mathrm{p}^\mathrm{T} M A_\mathrm{p} = \begin{bmatrix} 7.06 \times 10^{19} & -20480 & 622592 \\ 22528 & 1.77 \times 10^{19} & -30474240 \\ 622592 & -30507008 & 1.22 \times 10^{25} \end{bmatrix} \tag{4-132}$$

根据式（4-54），求出正则振型矩阵为

$$A_\mathrm{N} = \begin{bmatrix} 0.004 & -0.0022 & 0.1490 \\ 0.0478 & -0.0239 & -0.0016 \\ 0.0535 & 0.1069 & 1.29 \times 10^{-4} \end{bmatrix} \quad (4\text{-}133)$$

进行坐标变换，将 $\boldsymbol{x} = \boldsymbol{A}_\mathrm{N}\boldsymbol{x}_\mathrm{N}$ 代入振动方程，得：

$$\ddot{x}_{\mathrm{N}i} + \omega_i^2 x_{\mathrm{N}i} = Q_{\mathrm{N}i}\sin\omega t, \ i = 1,2,3 \quad (4\text{-}134)$$

引入振型阻尼比，则

$$\ddot{x}_{\mathrm{N}i} + 2\zeta_i\omega_i\dot{x}_{\mathrm{N}i} + \omega_i^2 x_{\mathrm{N}i} = Q_{\mathrm{N}i}\sin\omega t, \ i = 1,2,3 \quad (4\text{-}135)$$

或

$$\begin{bmatrix} \ddot{x}_{\mathrm{N}1} \\ \ddot{x}_{\mathrm{N}2} \\ \ddot{x}_{\mathrm{N}3} \end{bmatrix} + 2\begin{bmatrix} \zeta_1 \\ \zeta_2 \\ \zeta_3 \end{bmatrix}\begin{bmatrix} \omega_1 & 0 & 0 \\ 0 & \omega_2 & 0 \\ 0 & 0 & \omega_3 \end{bmatrix}\begin{bmatrix} \dot{x}_{\mathrm{N}1} \\ \dot{x}_{\mathrm{N}2} \\ \dot{x}_{\mathrm{N}3} \end{bmatrix} + \begin{bmatrix} \omega_1^2 & 0 & 0 \\ 0 & \omega_2^2 & 0 \\ 0 & 0 & \omega_3^2 \end{bmatrix}\begin{bmatrix} x_{\mathrm{N}1} \\ x_{\mathrm{N}2} \\ x_{\mathrm{N}3} \end{bmatrix}$$

$$= \boldsymbol{A}_\mathrm{N}^\mathrm{T}\begin{bmatrix} F_1 \\ F_2 \\ F_3 \end{bmatrix}\sin\omega t = \begin{bmatrix} 7.1563 \\ -3.9096 \\ 268.2042 \end{bmatrix}\sin\omega t = \begin{bmatrix} Q_{\mathrm{N}1} \\ Q_{\mathrm{N}2} \\ Q_{\mathrm{N}3} \end{bmatrix} \quad (4\text{-}136)$$

求正则坐标的响应。由

$$\begin{cases} B_{\mathrm{N}i} = \dfrac{Q_{\mathrm{N}i}/\omega_i^2}{\sqrt{(1-\lambda_i^2)^2 + (2\zeta_i\lambda_i)^2}} \\ \lambda_i = \dfrac{\omega}{\omega_i} \\ \varphi_i = \arctan\dfrac{2\zeta_i\lambda_i}{1-\lambda_i^2}, \ i = 1,2,3 \\ x_{\mathrm{N}i} = B_{\mathrm{N}i}\sin(\omega t - \varphi_i) \end{cases} \quad (4\text{-}137)$$

式中，

$$\begin{cases} \zeta_1 = 0, \zeta_2 = 0.2988, \zeta_3 = 0.0590 \\ \lambda_1 = 0.3222, \lambda_2 = 0.0957, \lambda_3 = 0.0287 \\ \varphi_1 = 0, \varphi_1 = 0.0576, \varphi_1 = 0.0034 \\ B_1 = 0.2073, B_2 = -0.0090, B_3 = 0.0554 \end{cases} \quad (4\text{-}138)$$

则

$$\boldsymbol{x}_\mathrm{N} = \begin{bmatrix} 0.2073\sin(2t) \\ -0.0090\sin(2t - 0.0576) \\ 0.0554\sin(2t - 0.0034) \end{bmatrix} \quad (4\text{-}139)$$

则 $\boldsymbol{x} = \boldsymbol{A}_\mathrm{N}\boldsymbol{x}_\mathrm{N}$ 为

$$\begin{bmatrix} x_1 \\ x_2 \\ x_3 \end{bmatrix} = \begin{bmatrix} 0.004 & -0.0022 & 0.1490 \\ 0.0478 & -0.0239 & -0.0016 \\ 0.0535 & 0.1069 & 1.29 \times 10^{-4} \end{bmatrix} \begin{bmatrix} 0.2073\sin 2t \\ -0.0090\sin(2t - 0.0576) \\ 0.0554\sin(2t - 0.0034) \end{bmatrix}$$

$$= \begin{bmatrix} 8.242 \times 10^{-4} \\ 9.902 \times 10^{-3} \\ 0.0111 \end{bmatrix} \sin 2t + \begin{bmatrix} 1.955 \times 10^{-5} \\ 2.154 \times 10^{-4} \\ -9.617 \times 10^{-4} \end{bmatrix} \sin(2t - 0.0576) + \quad (4\text{-}140)$$

$$\begin{bmatrix} 8.255 \times 10^{-3} \\ -8.994 \times 10^{-5} \\ 7.151 \times 10^{-6} \end{bmatrix} \sin(2t - 0.0034)$$

利用汽车三自由度有阻尼振动系统稳态振动的响应,在 MATLAB 的命令行窗口中直接进行求解。计算方法如下:

1	clc	
2	clear	
3	t = 0:0.001:10;	% 定义 t 取值范围
4	x_1 = (8.242*10^-4)*sin(2*t)+(1.955*10^-5)*sin(2*t-0.0576)+(8.255*10^-3)*sin(2*t-0.0034);	% 计算受迫振动稳态响应表达式
5	x_2 = (9.902*10^-3)*sin(2*t)+(2.154*10^-4)*sin(2*t-0.0576)+(-8.994*10^-5)*sin(2*t-0.0034);	
6	x_3 = (0.0111)*sin(2*t)+(-9.617*10^-4)*sin(2*t-0.0576)+(7.151*10^-6)*sin(2*t-0.0034);	
7	subplot(3,1,1)	% 绘制 3 行 1 列的第 1 个子图
8	plot(t,x_3,'r','linewidth',1.5);hold on	
9	xlabel('t','FontSize',15,'FontName','Times New Roman');	% 设置横坐标名称
10	ylabel('x_3','FontSize',15,'Rotation',90,'FontName','Times New Roman');	% 设置纵坐标名称
11	set(gca,'LineWidth',1.5);	% 设置坐标轴线宽
12	set(gca,'FontSize',12,'FontName','Times new roman','FontWeight','bold');	% 设置坐标轴字体
13	subplot(3,1,2)	% 绘制 3 行 1 列的第 2 个子图
14	plot(t,x_2,'b','linewidth',1.5);hold on	
15	xlabel('t','FontSize',15,'FontName','Times New Roman');	% 设置横坐标名称
16	ylabel('x_2','FontSize',15,'Rotation',90,'FontName','Times New Roman');	% 设置纵坐标名称
17	set(gca,'LineWidth',1.5);	% 设置坐标轴线宽
18	set(gca,'FontSize',12,'FontName','Times new roman','FontWeight','bold');	% 设置坐标轴字体
19	subplot(3,1,3)	% 绘制 3 行 1 列的第 3 个子图
20	plot(t,x_1,'k','linewidth',1.5);hold on	
21	xlabel('t','FontSize',15,'FontName','Times New Roman');	% 设置横坐标名称
22	ylabel('x_1','FontSize',15,'Rotation',90,'FontName','Times New Roman');	% 设置纵坐标名称
23	set(gca,'LineWidth',1.5);	% 设置坐标轴线宽
24	set(gca,'FontSize',12,'FontName','Times new roman','FontWeight','bold');	% 设置坐标轴字体

稳态响应曲线如图 4-13 所示。

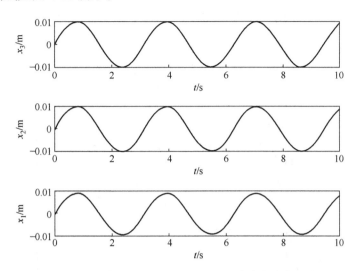

图 4-13　汽车三自由度有阻尼受迫振动稳态响应曲线

2）计算汽车三自由度有阻尼受迫振动的总响应。

根据汽车三自由度有阻尼受迫振动的微分方程，在 Simulink 中搭建图 4-14 所示的仿真模型。

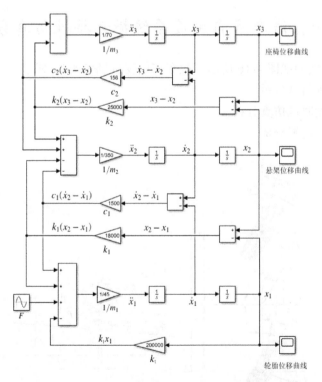

图 4-14　汽车三自由度有阻尼受迫振动 Simulink 模型

得到汽车三自由度有阻尼受迫振动总响应的位移时程曲线如图 4-15 所示。

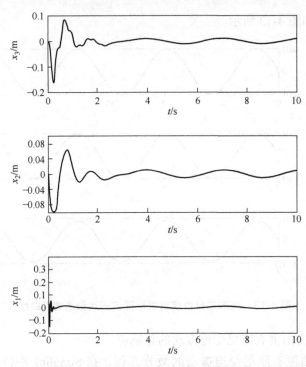

图 4-15 汽车三自由度有阻尼受迫振动总响应的位移时程曲线

4.5 工程案例：汽车多自由度系统振动特性仿真分析

汽车三自由度模型如图 4-16 所示。汽车初始变量见表 4-1。求：

1）侧偏角时域仿真分析。
2）横摆角速度时域仿真分析。
3）横摆角时域仿真分析。

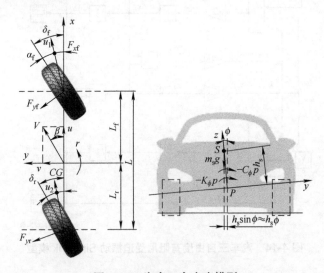

图 4-16 汽车三自由度模型

表 4-1 汽车模型参数含义及数值

符号	单位	含义	数值
m	kg	汽车质量	1985
m_s	kg	簧载质量	1500
h_s	m	质心 S 到横摆轴的距离	0.48
F_{yf}	N	前轮侧向力	—
F_{yr}	N	后轮侧向力	—
δ_f	rad	前轮转向角	—
δ_r	rad	后轮转向角	0
α_f	rad	前轮侧偏角	—
α_r	rad	后轮侧偏角	—
r	rad/s	偏航率	—
ϕ	rad	车身偏航角	—
p	rad/s	横摆率,$p=\dot{\phi}$	—
S	—	簧载质量质心	—
P	—	非簧载质量质心	—
CG	—	汽车质心	—
I_{zz}	kg·m²	绕 z 轴的转动惯量	2450
I_{xx}	kg·m²	绕 x 轴的转动惯量	660
I_{xz}	kg·m²	平面的惯性积由车辆关于 x 轴和 z 轴的两个方程组成	0
K_f	N/rad	前轮侧倾刚度	12600
K_r	N/rad	后轮侧倾刚度	16300
R_f	—	前轮侧倾转向系数	0.314
R_r	—	后轮侧倾转向系数	0
l_f	m	质心与前轮之间的距离	1.1
l_r	m	质心与后轮之间的距离	1.77
l	m	前后轮之间的距离,$l = l_f + l_r$	2.88
$K_{\phi f}$	N/rad	前悬架侧倾刚度	—
$K_{\phi r}$	N/rad	后悬架侧倾刚度	—
K_{ϕ}	N/rad	悬架总侧倾刚度,$K_\phi = K_{\phi f} + K_{\phi r}$	62000
$C_{\phi f}$	N·m/rad	前轮横摆阻尼	—
$C_{\phi r}$	N·m/rad	后轮横摆阻尼	—
C_{ϕ}	N·m/rad	悬架总横摆阻尼,$C_\phi = C_{\phi f} + C_{\phi r}$	3800
V	m/s	汽车速度	30
g	m/s²	重力加速度	9.8

解：车辆横向运动、偏航运动和侧倾运动的动力学方程为

$$\begin{cases} mV(\dot{\beta}+r) - m_s h_s \dot{p} = 2K_f\left(\delta_f + R_f\phi - \beta - \dfrac{l_f}{V}r\right) + 2K_r\left(\delta_r + R_r\phi - \beta + \dfrac{l_r}{V}r\right) \\ I_{zz}\dot{r} - I_{xz}\dot{p} = 2K_f\left(\delta_f + R_f\phi - \beta - \dfrac{l_f}{V}r\right)l_f - 2K_r\left(\delta_r + R_r\phi - \beta + \dfrac{l_r}{V}r\right)l_r \\ I_{xx}\dot{p} - I_{xz}\dot{r} - m_s h_s V(\dot{\beta}+r) = (-K_\phi + m_s g h_s)\phi - C_\phi p \end{cases} \quad (4\text{-}141)$$

1. 稳态分析

稳定车身横摆角为

$$\dfrac{\mathrm{d}\beta}{\mathrm{d}t} = \dfrac{\mathrm{d}r}{\mathrm{d}t} = \dfrac{\mathrm{d}^2\phi}{\mathrm{d}t^2} = \dfrac{\mathrm{d}\phi}{\mathrm{d}t} = 0 \quad (4\text{-}142)$$

车辆侧倾角为

$$\phi = \dfrac{m_s h_s V}{K_\phi - m_s g h_s} r \quad (4\text{-}143)$$

将式（4-143）代入式（4-142）可得

$$\begin{cases} mV(\dot{\beta}+r) = 2K_f\left(\delta_f - \beta - \dfrac{l_f'}{V}r\right) + 2K_r\left(\delta_r - \beta + \dfrac{l_r'}{V}r\right) \\ I_{zz}\dot{r} = 2K_f\left(\delta_f - \beta - \dfrac{l_f'}{V}r\right)l_f - 2K_r\left(\delta_r - \beta + \dfrac{l_r'}{V}r\right)l_r \end{cases} \quad (4\text{-}144)$$

式中

$$l_f' = l_f(1 + B_f V^2) \quad (4\text{-}145)$$

$$l_r' = l_r(1 + B_r V^2) \quad (4\text{-}146)$$

B_f 和 B_r 分别为 l_f' 和 l_r' 计算所需要的参数：

$$B_f = \dfrac{-m_s h_s R_f}{l_f(K_\phi - m_s g h_s)} \quad (4\text{-}147)$$

$$B_r = \dfrac{m_s h_s R_r}{l_r(K_\phi - m_s g h_s)} \quad (4\text{-}148)$$

稳态转向时，将 $\dot{\beta} = \dot{r} = 0$ 代入式（4-144），则横摆角速度为

$$r = \dfrac{1}{1 - \dfrac{m(l_f K_f - l_r K_r)}{2l(l_f' + l_r')K_f K_r}V^2} \dfrac{V}{(l_f' + l_r')} \delta_f \quad (4\text{-}149)$$

基于式（4-149）可绘制横摆率与车速之间的曲线，如图4-17所示。

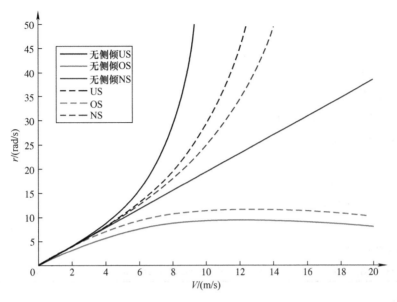

图 4-17　横摆率与车速之间的曲线

MATLAB程序如下：

1	clc;clear;close;	
2	m = 1985;ms = 1500;hs = 0.48;Kf = 12000;Kr = 12000;Rf = -0.314;Rr = 0;	% 初始化
3	lf = 1.5;lr = 1.1;l = lf+lr;Ko = 65000;Co = 3800;g = 9.8;fai = 5;	% 初始化
4	V = (0:0.1:20);	% 车速
5	Bf1 = (-ms*hs*Rf)/(lf*(Ko-ms*g*hs));Br1 = (ms*hs*Rr)/(lr*(Ko-ms*g*hs));	
6	Bf2 = (-ms*hs*Rf)/(lr*(Ko-ms*g*hs));Br2 = (ms*hs*Rr)/(lf*(Ko-ms*g*hs));	
7	Bf3 = (-ms*hs*Rf)/(lf*(Ko-ms*g*hs));Br3 = (ms*hs*Rr)/(lf*(Ko-ms*g*hs));	
8	lf1 = lf*(1+Bf1*V.^2);lr1 = lr*(1+Br1*V.^2);	% 前后轴到质心的距离
9	lf2 = lf*(1+Bf2*V.^2);lr2 = lr*(1+Br2*V.^2);	
10	lf3 = lf*(1+Bf3*V.^2);lr3 = lr*(1+Bf3*V.^2);	
11	rou1 = (V*fai)./(l*(1-ms.*(V.^2)*(lf*Kf-lr*Kr)/(Kf*Kr*l^2)));	% 角速度
12	rou2 = (V*fai)./(l*(1-ms.*(V.^2)*(lr*Kr-lf*Kf)/(Kf*Kr*l^2)));	
13	rou3 = (V*fai)./l;	
14	rou4 = (2*l.*(lf1+lr1)*Kf*Kr*fai.*V)./((2*l.*(lf1+lr1).*(lf1+lr1)*Kf*Kr)-m.*V.*V*(lf*Kf-lr*Kr).*(lf1+lr1));	
15	rou5 = (2*l.*(lf2+lr2)*Kf*Kr*fai.*V)./((2*l.*(lf2+lr2).*(lf2+lr2)*Kf*Kr)-m.*V.*V*(lr*Kf-lf*Kr).*(lf2+lr2));	

16	rou6 = (2*l.*(lf3+lr3)*Kf*Kr*fai.*V)./((2*l.*(lf3+lr3).*(lf3+lr3)*Kf*Kr)-m.*V.*V*(lf*Kf-lr*Kr).*(lf3+lr3));	
17	a = V(1:100);b = V(1:150);	
18	figure(1);hold on;	
19	plot(a,rou1(1:100),'b','linew',2);	% 绘制曲线
20	plot(V,rou2/1.2,'g','linew',2);	
21	plot(V,rou3,'r','linew',2);	
22	plot(b,rou4(1:150),'--b','linew',2);	
23	plot(V,rou5,'--g','linew',2);	
24	plot(V,rou6,'--r','linew',2);	
25	set(gca,'XLim',[0,20]);	
26	set(gca,'YLim',[0,50]);	
27	xlabel('V');	%X轴名称
28	ylabel('r(rad/s)');	%Y轴名称
29	legend('无侧倾 US','无侧倾 OS','无侧倾 NS','US','OS','NS','Location','Best')	% 注释

侧偏角为

$$\beta = \frac{\left(-mV + \dfrac{-2K_f l_f' + 2K_r l_r'}{V}\right)r + 2K_f \delta_f}{2K_f + 2K_r} \quad (4\text{-}150)$$

基于式（4-150）可绘制侧偏角与车速之间的曲线，如图4-18所示。

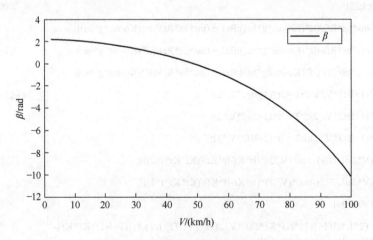

图4-18 侧偏角与车速关系曲线

MATLAB程序如下：

1	clc;clear;close;	
2	m = 1985;ms = 1500;hs = 0.48;Kf = 12000;Kr = 12000;Rf = -0.314;Rr = 0;	% 初始化
3	lf = 1.5;lr = 1.1;l = lf+lr;Ko = 65000;Co = 3800;g = 9.8;fai = 5;	% 初始化
4	V = (0 : 0.1 : 20);	% 车速
5	Bf1 = (-ms*hs*Rf)/(lf*(Ko-ms*g*hs));Br1 = (ms*hs*Rr)/(lr*(Ko-ms*g*hs));	
6	lf1 = lf*(1+Bf1*V.^2);lr1 = lr*(1+Br1*V.^2);	
7	rou4 = (2*l.*(lf1+lr1)*Kf*Kr*fai.*V)./((2*l.*(lf1+lr1).*(lf1+lr1)*Kf*Kr)-m.*V.*V*(lf*Kf-lr*Kr).*(lf1+lr1));	% 计算角速度
8	beta = (-m.*V-2*Kf.*lf1./V+2*Kr.*lr1./V).*rou4/(2*Kf+2*Kr)+2*Kf*fai/(2*Kf+2*Kr);	% 计算侧偏角
9	figure(1);	
10	plot(beta,'b','LineWidth',1.5);	% 绘制曲线
11	set(gca,'XLim',[0,100]);	% 限制横坐标范围
12	xlabel('V(km/h)');	% X轴名称
13	ylabel('r/rad');	% Y轴名称
14	legend('beta');	% 注释

横摆角为

$$\phi = \frac{1}{1 - \frac{m(l_f K_f - l_r K_r)}{2l(l'_f + l'_r) K_f K_r} V^2} \frac{m_s h_s V^2}{(K_\phi - m_s g h_s)(l'_f + l'_r)} \delta_f \quad (4-151)$$

基于式（4-151）可绘制横摆角与车速之间的曲线，如图 4-19 所示。

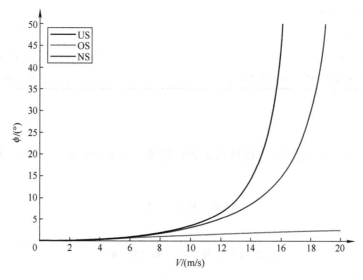

图 4-19 横摆角与车速关系曲线

MATLAB 程序如下：

1	clear;clc;close;	
2	m = 1985;ms = 1500;hs = 0.48;Kf = 12000;Kr = 12000;Rf = -0.314;Rr = 0;	% 初始化
3	lf = 1.5;lr = 1.1;l = lf+lr;Ko = 65000;Co = 3800;g = 9.8;fai = 5;	% 初始化
4	V = (0:0.1:20);	% 车速
5	Bf1 = (-ms*hs*Rf)/(lf*(Ko-ms*g*hs));Br1 = (ms*hs*Rr)/(lr*(Ko-ms*g*hs));	
6	Bf2 = (-ms*hs*Rf)/(lr*(Ko-ms*g*hs));Br2 = (ms*hs*Rr)/(lf*(Ko-ms*g*hs));	
7	Bf3 = (-ms*hs*Rf)/(lf*(Ko-ms*g*hs));Br3 = (ms*hs*Rr)/(lf*(Ko-ms*g*hs));	
8	lf1 = lf*(1+Bf1*V.^2);lr1 = lr*(1+Br1*V.^2);	% 前后轴到质心距离
9	lf2 = lf*(1+Bf2*V.^2);lr2 = lr*(1+Br2*V.^2);	
10	lf3 = lf*(1+Bf3*V.^2);lr3 = lr*(1+Bf3*V.^2);	
11	rou4 = ((2*l.*(lf1+lr1)*Kf*Kr*fai.*V)./((2*l.*(lf1+lr1).*(lf1+lr1)*Kf*Kr)-m.*V.*V*(lf*Kf-lr*Kr).*(lf1+lr1)))*ms*hs.*V/(Ko-ms*g*hs);	% 横摆角
12	rou5 = ((2*l.*(lf2+lr2)*Kf*Kr*fai.*V)./((2*l.*(lf2+lr2).*(lf2+lr2)*Kf*Kr)-m.*V.*V*(lr*Kf-lf*Kr).*(lf2+lr2)))*ms*hs.*V/(Ko-ms*g*hs);	
13	rou6 = ((2*l.*(lf3+lr3)*Kf*Kr*fai.*V)./((2*l.*(lf3+lr3).*(lf3+lr3)*Kf*Kr)-m.*V.*V*(lf*Kf-lr*Kr).*(lf3+lr3)))*ms*hs.*V/(Ko-ms*g*hs);	
14	b = V(1:170);	
15	figure(1);hold on;	
16	plot(b,rou4(1:170),'-b','LineWidth',1.5);	% 绘制曲线
17	plot(V,rou5,'-g','LineWidth',1.5);	
18	plot(V,rou6,'-r','LineWidth',1.5);	
19	set(gca,'XLim',[0,20]);	% 限制坐标范围
20	set(gca,'YLim',[0,50]);	
21	xlabel('V(m/s)');	% X 轴名称
22	ylabel('\phi/°');	% Y 轴名称
23	legend({'US','OS','NS'},'Location','Best')	% 注释

2. 瞬态分析

将侧滑角 β、横摆角速度 r、横摆角 ϕ 和横摆率 p 作为状态变量，状态表达式为

$$M_1 \dot{x} = M_2 x + M_3 u \tag{4-152}$$

$$\dot{x} = (M_1^{-1} M_2) x + (M_1^{-1} M_3) u \tag{4-153}$$

式中，$x = [\beta\ r\ \phi\ p]^T$ 是状态变量，$u = [\delta_f\ \delta_r]^T$ 是系统输入，$y = [\beta\ r\ \phi\ p]^T$ 是输出，

$$M_2 = \begin{bmatrix} -2K_f - 2K_r & \dfrac{2K_r l_r - 2K_f l_f}{V} - mV & 2K_f R_f + 2K_r R_r & 0 \\ -2K_f l_f + 2K_r l_r & -\dfrac{2K_f l_f^2 + 2K_r l_r^2}{V} & 2K_f R_f l_f - 2K_r R_r l_r & 0 \\ 0 & m_s h_s V & -K_\phi + m_s g h_s & -C_\phi \\ 0 & 0 & 0 & 1 \end{bmatrix},$$

、
$$M_3 = \begin{bmatrix} 2K_f & 2K_r \\ 2K_f l_f & -2K_r l_r \\ 0 & 0 \\ 0 & 0 \end{bmatrix}$$

状态空间方程为

$$\begin{cases} \dot{x} = Ax + Bu \\ y = Cx \end{cases} \tag{4-154}$$

式中，$A = M_1^{-1} M_2$；$B = M_1^{-1} M_3$；$C = \begin{bmatrix} 1 & 0 & 0 & 0 \\ 0 & 1 & 0 & 0 \\ 0 & 0 & 1 & 0 \\ 0 & 0 & 0 & 1 \end{bmatrix}$。

δ_f 和 δ_r 初始值均为 0，以 $V = 30\text{m/s}$ 行驶在相同路面下，根据式（4-154）建立 Simulink 仿真模型如图 4-20 所示。

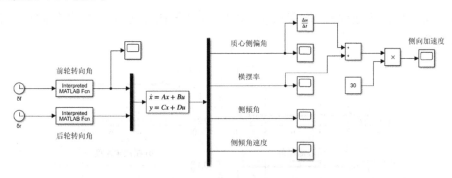

图 4-20　三自由度瞬态响应仿真模型

仿真初始化参数如下：

1	clear;clc;close;	
2	m = 1985;ms = 1500;hs = 0.48;Izz = 2450;Ixx = 660;Ixz = 0;	% 初始化
3	Kf = 12600;Kr = 16300;Rf = -0.314;Rr = 0;V = 30;	% 初始化
4	lf = 1.1;lr = 1.77;Ko = 62000;Co = 3800;g = 9.8;	% 初始化
5	M1 = [m*V 0 0 -ms*hs;0 Izz 0 -Ixz;-ms*hs*V -Ixz 0 Ixx;0 0 1 0];	% 系数
6	M2 = [-2*Kf-2*Kr（2*Kr*lr-2*Kf*lf）/V-m*V 2*Kf*Rf+2*Kr*Rr 0;2*Kf*lr-2*Kf*lf -（2*Kr*lr*lr+2*Kf*lf*lf）/V 2*Kf*lf*Rf-2*Kr*lr*Rr 0;0 ms*hs*V -Ko+ms*hs*g -Co;0 0 1];	% 系数

7	M3 = [2*Kf 2*Kr;2*Kf*lf -2*Kr*lr;0 0;0 0];	% 系数
8	A = M1\M2;C = [1 0 0 0;0 1 0 0;0 0 1 0;0 0 0 1];	% 状态变量
9	B = M1\M3;D = [0 0;0 0;0 0;0 0];	

前轮转向角输入分别为阶跃函数和正弦函数，如图 4-21 所示。

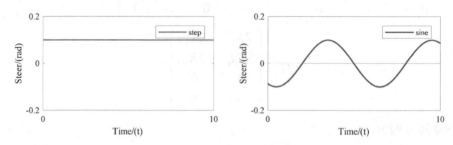

图 4-21 前轮转向角输入

阶跃输入为

$$y = \begin{cases} 1, & 0 \leqslant t \leqslant 10 \\ 0, & 其他 \end{cases} \quad (4-155)$$

正弦输入为

$$y = 0.1\sin\left(\frac{\pi}{3}(t-2)\right) \quad (4-156)$$

侧偏角 β、横摆角速度 r、横摆角 ϕ、横摆率 $\dot{\phi}$ 和横向加速度 a_y 的响应如图 4-22 所示，其中 $a_y = V(\dot{\beta} + r)$。

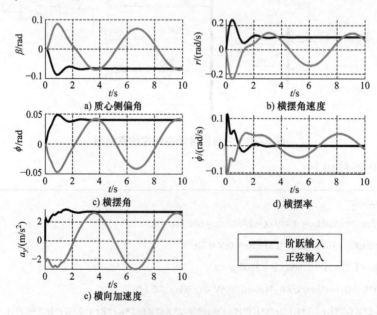

图 4-22 系统响应

4.6 本章习题

1. 如题图 4-1 所示的质量 - 弹簧系统，若 $m_1 = m_2 = m_3$，$k_1 = k_2 = k_3$，求其各阶固有频率和固有振型。

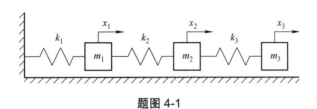

题图 4-1

2. 设 $k_1 = 6k$，$k_2 = k$，$M = 4m$，求题图 4-2 所示的质量 - 弹簧系统的固有圆频率及固有振型。

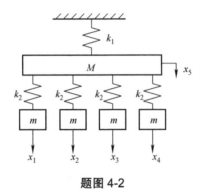

题图 4-2

3. 一机器系统如题图 4-3 所示，已知机器质量 $m_1 = 90\text{kg}$，减振器质量 $m_2 = 2.25\text{kg}$，若机器上有一偏心块质量为 0.5kg，偏心距 $e = 1\text{cm}$，机器转速 $n = 1800\text{r/min}$，求①减振器刚度多大才能使机器振幅为 0？②此时，减振器的振幅为多大？③若使减振器的振幅不超过 2mm，应如何改变减振器的参数？

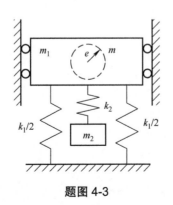

题图 4-3

4. 如题图 4-4 所示系统，$m_2 = 2m_1 = 2m$，$k_1 = k_2 = k_3 = k$，取图中的 x_1 和 x_2 为广义坐标，设初始条件为 $x_1 = x_2 = 0$，$\dot{x}_1 = v_0$，$\dot{x}_2 = 0$。在 m_1 上作用有激振力 $F_1(t) = PH_0(t)$，求系统的响应。

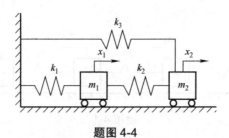

题图 4-4

参 考 文 献

[1] 陈家瑞. 汽车构造：下册 [M]. 3 版. 北京：机械工业出版社，2013.
[2] 李有堂. 机械振动理论与应用 [M]. 北京：科学出版社，2012.
[3] 鲍文博，白泉，陆海燕. 振动力学基础与 MATLAB 应用 [M]. 北京：清华大学出版社，2015.
[4] 刘习军，贾启芬，张素侠. 振动理论及工程应用 [M]. 北京：机械工业出版社，2016.
[5] 潘公宇，任萍丽. 汽车振动学基础及其应用 [M]. 北京：北京大学出版社，2013.
[6] SAVARESI S M, SPELTA C. A single-sensor control strategy for semi-active suspensions[J]. IEEE Transactions on control systems Technology, 2008, 17（1）: 143-152.
[7] 张俊红，洪刘生，杨文钊，等. 车辆悬架系统及其性能评价综述 [J]. 机械设计与研究，2015，31（6）: 147-153.
[8] 黄大山，王炳奇，刘海亮，等. 车辆悬架系统振动控制特性评价方法 [J]. 兵器装备工程学报，2021，42（3）: 114-118.
[9] GUO L X, ZHANG L P. Robust H ∞ control of active vehicle suspension under non-stationary running[J]. Journal of Sound and Vibration, 2012, 331（26）: 5824-5837.
[10] SUN W, PAN H, ZHANG Y, et al. Multi objective control for uncertain nonlinear active suspension systems[J]. Mechatronics, 2014, 24（4）: 318-327.
[11] PANG H, ZHANG X, XU Z. Adaptive backstepping-based tracking control design for nonlinear active suspension system with parameter uncertainties and safety constraints[J]. ISA transactions, 2019, 88: 23-36.
[12] LIAN R J. Enhanced adaptive self-organizing fuzzy sliding-mode controller for active suspension systems[J]. IEEE Transactions on Industrial Electronics, 2012, 60（3）: 958-968.
[13] DU H, ZHANG N. Takagi-Sugeno fuzzy control scheme for electrohydraulic active suspensions[J]. Control and Cybernetics, 2010, 39（4）: 1095-1115.
[14] LI H, YU J, HILTON C, et al. Adaptive sliding-mode control for nonlinear active suspension vehicle systems using T–S fuzzy approach[J]. IEEE Transactions on industrial electronics, 2012, 60（8）: 3328-3338.
[15] PANG H, ZHANG X, YANG J, et al. Adaptive backstepping-based control design for uncertain nonlinear active suspension system with input delay[J]. International Journal of Robust and Nonlinear Control, 2019, 29（16）: 5781-5800.
[16] SUN W, GAO H, KAYNAK O. Adaptive backstepping control for active suspension systems with hard constraints[J]. IEEE/ASME transactions on mechatronics, 2012, 18（3）: 1072-1079.
[17] VAN DER SANDE T P J, GYSEN B L J, BESSELINK I J M, et al. Robust control of an electromagnetic active suspension system: Simulations and measurements[J]. Mechatronics, 2013, 23（2）: 204-212.
[18] JING H, LI X, KARIMI H. Output-feedback based H ∞ control for active suspension systems with control delay[J]. IEEE Transactions on Industrial Electronics, 2014, 61（1）: 436-446.
[19] DESHPANDE V S, MOHAN B, SHENDGE P D, et al. Disturbance observer based sliding mode control of active suspension systems[J]. Journal of Sound and Vibration, 2014, 333（11）: 2281-2296.
[20] MORADI M, FEKIH A. Adaptive PID-sliding-mode fault-tolerant control approach for vehicle suspension systems subject to actuator faults[J]. IEEE Transactions on Vehicular Technology, 2013, 63（3）: 1041-1054.
[21] WANG H. Active fault tolerance control for active suspension with control input time-delay and actuator

gain variation fault[J]. International Journal of Heavy Vehicle Systems, 2020, 27(5): 703-722.

[22] XIONG J, CHANG X H, PARK J H, et al. Nonfragile fault-tolerant control of suspension systems subject to input quantization and actuator fault[J]. International Journal of Robust and Nonlinear Control, 2020, 30(16): 6720-6743.

[23] MORADI M, FEKIH A. A stability guaranteed robust fault tolerant control design for vehicle suspension systems subject to actuator faults and disturbances[J]. IEEE Transactions on Control Systems Technology, 2014, 23(3): 1164-1171.

[24] WANG R, JING H, KARIMI H R, et al. Robust fault-tolerant H_∞ control of active suspension systems with finite-frequency constraint[J]. Mechanical Systems and Signal Processing, 2015, 62: 341-355.

[25] LI H, LIU H, GAO H, et al. Reliable fuzzy control for active suspension systems with actuator delay and fault[J]. IEEE Transactions on Fuzzy Systems, 2011, 20(2): 342-357.

[26] LEE T H, LIM C P, NAHAVANDI S, et al. Observer-Based H_∞ Fault-Tolerant Control for Linear Systems with Sensor and Actuator Faults[J]. IEEE Systems Journal, 2018, 13(2): 1981-1990.

[27] QIU J, REN M, ZHAO Y, et al. Active fault-tolerant control for vehicle active suspension systems in finite-frequency domain[J]. IET control theory & applications, 2011, 5(13): 1544-1550.

[28] LIU S, ZHOU H, LUO X, et al. Adaptive sliding fault tolerant control for nonlinear uncertain active suspension systems[J]. Journal of the Franklin Institute, 2016, 353(1): 180-199.

[29] LI X, ZHU F. Fault-tolerant control for Markovian jump systems with general uncertain transition rates against simultaneous actuator and sensor faults[J]. International Journal of Robust and Nonlinear Control, 2017, 27(18): 4245-4274.

[30] FAN H, LIU B, WANG W, et al. Adaptive fault-tolerant stabilization for nonlinear systems with Markovian jumping actuator failures and stochastic noises[J]. Automatica, 2015, 51: 200-209.

[31] LI X, KARIMI H R, WANG Y, et al. Robust fault estimation and fault-tolerant control for Markovian jump systems with general uncertain transition rates[J]. Journal of the Franklin Institute, 2018, 355(8): 3508-3540.

[32] LU D, ZENG G, LIU J. Non-fragile simultaneous actuator and sensor fault-tolerant control design for Markovian jump systems based on adaptive observer[J]. Asian Journal of Control, 2018, 20(1): 125-134.

[33] DE SOUZA C E, TROFINO A, BARBOSA K A. Mode-Independent H_∞ Filters for Markovian Jump Linear Systems[J]. IEEE Transactions on Automatic Control, 2006, 51(11): 1837-1841.

[34] 成洁. 车辆悬架系统的非线性振动特性研究[D]. 西安: 西北工业大学, 2006.

[35] YILDIZ A S, SIVRIOĞLU S, ZERGEROĞLU E, et al. Nonlinear adaptive control of semi-active MR damper suspension with uncertainties in model parameters[J]. Nonlinear Dynamics, 2015, 79: 2753-2766.

[36] 孙鹏远, 陈虹, 康健, 等. 汽车主动悬架的约束预测控制[J]. 吉林大学学报(信息科学版), 2002, 20(2): 47-53.

[37] 王望予. 汽车设计[M]. 4版. 北京: 机械工业出版社, 2004.

[38] ŻARDECKI D, DĘBOWSKI A. Non-smooth models and simulation studies of the suspension system dynamics basing on piecewise linear luz(⋯) and tar(⋯) projections[J]. Applied Mathematical Modelling, 2021, 94: 619-634.

[39] ZAPATEIRO M, POZO F, KARIMI H R, et al. Semiactive control methodologies for suspension control with magnetorheological dampers[J]. IEEE/ASME Transactions on mechatronics, 2011, 17(2):

370-380.
- [40] 于显利.车辆主动悬架集成控制策略研究 [D].长春：吉林大学，2010.
- [41] 黄立君，高志刚.电动汽车悬架系统主动控制策略分析 [J].汽车与新动力，2022，5（1）：52-54.
- [42] 石波，刘悦.主动悬架系统控制策略研究 [J].汽车实用技术，2020（2）：109-110，113.
- [43] 丁科，侯朝桢，罗莉.车辆主动悬架的神经网络模糊控制 [J].汽车工程，2001，23（5）：340-343.
- [44] 孙晓强，陈龙，汪少华，等.半主动空气悬架阻尼多模型自适应控制研究 [J].农业机械学报，2015，46（3）：351-357.
- [45] 赵永胜，刘志峰，蔡力钢，等.基于模型参考的主动空气悬架模糊自适应滑模控制 [J].机械科学与技术，2010，29（1）：12-16.
- [46] 周兵，吴晓建，文桂林，等.基于 μ 综合的整车主动悬架鲁棒控制研究 [J].振动工程学报，2017，30（6）：1029-1037.
- [47] 丁芳，王波，刘明岩.汽车主动悬架 LQR 控制研究 [J].机械设计与研究，2020，36（4）：52-56.
- [48] 葛宇超，刘刚，苗丰，等.馈能磁流变半主动悬架模糊滑模控制 [J].液压与气动，2022，46（9）：180-188.
- [49] ZHAO J，WONG P K，LI W，et al. Reliable fuzzy sampled-data control for nonlinear suspension systems against actuator faults[J]. IEEE/ASME Transactions on Mechatronics，2022，27（6）：5518-5528.
- [50] ZHANG Z，LIANG H，MA H，et al. Reliable fuzzy control for uncertain vehicle suspension systems with random incomplete transmission signals and sensor failure[J]. Mechanical Systems and Signal Processing，2019，130：776-789.
- [51] DU H，ZHANG N. Fuzzy control for nonlinear uncertain electrohydraulic active suspensions with input constraint[J]. IEEE Transactions on Fuzzy systems，2008，17（2）：343-356.
- [52] ZHENG L，LI Y N，BAZ A. Fuzzy-sliding mode control of a full car semi-active suspension systems with MR dampers[J]. Smart Struct. Syst，2009，5（3）：261-277.
- [53] 寇发荣，武江浩，许家楠，等.整车电磁混合主动悬架故障诊断与容错控制研究 [J].振动与冲击，2022，41（4）：101-109.
- [54] 姚行艳.基于自适应模糊的汽车半主动悬架容错控制 [J].机械设计与制造，2021（2）：144-147.
- [55] DESHPANDE V S，SHENDGE P D，PHADKE S B. Dual objective active suspension system based on a novel nonlinear disturbance compensator[J]. Vehicle System Dynamics，2016，54（9）：1269-1290.
- [56] 孙家玉，严怀成，李郅辰，等.马尔可夫切换的汽车悬架系统的事件触发 H_∞ 滤波 [J].南京信息工程大学学报（自然科学版），2018，10（6）：731-739.
- [57] BHOWMIK A，TIWARI A，GINOYA D，et al. Adaptive fault tolerant control for active suspension[C]//2016 IEEE first international conference on control, measurement, and instrumentation（CMI）. IEEE，2016：386-390.
- [58] MORADI M，FEKIH A. Adaptive PID-sliding-mode fault-tolerant control approach for vehicle suspension systems subject to actuator faults[J]. IEEE Transactions on Vehicular Technology，2013，63（3）：1041-1054.
- [59] MIEN V. Robust control for vibration control systems with dead-zone band and time delay under severe disturbance using adaptive fuzzy neural network[J]. Journal of the Franklin Institute，2020，357（17）：12281-12307.
- [60] DO M H，KOENIG D，THEILLIOL D. Robust $H\infty$ proportional-integral observer for fault diagnosis：Application to vehicle suspension[J]. IFAC-PapersOnLine，2018，51（24）：536-543.
- [61] WANG R，JING H，KARIMI H R，et al. Robust fault-tolerant $H\infty$ control of active suspension systems with finite-frequency constraint[J]. Mechanical Systems and Signal Processing，2015，62：341-355.

[62] LI M, ZHANG Y, GENG Y. Fault-tolerant sliding mode control for uncertain active suspension systems against simultaneous actuator and sensor faults via a novel sliding mode observer[J]. Optimal Control Applications and Methods, 2018, 39(5): 1728-1749.

[63] SUN W, PAN H, YU J, et al. Reliability control for uncertain half-car active suspension systems with possible actuator faults[J]. IET Control Theory & Applications, 2014, 8(9): 746-754.

[64] QIU J, REN M, ZHAO Y, et al. Active fault-tolerant control for vehicle active suspension systems in finite-frequency domain[J]. IET control theory & applications, 2011, 5(13): 1544-1550.

[65] DESHPANDE V S, SHENDGE P D, PHADKE S B. Dual objective active suspension system based on a novel nonlinear disturbance compensator[J]. Vehicle System Dynamics, 2016, 54(9): 1269-1290.

[66] 雷靖, 马晓燕, 吴杰芳, 等. 非线性汽车悬架系统减振控制方法[M]. 北京: 机械工业出版社, 2021.

[67] MORADI M, FEKIH A. A stability guaranteed robust fault tolerant control design for vehicle suspension systems subject to actuator faults and disturbances[J]. IEEE Transactions on Control Systems Technology, 2014, 23(3): 1164-1171.

[68] 金攀. 汽车主动悬架系统执行器故障估计[D]. 镇江: 江苏大学, 2020.

[69] 杨军杰. 基于T-S模糊模型的主动悬架系统容错控制研究[D]. 西安: 西安理工大学, 2019.

[70] 杨柳青. 汽车主动悬架容错控制策略研究[D]. 合肥: 合肥工业大学, 2013.

[71] 钟孝伟. 汽车半主动悬架作动器故障诊断与容错控制方法研究[D]. 锦州: 辽宁工业大学, 2018.

[72] FAN Y, REN H, CHEN S, et al. Observer design based on nonlinear suspension model with unscented kalman filter[J]. Journal of Vibroengineering, 2015, 17(7): 3844-3855.

[73] CHOI H D, KIM S K. Delay-dependent state-feedback dissipative control for suspension systems with constraints using a generalized free-weighting-matrix method[J]. IEEE Access, 2021, 9: 145573-145582.

[74] BAI X L, LEI J. Active suspension control by output feedback through extended high-gain observers[J]. Ferroelectrics, 2019, 548(1): 185-200.

[75] ZHOU K, KHARGONEKAR P P. Robust stabilization of linear systems with norm-bounded time-varying uncertainty[J]. Systems & Control Letters, 1988, 10(1): 17-20.

[76] FU X, PANG X. Robust fault estimation and fault-tolerant control for nonlinear Markov jump systems with time-delays[J]. Automatika, 2021, 62(1): 21-31.

[77] LI X, AHN C K, LU D, et al. Robust simultaneous fault estimation and nonfragile output feedback fault-tolerant control for Markovian jump systems[J]. IEEE Transactions on Systems, Man, and Cybernetics: Systems, 2018, 49(9): 1769-1776.

[78] 刘旭. 基于磁流变减震器的汽车半主动悬架系统控制研究[D]. 锦州: 辽宁工业大学, 2021.

[79] 张进秋, 黄大山, 姚军. 车辆悬架系统振动控制[M]. 北京: 国防工业出版社, 2020.

[80] 孙晋厚, 索双富, 肖丽英. 车辆悬架主动控制系统发展现状和趋势[J]. 机械设计与制造, 2007(10): 198-200.

[81] 周长城. 车辆悬架设计及理论[M]. 北京: 北京大学出版社, 2011.

[82] 马硕, 李永明, 伊曙东. 汽车主动悬架系统的控制方法综述[J]. 控制工程, 2023(4): 1-8.

[83] 徐贵清. 汽车悬架研究现状及发展趋势[J]. 中国高新技术企业, 2010(22): 35-36.

[84] LI W, XIE Z, CAO Y, et al. Sampled-data asynchronous fuzzy output feedback control for active suspension systems in restricted frequency domain[J]. IEEE/CAA Journal of Automatica Sinica, 2020, 8(5): 1052-1066.

[85] 王国丽, 顾亮, 孙逢春. 车辆主动悬架技术的现状和发展趋势[J]. 兵工学报, 2000(S1): 80-83.

[86] 刘廷宝. 电磁主动悬架的控制方法与实验研究[D]. 沈阳: 沈阳工业大学, 2022.

[87] LIU L, ZHU C, LIU Y J, et al. Intelligent motion tracking control of vehicle suspension systems with constraints via neural performance analysis[J]. IEEE Transactions on Intelligent Transportation Systems, 2021, 23(8): 13896-13903.

[88] 孙亮. 采用改进神经网络 PID 控制的车辆悬架振动仿真研究 [J]. 井冈山大学学报（自然科学版）, 2019, 40(4): 67-71.

[89] LI Y, WANG T, LIU W, et al. Neural network adaptive output-feedback optimal control for active suspension systems[J]. IEEE Transactions on Systems, Man, and Cybernetics: Systems, 2021, 52(6): 4021-4032.

[90] 樊俊尧. 基于智能优化算法的车辆主动悬架控制策略研究 [D]. 镇江：江苏大学, 2018.

[91] CHEN L, XU X, LIANG C, et al. Semi-active control of a new quasi-zero stiffness air suspension for commercial vehicles based on H2H ∞ state feedback[J]. Journal of Vibration and Control, 2022, 29: 1910-1926.

[92] HUANG W, ZHAO J, YU G, et al. Intelligent vibration control for semiactive suspension systems without prior knowledge of dynamical nonlinear damper behaviors based on improved extreme learning machine[J]. IEEE/ASME Transactions on Mechatronics, 2020, 26(4): 2071-2079.

[93] 王开. 汽车悬架主动减振结构及控制算法研究 [D]. 南京：南京航空航天大学, 2021.

[94] 张聪, 刘爽, 姜思远, 等. 多作动器协同的特种车辆行车调平控制方法 [J]. 兵工学报, 2023, 44(1): 98-107.

[95] ZHANG J, LI K, LI Y. Neuro-adaptive optimized control for full active suspension systems with full state constraints[J]. Neurocomputing, 2021, 458: 478-489.

[96] 刘正奇, 韦美珠, 蒋厚彬, 等. 车辆主被动悬架系统建模及控制仿真 [J]. 自动化应用, 2021(4): 10-13+16.

[97] GHONIEM M, AWAD T, MOKHIAMAR O. Control of a new low-cost semi-active vehicle suspension system using artificial neural networks[J]. Alexandria Engineering Journal, 2020, 59(5): 4013-4025.

[98] ZHAO F, GE S S, TU F, et al. Adaptive neural network control for active suspension system with actuator saturation[J]. IET control theory & applications, 2016, 10(14): 1696-1705.

[99] OVALLE L, RÍOS H, AHMED H. Robust control for an active suspension system via continuous sliding-mode controllers[J]. Engineering Science and Technology, an International Journal, 2022, 28: 101026.

[100] ZHANG N, ZHAO Q. Fuzzy sliding mode controller design for semi-active seat suspension with neuroinverse dynamics approximation for MR damper[J]. Journal of Vibroengineering, 2017, 19(5): 3488-3511.

[101] YAN Y, DONG L, HAN Y, et al. A general inverse control model of a magneto-rheological damper based on neural network[J]. Journal of Vibration and Control, 2022, 28(7-8): 952-963.

[102] PANG H, LIU F, XU Z. Variable universe fuzzy control for vehicle semi-active suspension system with MR damper combining fuzzy neural network and particle swarm optimization[J]. Neurocomputing, 2018, 306: 130-140.

[103] KARARSIZ G, PAKSOY M, METIN M, et al. An adaptive control approach for semi-active suspension systems under unknown road disturbance input using hardware-in-the-loop simulation[J]. Transactions of the Institute of Measurement and Control, 2021, 43(5): 995-1008.

[104] VIADERO-MONASTERIO F, BOADA B L, BOADA M J L, et al. H ∞ dynamic output feedback control for a networked control active suspension system under actuator faults[J]. Mechanical Systems and Signal Processing, 2022, 162: 108050.

[105] SHAH D, SANTOS M M D, CHAOUI H, et al. Event-triggered non-switching networked sliding mode control for active suspension system with random actuation network delay[J]. IEEE Transactions on Intelligent Transportation Systems, 2021, 23(7): 7521-7534.

[106] 张俊峰. 汽车主动悬架控制策略研究及分析[D]. 兰州: 兰州理工大学, 2013.

[107] XIE Z, WANG D, WONG P K, et al. Dynamic-output-feedback based interval type-2 fuzzy control for nonlinear active suspension systems with actuator saturation and delay[J]. Information Sciences, 2022, 607: 1174-1194.

[108] ZHANG M, JING X. Switching logic-based saturated tracking control for active suspension systems based on disturbance observer and bioinspired X-dynamics[J]. Mechanical Systems and Signal Processing, 2021, 155: 107611.

[109] 董瑞, 吴慧峰. 基于模糊PID复合控制的汽车主动悬架性能研究[J]. 桂林航天工业学院学报, 2020, 25(2): 194-198.

[110] 杨辉. 汽车电控悬架的现状及趋势[J]. 装备制造技术, 2013, 220(4): 204-206.

[111] 彭冲, 李连. 汽车电磁主动悬架的研究现状与发展趋势[J]. 重型汽车, 2018(2): 19-21.

[112] 来飞, 胡博. 汽车主动悬架技术的研究现状[J]. 南京理工大学学报, 2019, 43(4): 518-526.

[113] GYSEN B L J, JANSSEN J L G, PAULIDES J J H, et al. Design aspects of an active electromagnetic suspension system for automotive applications[J]. IEEE transactions on industry applications, 2009, 45(5): 1589-1597.

[114] KAWAMOTO Y, SUDA Y, INOUE H, et al. Modeling of electromagnetic damper for automobile suspension[J]. Journal of System Design and Dynamics, 2007, 1(3): 524-535.

[115] 王伟. 电控悬架混合仿真试验台的设计研究[D]. 成都: 西南交通大学, 2011.

[116] HUANG W, ZHAO J, YU G, et al. Intelligent vibration control for semiactive suspension systems without prior knowledge of dynamical nonlinear damper behaviors based on improved extreme learning machine[J]. IEEE/ASME Transactions on Mechatronics, 2020, 26(4): 2071-2079.

[117] ZHANG M, JING X. A bioinspired dynamics-based adaptive fuzzy SMC method for half-car active suspension systems with input dead zones and saturations[J]. IEEE Transactions on Cybernetics, 2020, 51(4): 1743-1755.

[118] 唐陈. 车辆主动悬架用电磁作动器研究[D]. 杭州: 浙江工业大学, 2020.

[119] 寇发荣, 刘攀, 孙秦豫. 电动静液压自供能量式汽车主动悬架设计及试验[J]. 中国科技论文, 2015, 10(19): 2237-2241.

[120] 毛强. 车辆主动悬架的智能PID控制研究[D]. 太原: 中北大学, 2015.

[121] 荆航. 基于群智能算法优化的主动悬架控制策略研究[D]. 太原: 中北大学, 2022.

[122] 陈松. 一体化电动轮主动悬架系统开发及控制策略研究[D]. 秦皇岛: 燕山大学, 2022.

[123] AB TALIB M H, MAT DARUS I Z. Intelligent fuzzy logic with firefly algorithm and particle swarm optimization for semi-active suspension system using magneto-rheological damper[J]. Journal of Vibration and Control, 2017, 23(3): 501-514.

[124] 郑玉强, 张航星, 任文涛, 等. 基于Simulink的主动悬架模糊控制策略分析[J]. 机械工程与自动化, 2019(2): 89-91.

[125] LIU G, JIANG W, WANG Q, et al. Enhanced variable universe fuzzy proportional-integral-derivative control of structural vibration with real-time adaptive contracting-expanding factors[J]. Journal of Vibration and Control, 2022, 28(15-16): 1962-1975.

[126] 张旭. 车辆非线性主动悬架系统自适应反推控制器设计[D]. 西安: 西安理工大学, 2019.

[127] 董嘉枫. 基于路面起伏智能监测的主动悬架自适应减振控制策略研究[D]. 济南: 济南大学, 2022.

[128] HUANG Y, NA J, WU X, et al. Robust adaptive control for vehicle active suspension systems with uncertain dynamics[J]. Transactions of the Institute of Measurement and Control, 2018, 40(4): 1237-1249.

[129] DENG Y, GONG M, NI T. Double-channel event-triggered adaptive optimal control of active suspension systems[J]. Nonlinear Dynamics, 2022, 108(4): 3435-3448.

[130] LIN J, LI H, HUANG Y, et al. Adaptive artificial neural network surrogate model of nonlinear hydraulic adjustable damper for automotive semi-active suspension system[J]. IEEE Access, 2020, 8: 118673-118686.

[131] LIU J, LI X, ZHANG X, et al. Modeling and simulation of energy-regenerative active suspension based on BP neural network PID control[J]. Shock and Vibration, 2019, 6: 1-8.

[132] ZHANG Y, LIU Y, LIU L. Minimal learning parameters-based adaptive neural control for vehicle active suspensions with input saturation[J]. Neurocomputing, 2020, 396: 153-161.

[133] ZENG Q, ZHAO J. Dynamic event-triggered-based adaptive finite-time neural control for active suspension systems with displacement constraint[J]. IEEE Transactions on Neural Networks and Learning Systems, 2022, 9(5): 1-11.

[134] 王茜. 基于深度强化学习的车辆主动悬架控制研究[D]. 南京：东南大学，2021.

[135] 谭朝. 基于深度强化学习算法的主动悬架控制策略研究[D]. 长沙：湖南大学，2020.

[136] 刘秋，孙晋伟，张华，等. 基于卷积神经网络的路面识别及半主动悬架控制[J]. 兵工学报，2020，41(8): 1483-1493.

[137] XING Y, LV C. Dynamic state estimation for the advanced brake system of electric vehicles by using deep recurrent neural networks[J]. IEEE Transactions on Industrial Electronics, 2019, 67(11): 9536-9547.

[138] YONG H, SEO J, KIM J, et al. State reconstruction in a nonlinear vehicle suspension system using deep neural networks[J]. Nonlinear Dynamics, 2021, 105: 439-455.

[139] KIM G, LEE S Y, OH J S, et al. Deep learning-based estimation of the unknown road profile and state variables for the vehicle suspension system[J]. IEEE Access, 2021, 9: 13878-13890.

[140] MING L, YIBIN L, XUEWEN R, et al. Semi-active suspension control based on deep reinforcement learning[J]. IEEE Access, 2020, 8: 9978-9986.

[141] KONOIKO A, KADHEM A, SAIFUL I, et al. Deep learning framework for controlling an active suspension system[J]. Journal of Vibration and Control, 2019, 25(17): 2316-2329.

[142] IM S J, OH J S, KIM G W. Simultaneous estimation of unknown road roughness input and tire normal forces based on a long short-term memory model[J]. IEEE Access, 2022, 10: 16655-16669.

[143] GE X, AHMAD I, HAN Q L, et al. Dynamic event-triggered scheduling and control for vehicle active suspension over controller area network[J]. Mechanical Systems and Signal Processing, 2021, 152: 107481.

[144] AHMAD I, GE X, HAN Q L. Decentralized dynamic event-triggered communication and active suspension control of in-wheel motor driven electric vehicles with dynamic damping[J]. IEEE/CAA Journal of Automatica Sinica, 2021, 8(5): 971-986.

[145] LIU Y, ZHU Q. Event-triggered adaptive neural network control for stochastic nonlinear systems with state constraints and time-varying delays[J]. IEEE Transactions on Neural Networks and Learning Systems, 2021.

[146] GE X, HAN Q L, ZHANG X M, et al. Dynamic event-triggered control and estimation: A survey[J]. International Journal of Automation and Computing, 2021, 18(6): 857-886.

[147] 李相升. 车辆悬架系统的神经网络自适应事件触发控制 [D]. 锦州：辽宁工业大学，2021.

[148] GAO H F, LIU L, LIU Y J. Adaptive tracking event-triggered control of quarter-car bioinspiration active suspension systems[J]. IEEE Transactions on Systems, Man, and Cybernetics: Systems, 2022, 53 (1): 475-484.

[149] ZENG Q, ZHAO J. Event-triggered adaptive finite-time control for active suspension systems with prescribed performance[J]. IEEE Transactions on Industrial Informatics, 2021, 18 (11): 7761-7769.

[150] LIU L, LI X. Event-triggered tracking control for active seat suspension systems with time-varying full-state constraints[J]. IEEE Transactions on Systems, Man, and Cybernetics: Systems, 2020, 52 (1): 582-590.

[151] 吴坤. 智能悬架机器学习算法研究 [D]. 青岛：青岛理工大学，2022.

[152] ZENG Q, ZHAO J. Disturbance observer-based event-triggered control of vehicle suspension with finite-time prescribed performance[J]. IEEE Transactions on Transportation Electrification, 2023.

[153] 刘凡. 车辆磁流变半主动悬架系统变论域模糊控制研究 [D]. 西安：西安理工大学，2018.

[154] 杨广旭. 车辆半主动悬架最优控制方法研究 [D]. 长春：吉林大学，2022.

[155] 徐荣霞. 基于磁流变阻尼器的1/4车辆半主动悬架系统混合控制策略研究 [D]. 南昌：华东交通大学，2020.

[156] JI N, XU D, LIU F. A novel adaptive neural network constrained control for solid oxide fuel cells via dynamic anti-windup[J]. Neurocomputing, 2016, 214: 134-142.

[157] ZHA L, LIAO R, LIU J, et al. Dynamic event-triggered output feedback control for networked systems subject to multiple cyber attacks[J]. IEEE Transactions on Cybernetics, 2021, 52 (12): 13800-13808.

[158] 林昊威. 基于深度学习的智能控制研究 [D]. 长春：吉林大学，2018.

[159] HE S, XU X, XIE J, et al. Adaptive control of dual-motor autonomous steering system for intelligent vehicles via Bi-LSTM and fuzzy methods[J]. Control Engineering Practice, 2023, 130: 105362.